Peter Wust

Ungewißheit und Wagnis

Edition Peter Wust

Schriftenreihe der
Peter-Wust-Gesellschaft

herausgegeben von

Herbert Hoffmann und Werner Schüßler

Band 1

LIT

Peter Wust

Ungewißheit und Wagnis

Neu herausgegeben
im Auftrag der Peter-Wust-Gesellschaft von
Werner Schüßler und F. Werner Veauthier †

Einleitung und Anmerkungen
von Werner Schüßler

LIT

∞
Gedruckt auf alterungsbeständigem Werkdruckpapier entsprechend
ANSI Z3948 DIN ISO 9706

Bibliografische Information der Deutschen Nationalbibliothek
Die Deutsche Nationalbibliothek verzeichnet diese Publikation in der Deutschen Nationalbibliografie; detaillierte bibliografische Daten sind im Internet über http://dnb.dnb.de abrufbar.

5. Auflage 2019

ISBN 978-3-643-14529-1 (br.)
ISBN 978-3-643-34529-5 (PDF)

Verlagskontakt:
Fresnostr. 2 D-48159 Münster
Tel. +49 (0) 2 51-62 03 20
E-Mail: lit@lit-verlag.de http://www.lit-verlag.de

Auslieferung:
Deutschland: LIT Verlag, Fresnostr. 2, D-48159 Münster
Tel. +49 (0) 2 51-620 32 22, E-Mail: vertrieb@lit-verlag.de

E-Books sind erhältlich unter www.litwebshop.de

VORWORT ZUR 5. AUFLAGE

Im Jahre 2002 wurde die Schriftenreihe der Peter-Wust-Gesellschaft „Edition Peter Wust“ mit der Neuauflage des Hauptwerkes von Peter Wust „Ungewißheit und Wagnis“ eröffnet, die zwei namhafte Wust-Kenner, Prof. Dr. Dr. Werner Schüßler und Prof. Dr. F. Werner Veauthier † vorgelegt haben.

Daß inzwischen auch schon die vierte Auflage von 2014 vergriffen ist, sagt etwas über die Aktualität von Wusts Denken aus. Es geht Wust in dieser Schrift um die Frage nach dem Menschen, nach der „conditio humana“, nach der Freiheit und Bestimmung des Menschen vor dem Hintergrund des permanenten politischen, gesellschaftlichen und kulturellen Wandels. Wust selbst: „Der Mensch ist der ewige Glücksucher, der unermüdliche Wahrheitssucher, der nie zur Ruhe kommende Gottsucher.“

Anthropologisches Grunddatum ist für Wust die „insecuritas humana“, die existenzielle Ungesichertheit, in der sowohl die Daseinsnot des Menschen als auch seine Würde zum Ausdruck kommen.

In Auseinandersetzung mit zeitgenössischen Denkern leuchtet Wust alle Dimensionen der „insecuritas humana“ aus. Er gibt damit eine Antwort auf den Absolutheitsanspruch des menschenverachtenden Regimes seiner Zeit am Vorabend des Zweiten Weltkrieges.

Heute stellt sich die Frage nach der Wahrheit des Menschen, seiner Freiheit und Würde, vor dem Hintergrund eines Marktdenkens, das in alle Lebensbereiche hineinragt und die Fundamente des Gemeinwesens bedroht.

Angesichts der „insecuritas humana“ ringt sich Wust selbst zu einem Glauben durch, der Gott Gott sein läßt und den Menschen in seiner Geschöpflichkeit ernst nimmt. Er wird so in einer Zeit zunehmender Orientierungslosigkeit, Maßlosigkeit und diffuser Religiosität zu einem Wegweiser „auf gefahrvoller Wanderschaft“, auf dem Weg zu letzter Beheimatung.

Trier, im Oktober 2019

Prälat Dr. Herbert Hoffmann
Präsident der Peter-Wust-Gesellschaft

INHALT

Vorwort 5
Einleitung 9
Editorischer Hinweis 23

PETER WUST
UNGEWISSHEIT UND WAGNIS

Vorwort 29
I. KAPITEL: Der Mensch und sein Streben nach Gesichertheit 30
II. KAPITEL: Der metaphysische Hintergrund der „Insecuritas humana“ 40
III. KAPITEL: Die „Insecuritas humana“ als Spielraum für Wagnis und Entscheidung 52
IV. KAPITEL: Die hierarchische Ordnung im Gesamtraum der „Insecuritas humana“ 63
V. KAPITEL: Mensch und Schicksal auf der untersten Ebene des „Insecuritas“-Raumes 73
VI. KAPITEL: Die Ungesichertheit der menschlichen „ratio“ auf der mittleren Ebene des „Insecuritas“-Raumes 86
VII. KAPITEL: Die „Insecuritas“-Situation der menschlichen „ratio“ bei der Frage nach der philosophischen Urgewißheit 97
VIII. KAPITEL: Die Ungesichertheit der menschlichen „ratio“ im Hinblick auf das philosophische Gottesproblem 108

IX. KAPITEL: Die Ungesichertheit des „homo religiosus“ auf der obersten Ebene des „Insecuritas“-Raumes 119

X. KAPITEL: Der „homo religiosus“ im Halbdunkel der religiösen Gottesgewißheit 128

XI. KAPITEL: Der „homo religiosus“ im Halbdunkel der Offenbarungsgewißheit 138

XII. KAPITEL: Der „homo religiosus“ im Halbdunkel der Heilsgewißheit 148

XIII. KAPITEL: Der „homo religiosus“ im Halbdunkel des mystischen Weges 158

XIV. KAPITEL: Die „Insecuritas humana“ und das Wagnis des Entscheidungsirrationalismus 167

XV. KAPITEL: Die „Insecuritas humana“ und das Wagnis der Weisheit 177

XVI. KAPITEL: Die Geborgenheit des Menschen in seiner Ungeborgenheit 186

ANHANG

Anmerkungen 193

Übersetzung lateinischer Begriffe 205

Literaturhinweise 208

Personenregister 213

Sachregister 215

EINLEITUNG

1. Peter Wust – eine biographische Skizze

Peter Wust wird am 28. August 1884 in Rissenthal bei Losheim im Saarland geboren. Nach dem Abitur 1907 studiert er zwei Semester in Berlin, u.a. bei Friedrich Paulsen Philosophie, daneben – als Brotberuf – Anglistik und Germanistik mit dem Ziel des Gymnasiallehrers. 1908 wechselt er an die Universität Straßburg. Dort hört er vor allem bei dem Philosophen Clemens Baeumker, einem katholischen Philosophiehistoriker, der sich besonders um die Erforschung der mittelalterlichen Philosophie verdient gemacht hat. 1910 macht er sein philologisches Staatsexamen und ist danach 20 Jahre lang im höheren Schuldienst tätig, u.a. in Neuß, Trier und Köln.

Schon früh entsteht bei Wust „der Konflikt zwischen Brotwissenschaft und Lieblingswissenschaft“.[1] „Um mir ein gewisses Ventil zu schaffen“, schreibt Wust, „fuhr ich im Spätherbst 1911 nach Bonn und sprach mit Professor Oswald Külpe über meinen dringenden Wunsch, mich ganz intensiv mit der Philosophie neben meiner Unterrichtstätigkeit zu befassen. Er zögerte anfangs sehr, mir ein Spezialthema für irgendeine Arbeit zu geben. Aber schließlich gab er dann doch nach und beauftragte mich, die ‚Logik der Geisteswissenschaften‘ in der Philosophie John Stuart Mills, des berühmtesten Empiristen in der englischen Philosophie seit David Hume, näher zu untersuchen.“[2] 1914 wird Wust mit dieser Arbeit zum Dr.phil. promoviert.

Der Wechsel nach Köln im Jahre 1921 bedeutet für Wust eine entscheidende geistige Bereicherung, denn hier macht er schon bald die Bekanntschaft mit Max Scheler, dem Begründer der modernen philosophischen Anthropologie. Wust selbst spricht in diesem Zusammenhang von „einer

---

1 P. Wust, Gesammelte Werke, hrsg. von W. Vernekohl u.a., 10 Bde., Münster 1963-1969, Bd. V, S. 243. – Im Folgenden abgekürzt: GW mit Band- und Seitenangabe. – „Ungewißheit und Wagnis“ wird nach der vorliegenden Neuausgabe zitiert.

2 GW V, S. 247.

völligen inneren Umwandlung", „einer ‚Metanoia' größten Stiles".[3] Die Begegnung mit Scheler verändert sein Leben: „Damit war ein Schritt getan in eine völlig neue, in eine völlig veränderte Welt. Ich verspürte sofort, daß in den Räumen, in denen ich mich beim ersten Besuch befand, die große philosophische Achsendrehung sich vollzog, die dem ganzen Zeitalter die Wendung zum Objektiven geben sollte, – sollte, denn solche großen Ereignisse des Geistes vollziehen sich unter vielfachen Hin- und Herschwankungen, unter dauernden Rückschlägen und Wiederneuanfängen. Jedenfalls aber war für mich das große Neue darin zu suchen, daß ich in diesem Augenblick zum ersten Male dem wahrhaftigen Genius des Geistes gegenübergetreten zu sein mir bewußt wurde, dem tragischen Genius zwar, aber dem wirklichen Genius, der ganz im Bann der ‚großen Mächte' stand, der dämonisch-dunklen Mächte der Nacht und der lichtvollen Mächte des Ewigen Tages."[4]

Hat Wust noch zu Anfang Pläne, sich bei Scheler zu habilitieren,[5] so muß er dieses Vorhaben doch bald aufgeben; seine inzwischen auf drei Kinder angewachsene Familie zwingt ihn dazu, den Lehrerberuf beizubehalten, und so bleibt für eine Habilitation keine Zeit. Im Oktober 1930 wird Wust dann – für ihn selbst unerwartet – auf den Lehrstuhl des 1929 verstorbenen Philosophen Max Ettlinger in Münster berufen. Hier lehrt er bis zu seinem Tode im Jahre 1940.

Von etwa 1905 ab hatte Wust dem christlichen Glauben ziemlich passiv gegenübergestanden: „Ich zerriß zwar nicht die Fäden, die mich äußerlich noch an die Kirche knüpften", schreibt er, „aber ich hatte im Grunde den Glauben verloren."[6] Das ändert sich, als er 1918 die Bekanntschaft mit Ernst Troeltsch macht. Wust berichtet darüber: „Bei Gelegenheit einer Tagung in Unterrichtsfragen war ich am 4. Oktober 1918 zu dem berühmten Religionsphilosophen Ernst Troeltsch, mit dem ich damals im Briefwechsel stand, zu einer kurzen Aussprache unter vier Augen eingeladen worden. Tief erschüttert von der Situation der Zeit, versuchte Troeltsch damals neue Kräfte des Glaubens in mir aufsteigen zu lassen. ‚Diese äußere Niederlage, die wir jetzt erleben', so sagte er mir, ‚braucht Sie nicht zur Verzweiflung zu führen. Denn diese äußere Niederlage ist nur die konsequente Folge jener inneren Niederlage, die wir bereits seit dem Tode Hegels dauernd erleiden,

---

3 GW V, S. 246.
4 GW V, S. 250 f.
5 Vgl. GW VII, S. 440 f.
6 GW V, S. 252.

insofern wir den großen alten Väterglauben an die souveräne Macht des Geistes aufgegeben haben.‘ Wie ein Blitzschlag durchzuckten diese Worte in jenem Augenblick meine Seele, und nun fügte Troeltsch, anspielend auf meine Glaubensnöte, die ich ihm brieflich geschildert hatte, noch die Mahnung hinzu: ‚Sie sind noch jung. Wenn Sie noch etwas für die Kräfteerneuerung unseres Volkes tun wollen, dann kehren Sie zurück zum uralten Glauben der Väter und setzen Sie sich in der Philosophie ein für die Wiederkehr der Metaphysik gegen alle müde Skepsis einer in sich unfruchtbaren Erkenntnistheorie.‘“[7]

Wust greift dieses Anliegen Troeltschs in seinem ersten größeren Werk „Die Auferstehung der Metaphysik“ von 1920 auf. Die Begegnung mit Troeltsch versteht Wust als einen „ersten schweren Stoß der Gnade“, der schließlich dazu führt, daß er in den Ostertagen 1923 wieder „in die Arme der ‚Una Sancta Ecclesia‘“ zurückkehrt. „Seit jenem Heimkehrtag aber war alle müde Skepsis mit einem Male hinweggefegt worden“, schreibt Wust. „Seit jenem Tage war ich wieder naiv gläubig wie ein Kind. Seitdem beschäftigte mich auch die Erscheinung der Naivität, der ich 1925 in dem Buche ‚Naivität und Pietät‘ meine besondere Aufmerksamkeit zugewendet habe. In dieser Schrift konzentrierte sich mir das ganze tiefgreifende Kontrasterlebnis, das ich seit etwa dreißig Jahren in dem Übergang von der Ruhe der Dorfidylle zur unseligen Unruhe des städtischen Lebens immer tiefer erfahren hatte. Und dahinter steckte ja auch das ganze quälende Menschenrätsel, das in den späteren Jahren die Philosophie immer mehr in ihren Bann lockte.“[8]

In der Polarität von Naivität und Pietät sieht Wust „ein Tor, das zu den wunderbarsten Geheimnissen der Menschennatur und der Geistesbewegung in der Menschheitsgeschichte führen konnte, wenn nur jemand den rechten Schlüssel fand, um dieses Tor zu öffnen“.[9] Das in „Naivität und Pietät“ angesprochene Thema führt Wust weiter „zu der Frage nach der ewigen Unruhe des Menschengeistes“,[10] die er in dem 1928 veröffentlichten Werk „Die Dialektik des Geistes“ aufarbeitet. – Es waren wohl diese drei Werke, die ihn auch ohne Habilitation berufungsfähig machten.

---

[7] GW V, S. 252 f.

[8] GW V, S. 253 f.

[9] GW V, S. 255.

[10] Ebd.

1937 erscheint sein bedeutendstes Werk, geradezu eine Zusammenfassung seiner Grundgedanken, unter dem Titel „Ungewißheit und Wagnis".[11] Noch im selben Jahr erkrankt Wust an Oberkieferkrebs. Schon den Tod vor Augen – Wust stirbt am 3. April 1940 qualvoll an dieser Krankheit –, schreibt er am 18. Dezember 1939 an seine Studentinnen und Studenten sein bekanntes „Abschiedswort", das mit den folgenden Worten schließt: „Und wenn Sie mich nun noch fragen sollten, bevor ich jetzt gehe und endgültig gehe, ob ich nicht einen Zauberschlüssel kenne, der einem das letzte Tor zur Weisheit des Lebens erschließen könne, dann würde ich Ihnen antworten: ‚Jawohl'. – Und zwar *ist* dieser Zauberschlüssel *nicht die Reflexion*, wie Sie es von einem Philosophen vielleicht erwarten möchten, sondern das *Gebet.* Das Gebet, als letzte Hingabe gefaßt, macht still, macht kindlich, macht objektiv. Ein Mensch wächst für mich in dem Maße immer tiefer hinein in den Raum der Humanität – nicht des Humanismus –, wie er zu beten imstande ist, wofern nur das *rechte Beten* gemeint ist. Gebet kennzeichnet alle letzte ‚Humilitas' des Geistes. Die großen Dinge des Daseins werden nur den betenden Geistern geschenkt. Beten lernen aber kann man am besten im *Leiden.*"[12]

2. Zur Aktualität seines Denkens

„Ich wurde Philosoph, um Mensch zu werden. Aber eines Tages entdeckte ich dann, daß man erst Mensch werden müsse, um überhaupt Philosoph werden zu können."[13] Dieses Wort von Peter Wust aus seinem Beitrag

---

[11] Walter Theodor Cleve berichtet von einem Gespräch mit Wust, in dem dieser ihm gegenüber mitgeteilt haben soll, daß den späteren Auflagen von „Ungewißheit und Wagnis" „der genauere und treffendere Titel ‚Ungeborgenheit und Wagnis' gegeben werden" sollte. (W. T. Cleve, Peter Wust. Ein christlicher Existenzphilosoph unserer Tage, Speyer 1950, S. 102 Anm. 8.)

[12] GW VII, S. 339 f.

[13] GW VI, S. 558. - Dieser zweite Teil der „Einleitung" geht auf meinen Festvortrag anläßlich der Verleihung des Peter-Wust-Preises an Rita Waschbüsch im Jahr 1999 zurück und wurde ursprünglich in der Dokumentation der Preisverleihung veröffentlicht unter dem Titel „Die Ungesichertheit des Menschen und die Philosophie" (siehe dazu unten die „Literaturhinweise", S. 212).

„Menschwerdung und Menschheitsentwicklung" irritiert, es läßt erstaunen. Es gehört zu den wenigen Worten, die man, nachdem man sie einmal gehört hat, nicht mehr so schnell vergißt. Die Philosophie scheint hiernach nicht zum wahren Menschsein anzuleiten, sondern das Beziehungsverhältnis scheint genau umgekehrt zu liegen: Man muß erst Mensch werden, wirklich Mensch werden, um überhaupt Philosoph werden zu können.

Um Peter Wust ist es in den letzten Jahren in der Philosophie recht still geworden. Ein Mann, der solche Worte sagt, kann heute nicht *en vogue* sein, da der gegenwärtig vorherrschende Philosophiebegriff anderer Natur ist. Den zitierten Satz würden nicht wenige Vertreter der heutigen akademischen Philosophie vehement bestreiten. Denn wir haben es gegenwärtig mit einer Philosophie zu tun, die zunehmend verwissenschaftlicht ist. Philosophie – wie sie heute betrieben wird – ist zu großen Teilen Wissenschaft im modernen Sinne, im Sinne der Forschung.[14] Von einer Verwissenschaftlichung der Philosophie zu sprechen, das hat natürlich nur Sinn, wenn man hier „wissenschaftlich" im Sinne der neuzeitlichen Wissenschaft versteht. Ansonsten wäre es widersinnig, denn bei Sokrates und Platon ist es ja gerade die Philosophie, die Wissenschaftlichkeit überhaupt erst begründet, geht es diesen Denkern doch vornehmlich darum, das Wissen vom bloßen Meinen, die *Episteme* von der *Doxa* zu unterscheiden.

Erst in der Neuzeit verselbständigen sich die Einzelwissenschaften von der Philosophie. Und diese Verselbständigung war nicht zuletzt darum so erfolgreich, weil sie auf Letztbegründungen verzichtete, weil sie mathematisierbar wurde und sich der experimentellen Methode bediente.

Eine Philosophie aber, die sich von den Einzelwissenschaften nicht mehr zu unterscheiden weiß, hat sich selbst vergessen – das jedenfalls ist die Auffassung von Peter Wust. Eine solche Philosophie ist nicht mehr das, was sie eigentlich sein sollte; sie trägt nicht mehr das Leben, sie kann dem Leben keinen Halt mehr geben.

Vor 350 Jahren suchte René Descartes, der Begründer der neuzeitlichen Philosophie, die Philosophie auf ein sicheres Fundament zu stellen, von dem aus sie sämtliche Wahrheiten mit zwingender Gewißheit entwickeln könne, und das nicht nur in bezug auf die Theorie, sondern auch in bezug auf die Praxis. Er selbst hegte keinen Zweifel darüber, daß dies auch prinzipiell gelingen werde und es nur eine Frage der Zeit sei, bis die Philosophie

---

[14] Vgl. dazu G. Böhme, Einführung in die Philosophie. Weltweisheit - Lebensform - Wissenschaft, Frankfurt/M. 3. Aufl. 1998, S. 216.

alle Streitfragen definitiv gelöst habe.[15] Descartes war der Überzeugung, seine neue Philosophie könne dem unseligen Streit der Philosophen untereinander endlich ein Ende bereiten. Doch dieser Anspruch wurde nicht eingelöst.[16]

Das hat aber die Denker nach Descartes nicht von neuen Versuchen abhalten können, die Philosophie auf den „Königsweg der Wissenschaft"[17] zu bringen. Im 20. Jahrhundert hat sich dieses Problem noch einmal durch die enormen Erfolge der Einzelwissenschaften verschärft. Durch sie geriet die Philosophie in eine Legitimationskrise, wie sie sie zuvor noch nicht erlebt hatte. Man kann drei verschiedene Weisen unterscheiden, wie die Philosophie mit diesem Problem fertig zu werden suchte. Ein Versuch bestand darin, der Wissenschaft das Feld ganz zu überlassen. Aber damit sank die Philosophie in den Bereich des Irrationalen, des Gefühls ab und schien so wirklich überflüssig. Als eine zweite Möglichkeit bot sich an, die Philosophie auf Philosophiegeschichte zu reduzieren. Diese ist Wissenschaft – vergleichbar der Literatur- oder Kunstgeschichte. Von hier aus versteht sich die immense Bedeutung der historischen Arbeit innerhalb der Philosophie des 20. Jahrhunderts. Denn nun hatte man keine Rechtfertigungsprobleme mehr. Als eine historische Disziplin ist die Philosophie selbstverständlich Wissenschaft wie andere Wissenschaften auch, und als solche hat sie ohne Zweifel ihren legitimen Ort in der Universität. Aber verliert die Philosophie so nicht ihren genuinen Charakter? Eine dritte und letzte Möglichkeit bestand in den verschiedenen Versuchen, eine sogenannte „wissenschaftliche" Philosophie zu begründen. Beispiele hierfür sind zu Beginn des 20. Jahrhunderts der Neukantianismus, der Logische Positivismus und die Phänomenologie.

Schon bald haben hierauf Vertreter der Existenzphilosophie mit Ablehnung reagiert und daran erinnert, daß die Philosophie eine Wissenschaft *sui generis* sei. So hat Martin Heidegger früh darauf aufmerksam gemacht, daß Philosophie Philosophieren sei und nicht Philosophiewissenschaft.[18] Und in

---

15 Vgl. R. Descartes, Oeuvres, hrsg. von C. Adam u. P. Tannery, Bd. IX/2, Paris 1971, S. 20.

16 Vgl. dazu W. Schüßler, Zum Selbstverständnis der Philosophie in der Moderne. Von Descartes zu Jaspers, in: Trierer Theologische Zeitschrift, Jg. 107, 1998, S. 148-166.

17 Vgl. I. Kant, Kritik der reinen Vernunft, B XIX.

18 Vgl. M. Heidegger, Gesamtausgabe, II. Abt.: Vorlesungen, Bd. 27: Einleitung in die Philosophie, hrsg. von O. Saame u. I. Saame-Speidel, Frankfurt/M. 1996, S. 15.

seinem umfangreichen Werk hat Karl Jaspers, der ja von der Naturwissenschaft herkommt, das eigentliche Wesen der Philosophie wieder neu herauszuarbeiten versucht in Abgrenzung zur Wissenschaft.[19]

Damit ist genau das Problem umrissen und der Ort gekennzeichnet, wo Peter Wust mit seinen Denkbemühungen einsetzt. Wust hat, wie ich meine, eine eigene Antwort auf die hier anstehende Frage nach dem Wesen der Philosophie entwickelt, die ihre Aktualität nicht eingebüßt hat.

Philosophie, das ist für Wust keine Frage, ist immer auch Wissenschaft, denn sie ist methodisch geleitetes Wissen[20] – im Gegensatz zu anderen Orientierungssystemen wie dem Mythos oder der Kunst und Literatur. Der Philosophie geht es um Erkenntnis, und in diesem Sinne darf sie niemals zur praktischen Lebenskunst oder Heilstechnik herabsinken.[21]

Dieser „szientifische", d.h. wissenschaftliche Charakter der Philosophie ist für Wust aber nur der eine Aspekt; der andere ist ihr existentieller Charakter.[22] Und es ist dieser existentielle Charakter der Philosophie, der sie *wesentlich* von der Einzelwissenschaft unterscheidet und der bewirkt, „daß die Philosophie als Wissenschaft niemals weiterkommt"[23]. Die Erkenntnis der Philosophie ist nicht so ohne weiteres mit denjenigen Erkenntnissen auf die gleiche Stufe zu stellen, mit denen es die Einzelwissenschaften zu tun haben.

Zwar handelt es sich bei der Philosophie ohne Zweifel um eine „rationale Gewißheit", d.h. um eine Vernunftgewißheit; die Philosophie hat es zweifellos mit Gründen, mit guten Gründen zu tun. Aber wir gelangen auf diesem Gebiet nie zu einer mathematischen Gewißheit, die zwingenden und allgemeingültigen Charakter hat. Aus diesem Grunde leben die Philosophen in dauernder Uneinigkeit, in „ewigem Streit", in „ewigem Krieg".[24] Es ist richtig, wenn Wust in diesem Zusammenhang meint, „daß man viel eher sämtliche Uhren der Welt auf die Minute genau einstellen kann als die Köpfe der Philosophen"[25]. Man könnte diese Einsicht auch pointiert so formulieren: Wenn zwei sich einig sind, kann einer von ihnen kein Philosoph sein.

---

[19] Vgl. dazu W. Schüßler, Jaspers zur Einführung, Hamburg 1995, bes. S. 29-39.
[20] Vgl. GW IV, S. 345 f.
[21] Vgl. GW IV, S. 338.
[22] Vgl. Ungewißheit und Wagnis, S. 92 ff.
[23] GW IV, S. 325.
[24] GW IV, S. 423.
[25] Ebd.

Nicht wenige Philosophen beklagen diesen Zustand der Philosophie und suchen ihn zu überwinden. Sie halten ihn für einen „unverzeihlichen *Skandal*"[26]. Es ist keine Frage: Die Philosophie befindet sich hier – der Einzelwissenschaft gegenüber – in einer gewissen „Notlage". Aber ist dieser „ewige Krieg der Geister im Felde der Philosophie" wirklich „eine peinliche Angelegenheit",[27] die unter allen Umständen aus der Welt zu schaffen ist – etwa durch eine „richtige" Methode, wie Descartes oder Leibniz meinten? Und wenn dies nicht möglich sein sollte, handelt es sich dann in der Philosophie um ein „vollendetes *Chaos*"[28], das notwendig in den Relativismus einmündet?[29] Ist hier etwa *alles* im Fluß? Sollte es sich hier wirklich um eine „Anarchie der philosophischen Systeme" handeln – so der Titel eines Buches aus den 20er Jahren des letzten Jahrhunderts[30] –, dann erscheint der Zustand der Philosophie nicht nur beklagenswert, sondern geradezu hoffnungslos. Wenn es wirklich so ist, sollte die Philosophie sich dann nicht lieber gleich ganz verabschieden – und das Feld den Einzelwissenschaften überlassen?

Daß Philosophie nicht den zwingenden Charakter der Wissenschaft aufweist, versteht Wust nun aber keineswegs als ein Defizit. Vielmehr gewinnt die Philosophie dadurch erst „ihre größere Bedeutung für den *Menschen* in seinem geistigen Entscheidungskampfe um die höchsten Werte seines personalen Selbst"[31].

Für Wust ist dieser Zustand der Philosophie, also ihre Unstetigkeit, nicht als ein Mangel anzusehen, den es zu überwinden gilt, sondern er gehört zu ihrem Wesen, er macht dieses ganz bestimmte Wesen der Philosophie erst aus. Es kann somit nicht darum gehen, die „richtige" Methode zu finden, um dieses Unstetigkeitsmoment zu überwinden, wie das Descartes, Spinoza, Leibniz oder Kant noch meinten. Ging es diesen Philosophen vornehmlich darum, alles Menschliche aus der Philosophie zu beseitigen, so betont Wust mit Karl Jaspers gerade das existentielle Moment. „Was ... in den Augen der Außenstehenden die Philosophie oft genug beinahe lächerlich erscheinen läßt, dieses ihr unabwendbares Scheitern und Wiederauferstehen von einer

---

[26] Ebd.

[27] GW IV, S. 425 f.

[28] GW IV, S. 426.

[29] Vgl. GW IV, S. 431.

[30] Vgl. F. Körner, Die Anarchie der philosophischen Systeme, Leipzig 1929 (Nachdruck Graz 1970).

[31] Ungewißheit und Wagnis, S. 92.

Epoche zur anderen, das muß sie gerade denen, die hier tiefer zu sehen versuchen, als die eigentliche ‚scientia humana', ja als die *‚scientia humanissima'* erweisen."[32] Die Situation der Philosophie verweist letztlich auf die Situation des Menschen.

„Der *ungeborgene Mensch* gibt dem Zeitalter die Physiognomie, sei es in der Auflehnung des Trotzes, sei es in der Verzweiflung des Nihilismus, sei es in der Hilflosigkeit der vielen Unerfüllten, sei es im irrenden Suchen, das endlichen Halt verschmäht und harmonisierenden Lockungen widersteht." Diese Worte stammen nicht etwa von Peter Wust, sondern von Karl Jaspers. Sie finden sich in seiner Schrift „Die geistige Situation der Zeit"[33] von 1931. „Der *ungeborgene Mensch* gibt dem Zeitalter die Physiognomie": Das ist ein Satz, der auf unsere heutige Situation mehr denn je zutrifft. Peter Wust kannte die Schriften von Karl Jaspers, und er kannte sicherlich auch dieses Wort. Was hier über den „ungeborgenen Menschen" in den 20er und 30er Jahren des letzten Jahrhunderts gesagt wird, arbeitet Wust als ein Existential menschlichen Seins heraus, ja als *das* Existential des Menschseins. Die Ungeborgenheit, die Ungesichertheit, lateinisch: die *Insecuritas*, ist für Wust nicht nur ein Kennzeichen des Menschen im 20. Jahrhundert, sondern ein Kennzeichen des Menschseins überhaupt. Die *conditio humana* ist wesentlich geprägt durch diesen Begriff der *Insecuritas*; der Mensch ist in diesem Sinne nach Wust das „animal insecurum"[34], das „ungesicherte Tier". Wust will damit keineswegs die klassische Definition des Menschen verabschieden, die ihn als *„animal rationale"*, als „vernünftiges Lebewesen", bestimmt, aber er will den Aspekt der Ungesichertheit herausheben, der mit der Geistigkeit des Menschen immer schon mitgegeben ist.

In seiner anthropologischen Konzeption versteht es Wust, modernes Denken mit Positionen der klassischen Metaphysik zu verknüpfen. Denn er stellt den Begriff der Ungeborgenheit oder Ungesichertheit in einen größeren Rahmen, nämlich in den von Thomas von Aquin im Anschluß an neuplatonische Auffassungen formulierten Gedanken der Horizontstellung des Menschen.[35] Der Mensch lebt hiernach in zwei Welten: in der Welt des Göttlichen und in der Welt des Tierischen; er hat sowohl teil am „mundus sensibilis" als auch am „mundus intelligibilis". In Wusts Worten ausge-

---

32 Ungewißheit und Wagnis, S. 96.

33 K. Jaspers, Die geistige Situation der Zeit (1931), 8. Abdr. der 5. Aufl., Berlin 1979, S. 134.

34 Ungewißheit und Wagnis, S. 40 f.

35 Vgl. Thomas von Aquin, Summa contra Gentiles, IV, 55.

drückt: Er hat sowohl am „Bios" als auch am „Logos" teil. Mit dieser Horizontstellung ist gleichzeitig eine tragische Dialektik verbunden: Der Mensch gehört beiden Bereichen zu, ist aber in keinem der beiden Bereiche wahrhaft ansässig.[36] D.h. der Zustand einer absolut unanfechtbaren Gesichertheit ist für den Menschen prinzipiell nicht zu erreichen.

Diese Gedanken weiß Wust mit den Einsichten der modernen philosophischen Anthropologie zu verbinden, wie sie ihm in Max Scheler[37] begegnet sind: Der Mensch ist hiernach nicht mehr umweltgebunden wie das Tier, sondern weltoffen. Wust spricht in diesem Zusammenhang von der „Indefinitheit"[38] der menschlichen Natur. Diese Weltoffenheit des Menschen ist jedoch zweideutig; denn sie bedeutet zum einen eine Erhebung über das Schicksalhafte hinaus in den Raum der Freiheit, zum anderen ist damit Risiko und Wagnis verbunden. Der Mensch ist, wie Friedrich Nietzsche es so treffend formuliert hat, „das *noch nicht festgestellte Tier*"[39]. Arnold Gehlen spricht in diesem Zusammenhang davon, daß der Mensch „ein konstitutionell ‚riskiertes' Wesen"[40] ist, d.h. er muß sich selbst entwerfen.

Diese Entscheidungs- und Wagnissituation wird nach Wust um so tiefer und offensichtlicher, je weiter wir vordringen zum eigentlich Menschlichen, d.h. in den Fragen nach dem Sinn des Lebens und der Welt und in den Fragen nach unserem Heil, also: in Philosophie und Religion. Die Situation der Ungesichertheit spielt somit nicht nur im vitalen Bereich eine entscheidende Rolle, sondern sie verschärft sich geradezu in den Bereichen der geistigen und übernatürlichen Existenz des Menschen. In keinem dieser Bereiche kommt der Mensch zu einer letzten Gewißheit.

Die Unstetigkeit der Philosophie hat somit ihren letzten Grund in der menschlichen Situation als solcher. Wust bewertet dies keineswegs negativ – ganz im Gegenteil, es wird bei ihm zu einem Postulat. In den entscheidenden Fragen des Menschseins *darf* es nach Wust keine Gewißheit geben – um

---

36 Vgl. Ungewißheit und Wagnis, S. 46 f.

37 Vgl. M. Scheler, Die Stellung des Menschen im Kosmos (1928), Bonn 12. Aufl. 1991.

38 Ungewißheit und Wagnis, S. 46 ff.

39 F. Nietzsche, Jenseits von Gut und Böse. Vorspiel einer Philosophie der Zukunft, Aph. 62, in: Ders., Werke in drei Bänden, hrsg. von K. Schlechta, Bd. II, Darmstadt 1997, S. 623.

40 A. Gehlen, Gesamtausgabe, Bd. 4: Philosophische Anthropologie und Handlungslehre, hrsg. von K.-S. Rehberg, Frankfurt/M. 1983, S. 215.

der Freiheit des Menschen willen.[41] Das, was Descartes und Leibniz noch glaubten, überwinden zu können durch eine angeblich „richtige" Methode, versteht Wust als zum Wesen der Philosophie selbst gehörig. Die Philosophie *darf* nicht zur zwingenden Gewißheit führen; sie muß Spielraum lassen für die Freiheit des Menschen, und das heißt für Wagnis und Entscheidung. Wobei die Entscheidung für Wust immer eine vernünftige, eine begründete sein muß. Die Position eines Entscheidungsirrationalismus lehnt Wust sowohl auf philosophischem als auch auf religiösem Gebiet ab.[42]

Kommt die Philosophie nicht zu zwingend gewissen und allgemeingültigen Erkenntnissen, ja darf sie Wust zufolge nicht zu solchen führen, dann stellt sich die Frage: Wird damit die Philosophie nicht subjektiv, eine reine Sache des Geschmacks? Führt das nicht letztlich zu der Haltung eines postmodernen „anything goes"? Das wäre ein klares Mißverständnis. Karl Jaspers sucht das Wesen der philosophischen Wahrheit an dem Vergleich von Galilei auf der einen und Giordano Bruno auf der anderen Seite deutlich zu machen.[43] Geht es im Falle von Galilei um eine zwingende, allgemeingültige Wahrheit, so geht es Giordano Bruno um eine unbedingte Wahrheit, für die es sich zu sterben lohnt. Die Wahrheit der Philosophie wird so durch den eigenen Tod verifiziert. Das ist natürlich ein hoher Anspruch. Nicht jeder muß und braucht für seine philosophische Wahrheit sterben. Aber was mit diesem Beispiel deutlich werden soll, ist klar: Philosophische Wahrheit erfordert den Einsatz der ganzen Person.

Jaspers' Position ist weit entfernt von einem relativistischen Standpunkt, nach dem alles gleichermaßen gültig wäre. Aber es handelt sich hier zweifellos um einen pluralistischen Ansatz. Wust, der ein gutes Stück Weg mit der modernen Existenzphilosophie geht, will aber nun doch nicht – wie etwa Jaspers – die Philosophie in diesem Sinne pluralistisch verstehen. Um dem pluralistischen Standpunkt zu entgehen, greift er auf ein antik-mittelalterliches Lehrstück zurück. Das Sein – so formuliert er im Anschluß an die mittelalterliche Transzendentalienlehre – ist perlucid, intelligibel – bis

---

41 Vgl. Ungewißheit und Wagnis, S. 116.

42 Vgl. Ungewißheit und Wagnis, S. 167-176. - Wust sieht hier den Entscheidungsirrationalismus philosophisch bei Karl Jaspers, theologisch in der Dialektischen Theologie eines Karl Barth als gegeben an. Mit diesem Vorwurf wird er aber Jaspers nicht gerecht.

43 Vgl. K. Jaspers, Von der Wahrheit. Philosophische Logik. Erster Band (1947), München 4. Aufl. 1991, S. 651.

auf seinen letzten Grund hin.[44] Und das Sein ist immer auch schon das Gute. Mit Bernhard Rosenmöller[45] spricht Wust von der „rectitudo" des Seins.[46] Aber diese Rechtheit, diese Wahrheit des Seins zeigt sich dem Menschen nicht im Sinne wissenschaftlicher Einsicht, die zwingend gewiß und allgemeingültig wäre. Vielmehr ist es so, daß diese Wahrheit immer nur „sollizitiert", nicht „necessitiert", wie sich Wust ausdrückt.[47] D.h. diese Wahrheit „zieht an", sie „nötigt" aber nicht.

Und es ist noch ein zweiter Aspekt, der das Denken von Peter Wust entschieden von der Existenzphilosophie eines Karl Jaspers trennt und mit einem Denker wie Gabriel Marcel verbindet: die Überzeugung nämlich, daß sich im Christentum „die Wahrheit" geoffenbart hat.[48] Es besteht kein Zweifel: Wust ist ein christlicher Existenzphilosoph.

Martin Heidegger hat ja bekanntlich das Diktum geprägt, eine christliche Philosophie sei ein „hölzernes Eisen"[49]. Und Karl Jaspers ist der Überzeugung, daß zwischen Philosophie und Religion ein ausschließlicher Gegensatz bestehe.[50] Peter Wust sieht das anders.

Zwar wirkt in unserer säkularisierten Welt das Wort von einer christlichen Philosophie antiquiert. Doch man kann mit Josef Pieper, den Wust sehr schätzte, zu Recht die Frage stellen, ob es in unserer westlichen Welt überhaupt eine nicht-christliche Philosophie geben kann.[51] Wird doch selbst das Denken eines Jean-Paul Sartre, nicht anders als das eines Martin Heidegger, nur auf dem Hintergrund der christlichen Tradition verständlich.

Karl Delahaye bewertet den Versuch einer Synthese von klassischer Metaphysik und modernem Existenzdenken bei Wust eher negativ.[52] Man kann in diesem Versuch aber auch eine Stärke seines Philosophierens sehen.

---

[44] Vgl. Ungewißheit und Wagnis, S. 61.

[45] Vgl. B. Rosenmöller, Religionsphilosophie, Münster 1932, S. 20 f.

[46] Vgl. Ungewißheit und Wagnis, S. 58 f.

[47] Ungewißheit und Wagnis, S. 53.

[48] Vgl. Ungewißheit und Wagnis, S. 138.

[49] M. Heidegger, Gesamtausgabe, Abt. II, Bd. 40: Einführung in die Metaphysik (Sommersemester 1935), hrsg. von P. Jaeger, Frankfurt/M. 1983, S. 9.

[50] Vgl. K. Jaspers, Philosophie, Bd. I: Philosophische Weltorientierung (1930), München 5. Aufl. 1991, S. 294.

[51] J. Pieper, Werke, Bd. 3: Schriften zum Philosophiebegriff, hrsg. von B. Wald, Hamburg 1995, S. 306.

[52] Vgl. K. Delahaye, Die Philosophie Peter Wusts als christliche Anthropologie, in: GW VIII, S. 153-410, hier bes. S. 233 u. 410.

Wir müssen uns nämlich endlich wieder frei machen von dem Verdikt, der Begriff einer christlichen Philosophie sei eine *contradictio in adiecto*. Denn es wäre eine Illusion zu meinen, die Philosophie sei *völlig* voraussetzungslos.

Zwar ist die Philosophie ohne Zweifel die Haltung radikalen Fragens. Aber dieses radikale Fragen wird immer nur existent in einer konkreten Frage. Die konkrete Frage aber ist die Frage einer konkreten Situation. Und diese Situation kann immer auch eine religiöse Situation sein – im Falle von Wust die christliche.

Der bekannte amerikanische Philosoph Nikolas Rescher hat sich in einer jüngst erschienenen umfassenden Studie mit dem Titel „Der Streit der Systeme“[53] diesem Problem zugewendet. Seine Hauptthese, die verschiedene Parallelen zu Wust aufweist, ist die folgende: Wenn wir auch in der Philosophie nicht zu einem unwiderleglichen Wissen kommen, so geht es hier doch nicht um bloße Meinungen. Wir erhalten vielmehr begründete Urteile, die auf bestimmten (kognitiven) Werten beruhen, für die wir uns entschieden haben. Das bedeutet aber, daß eine philosophische Argumentation letzten Endes niemals völlig objektiv, sondern immer bis zu einem bestimmten Grade personalisiert ist.

Philosophische Streitfragen beruhen somit Rescher zufolge auf verschiedenen (kognitiven) Werten. Zwar läßt sich auch noch über diese Werte streiten, aber nicht in einem wertfreien Raum. D.h. es gibt keine voraussetzungslose Basis, denn es ist dem Menschen unmöglich, den Standpunkt Gottes einzunehmen. Anders formuliert: In der Philosophie ist das Bindeglied zwischen Rationalität und Konsens zerbrochen. Damit wird nach Rescher auch verständlich, warum die Philosophie nicht fortschreitet wie die Wissenschaft. Der Fortschritt der Philosophie kann immer nur ein intradoktrinärer, nicht jedoch ein extra-doktrinärer sein.[54] D.h. eine bestimmte philosophische Position kann verfeinert und ausdifferenziert werden. Doch letztlich gibt es von Platon zu Heidegger keinen Fortschritt in dem Sinne, wie ihn die Mathematik und die Einzelwissenschaften aufzuweisen haben.

Das, was Rescher in seinen diffizilen wissenschaftstheoretischen Untersuchungen aufzuzeigen sucht, gelingt Wust – wie sich gezeigt hat – durch einen Blick auf die Bedingungen unseres Menschseins. Philosophie ist für Wust – und das ist gut sokratisch – nicht nur „Erkenntnis“, sondern immer

---

53 Vgl. N. Rescher, Der Streit der Systeme. Ein Essay über die Gründe und Implikationen philosophischer Vielfalt, Würzburg 1996.

54 Vgl. ebd., S. 272.

auch „Bekenntnis".[55] In diesem Sinne gibt es für ihn keine *„absolut bekenntnisreine Philosophie*"[56]. *Wer* bei „diesen spezifischen Erkenntnismaterien *das Bekenntnismäßige umgehen zu können glaubt*", heißt es in einem späten Vorlesungsmanuskript mit dem Titel „Der Mensch und die Philosophie", „der hat im Grunde die Absicht, dieser Art von Erkenntnis den ganz eigenartigen Risiko- und Wagnischarakter zu nehmen, der nun einmal mit zu ihrem Wesen gehört."[57]

Es ist das entscheidende Verdienst von Peter Wust, wieder auf diesen inneren Zusammenhang von Mensch und Philosophie hingewiesen und dabei auf zweierlei aufmerksam gemacht zu haben: Zum einen, daß Philosophie nicht abgleiten darf in die bloße Sachlichkeit eines gegenständlichen Wissens, in ein unverbindliches Denken, das existentiell matt ist; denn ein solches Denken hörte auf, Philosophie zu sein. Zum anderen, daß es durchaus legitim ist, auf der Grundlage bestimmter Werte – wie etwa die der christlichen Tradition – zu philosophieren. Denn die Philosophie, das will Peter Wust uns mit auf den Weg geben, ist immer eine Sache des ganzen Menschen.

Werner Schüßler

---

[55] Vgl. GW IV, S. 425.
[56] GW IV, S. 430.
[57] GW IV, S. 435.

EDITORISCHER HINWEIS

Peter Wusts Schrift „Ungewißheit und Wagnis“ ist bisher in acht Auflagen erschienen:
1. Auflage: Salzburg/Leipzig: Verlag Anton Pustet 1937, 317 Seiten.
2. Auflage: München: Verlag Kösel-Pustet 1940, 317 Seiten (identisch mit der 1. Auflage).
3. Auflage: München: Verlag Kösel-Pustet 1940, 317 Seiten (identisch mit der 1. Auflage).
4. Auflage: München/Kempen: Verlag Kösel 1946, 316 Seiten (mit einem neuen Satzspiegel).
5. Auflage: München/Kempen: Verlag Kösel 1950, 316 Seiten (identisch mit der 4. Auflage).
6. Auflage: München/Kempen: Verlag Kösel 1955, 316 Seiten (identisch mit der 4. Auflage).
7. Auflage München: Verlag Kösel 1962, 312 Seiten (mit einem neuen Satzspiegel).
8. Auflage: München: Verlag Kösel 1986, 312 Seiten (identisch mit der 7. Auflage).

Innerhalb der „Gesammelten Werke“ von Peter Wust, die in 10 Bänden von Wilhelm Vernekohl herausgegeben wurden und in den Jahren 1963-1969 im Verlag Regensberg in Münster erschienen sind, ist die Schrift „Ungewißheit und Wagnis“ in Bd. IV (Münster 1965), S. 25-293, abgedruckt. Zugrundegelegt wurde hier der Text der 7. Auflage von 1962. Diese Ausgabe innerhalb der „Gesammelten Werke“ weist naturgemäß einen neuen Satzspiegel auf.

Die drei ersten Auflagen besitzen den gleichen Satzspiegel und sind aus diesem Grunde auch identisch. Die vierte Auflage von 1946 besitzt einen neuen Satzspiegel und ist somit auch nicht mehr identisch mit den drei ersten Auflagen. Auf S. 6 dieser 4. Auflage von 1946 findet sich der Hinweis, daß es sich hierbei um eine „unveränderte Auflage“ handele. Auf das „*Vorwort*“ von Peter Wust (S. 9-10) folgt ein kurzer Text, der betitelt ist mit „*Zur vierten Auflage*“ (S. 10-12). Dieser Text, der allerdings nicht auf die näheren Umstände dieser Neuauflage eingeht, sondern nur einige Bemerkungen zu Peter Wust und zur Schrift allgemein macht, ist mit „*Verlag Josef Kösel*“ unterzeichnet.

Ein Vergleich mit der 1. Auflage von 1937 zeigt aber, daß bei dieser 4. Auflage Eingriffe in den Text vorgenommen wurden, die vermutlich von Verlagsseite stammen; Peter Wust ist ja bereits 1940 verstorben. Diese Eingriffe in den Text sind verschiedener Natur: So finden sich einige wenige stilistische Veränderungen;[1] es finden sich aber auch einige nicht unerhebliche Fehler, die durch eigenmächtigen Eingriff dritter Hand oder eventuell durch den Neusatz hervorgerufen wurden.[2] Weiter finden sich Eingriffe in bezug auf die Hervorhebungen, die Wust vorgenommen hat. In der 1. Auflage finden sich Hervorhebungen von zweifacher Art: zum einen durch Anführungszeichen, sodann durch Sperrdruck. In dieser 4. Auflage wurde das durch Anführungszeichen Hervorgehobene zum überwiegenden Teil durch Kursivierung hervorgehoben, und das von Wust durch Sperrdruck Hervorgehobene wurde zum größten Teil überhaupt nicht übernommen. Diese Eingriffe zeichnen sich weder durch eine bestimmte Logik noch durch philosophischen Sachverstand aus. Dabei sind nicht wenige Hervorhebungen Wusts zum adäquaten Verständnis des Gesagten unerläßlich. Die 5. und die 6. Auflage ist mit dieser 4. Auflage im Satzspiegel identisch.

Die 7. Auflage von 1962 weist wiederum einen neuen Satzspiegel auf. Im Prinzip liegt dieser Ausgabe der Text der 6. Auflage zugrunde, der mit der 5. und 4. Auflage identisch ist. Zwar wurden in dieser 7. Auflage einige offensichtliche Fehler ausgemerzt, aber es sind auch wiederum neue Fehler hinzugekommen.[3] In bezug auf die Hervorhebungen leidet diese 7. Auflage an denselben Mängeln wie die 4.-6. Auflage.

Sowohl die 8. und bisher letzte Auflage als auch die Ausgabe innerhalb der „Gesammelten Werke“ ist mit dieser 7. Auflage identisch und darum mit denselben Fehlern behaftet.

---

[1] Ein extremes Beispiel findet sich S. 287 (4.-8. Aufl.): statt „So wird also auch das natürliche *humanum* bereits vor dem Übernatürlichen restlos vernichtet.“ muß es heißen „So erfährt also auch das natürliche ‚humanum‘ bereits vor dem Übernatürlichen seine restlose Vernichtung.“

[2] Extreme Beispiele hierzu: S. 169 (4., 5. u. 6. Aufl.): statt „endlichen Frageimpuls“ muß es heißen „unendlichen Frageimpuls“; S. 303 (4., 5. u. 6. Aufl.): statt „sondern aus ihrer natürlichen Tiefe“ muß es heißen „sondern vom Höheren her aus ihrer natürlichen Tiefe“.

[3] Extreme Beispiele hierzu: S. 85 (7. u. 8. Aufl.): statt „berechenbare Dauer“ muß es heißen „unberechenbare Dauer“; S. 248 (7. u. 8. Aufl.): statt „halbe Ungewißheit“ muß es heißen „halbe Unwissenheit“.

Dieser Tatbestand hat die Herausgeber bewogen, auf die Erstauflage von 1937 zurückzugreifen, die von Wust noch selbst auf den Weg gebracht wurde. So liegt mit dieser Neuherausgabe ein authentischer Text von „Ungewißheit und Wagnis“ vor.

Was die Hervorhebungen anbelangt, so ist hierzu zu sagen: Das von Wust durch Anführungszeichen Hervorgehobene ist auch in dieser Neuausgabe durch Anführungszeichen hervorgehoben. Das von Wust durch Sperrdruck Hervorgehobene ist in dieser Neuausgabe durch Kursivierung hervorgehoben. Ganz offensichtliche Fehler des Textes wurden stillschweigend korrigiert. Ebenso wurde in extremen Fällen eine Angleichung an die heute übliche Rechtschreibung und Interpunktion vorgenommen.

Dem Text wurden Anmerkungen hinzugefügt, die im Anhang erscheinen. Diese Anmerkungen wollen und können keinen fortlaufenden Textkommentar ersetzen. Neben einigen wenigen Erläuterungen, die der Lektüre hilfreich sein wollen, werden hier vornehmlich Stellen nachgewiesen, soweit dies möglich war. Wust hat ja bekanntlich seine Quellen nur selten genannt, und die Zitate sind zum Teil auch fehlerhaft.

Wust selbst hat seinem Text vier Textnachweise zu Karl Jaspers in Form von Fußnoten hinzugefügt. Diese wurden in dieser Neuausgabe innerhalb von Klammern in den Text integriert (siehe dazu unten S. 171-173), um eine Konfusion mit den soeben genannten Anmerkungen zu vermeiden. Das ist dadurch gerechtfertigt, daß Wust an einigen wenigen anderen Stellen auch selbst Textnachweise innerhalb von Klammern in den Text integriert hat.

Im Anhang wird sodann eine Übersetzung lateinischer Begriffe, die Wust in „Ungewißheit und Wagnis“ verwendet, dargeboten, was dem leichteren Verständnis dienen soll. Die beigefügten Literaturhinweise wollen dazu anregen, sich mit dem Denken Wusts weiter zu beschäftigen. Das neu erstellte Personen- und Sachregister bezieht sich nur auf den Text von „Ungewißheit und Wagnis“.

PETER WUST

Ungewißheit und Wagnis

Vorwort

Das in diesem Buche behandelte Problem muß für sich selbst sprechen. Die benützte Literatur soll nicht eigens aufgeführt werden, um das Buch nicht unnötig zu belasten.

Immerhin sollen doch im Vorwort drei Werke besonders genannt werden, weil der Verfasser sich ihnen am meisten verpflichtet weiß. Das erste Werk ist Bernhard *Rosenmöllers* „Religionsphilosophie“ (Verlag Aschendorff, Münster 1932). Es bedeutete für den Verfasser seit seinem Erscheinen eine Quelle dauernder Anregungen. Hingewiesen sei dann auf die feine Studie von Josef *Pieper* „Über die Hoffnung“ (Verlag Jakob Hegner, Leipzig 1935). Außerdem sind die fünf Vorträge zu nennen, die Karl *Jaspers* in Groningen (Holland) gehalten und unter dem Titel „Vernunft und Existenz“ veröffentlicht hat (Wolters' Uitgevers-Maatschappij N.V., Groningen 1935).

Zu ganz besonderem Dank fühlt sich der Verfasser seinem verehrten Freunde Dr. *Vorholt* in Mecklenbeck bei Münster verpflichtet. Ohne die dauernde Anregung und Beratung von seiten dieses Freundes wäre dieses Werk vielleicht zur Zeit noch nicht entstanden. Für den Verfasser wird die Erinnerung an seine Niederschrift für immer verknüpft bleiben mit der Erinnerung an das stille Pfarrhaus und an das stimmungsvolle Dorfkirchlein von Mecklenbeck.

Münster i. Westf., im September 1936.

Peter Wust

ERSTES KAPITEL

Der Mensch und sein Streben nach Gesichertheit

Zweierlei Lebenswege des Menschen symbolisiert uns die neutestamentliche Parabel vom verlorenen Sohn (Lukas 15,11-32). Der jüngere der beiden ungleichen Brüder verläßt, alle Warnungen des weise vorsorgenden Vaters in den Wind schlagend, die Gesichertheit des väterlichen Hauses und stürzt sich in das Wagnis einer unbekannten Welt. Der ältere Bruder aber bleibt daheim, auf dem gesicherten Boden des väterlichen Anwesens, um sich in treuer Arbeit und Pflichterfüllung der Wahrung einer überkommenen Lebensordnung zu widmen.

Welcher von diesen beiden ungleichen Brüdern hat den rechten Lebensweg gewählt? Die Antwort auf diese Frage scheint sehr einfach zu sein, wenn man sich die Tatsache vor Augen hält, daß auch der jüngere Bruder nach seinem mißglückten Umweg über die Ungesichertheit der Fremde schließlich wieder heimkehrt in die Geborgenheit des Vaterhauses. Sie wird aber schwierig, wenn man bedenkt, daß auch nach der Heimkehr des jüngeren Bruders die Ungleichheit dieses symbolischen Brüderpaares nicht aufgehoben ist. Denn wenn nun auch beide Brüder daheim sind, so ist doch jetzt das Daheimsein, worin sie sich gleichen sollen, doppelsinnig geworden. Die Antwort wird aber noch schwieriger, wenn man sich vergegenwärtigt, daß nach der Heimkehr des jüngeren Bruders der in Ehren daheimgebliebene ältere Bruder ganz von selbst durch die tiefsinnige Symbolik der Parabel in ein neues Licht gerückt erscheint. Denn er, der anfänglich so selbstverständlich im Recht ist, wird nun auf einmal durch die gewandelten Umstände ganz offenkundig ins Unrecht gesetzt, und zwar nicht bloß subjektiv durch seinen Mangel an Liebe gegenüber dem heimkehrenden Bruder, sondern auch objektiv, insofern wir, die Beobachter dieses Lebensschauspiels, an seiner Gesichertheit die dialektische Kehrseite aller sogenannten Lebensgesichertheit erfahren.

Je tiefer man sich nämlich in die abgründige Symbolik dieser Parabel versenkt, um so aufmerksamer wird man für das dialektische Wechselverhältnis, das zwischen den beiden Momenten der Gesichertheit und der Ungesichertheit[1] des Lebens zu bestehen scheint. Wohl hat zunächst die Gesichertheit des Lebens ihr Recht und ihren ganz tiefen Sinn. Und man wird es selbstverständlich finden, daß der Mensch auf sie hinstrebt und sich gegen die Ungesichertheit des Lebens zu schützen sucht. Das Leben selbst aber, wenn man es auf sein Wesen hin näher untersucht, scheint viel eher mit der Ungesichertheit insgeheim im Bunde zu sein als mit der Gesichertheit, und zwar nicht etwa, wie der Mensch aus seiner Alltagssicht so leicht anzunehmen geneigt ist, weil es ihm aus einer ihm eingeborenen Feindseligkeit heraus sein Glück mißgönnen würde, sondern vielleicht gerade deshalb, weil erst die Ungesichertheit zu jener besonderen Art von Gesichertheit führt, die den Menschen als Menschen über sich selbst hinausdrängt und ihn damit erst ganz zu sich selbst emporhebt.

So gesehen, scheint jetzt auf einmal die Ungesichertheit an Bedeutungsgewicht zu gewinnen, ja, sie scheint sogar bei weitem über die Gesichertheit an Bedeutung hinauszuwachsen. Denn sie verleiht dieser ja erst das metaphysische Relief, das ihren tieferen Lebenssinn klarer hervortreten läßt. Und nun ist es auf einmal der jüngere Bruder, der in ganz neuer Weise unsere Sympathie gewinnt und unsere Aufmerksamkeit auf sich hinlenkt. Denn erst von seinem Schicksal her beginnt sich in jener Symbolik der Parabel die Totalität des Lebens widerzuspiegeln. Die Erkenntnis beginnt uns aufzuleuchten, daß das Leben in seiner Sinnganzheit die unaufhebbare Dialektik von Geborgenheit und Ungeborgenheit verlangt. Zum mindesten sind wir versucht, jetzt nicht mehr nur schlechthin von Geborgenheit und von Ungeborgenheit zu sprechen, sondern auch von einer Ungeborgenheit in der Geborgenheit wie umgekehrt von einer Geborgenheit in der Ungeborgenheit. Wenn man also auch sagen dürfte, daß es der sein Glück suchende Mensch ist, der nach der Gesichertheit strebt, so darf man doch auch vielleicht mit ebensoviel Recht sagen, daß derselbe sein Glück suchende Mensch unter Umständen auch wieder den schützenden Kreis der alltäglichen Geborgenheit durchbrechen muß, um sich dem Wagnis der äußersten Ungeborgenheit auszusetzen. Erst recht aber dürfte ein tiefer Sinn darin liegen, wenn das Leben selbst als anonyme Macht sich dem gewöhnlichen Gesichertheitsstreben des Menschen so gern in den Weg stellt und ihm seine oft allzu rasch aufgeführten Gehäuse zerbricht, um ihn immer wieder aus einer Ruhe aufzustören, die seinem wahren Wesen nicht gemäß ist. In diesem Falle steht dann das Leben selbst mit seiner ihm einwohnenden Weisheit höher als der Mensch, der so gern der Unbequemlichkeit des Irrationalen aus dem Weg gehen möchte.

Begreiflich ist es nun freilich, daß der Mensch die rätselhafte Irrationalität des Lebens von vornherein nicht in ihrer Weisheit erkennt, sondern sie zunächst als etwas ihm von Natur Feindseliges empfindet und sich mit allen nur denkbaren Mitteln gegen ihre Überraschungen zu sichern sucht. Schon als Vernunftwesen muß ja der Mensch das Geordnete und als solches dann für ihn Übersehbare mehr lieben als dasjenige, was dem Ordnungsverlangen seiner Vernunft, wenigstens im Vordergrundaspekt des Lebens, einen so hartnäckigen Widerstand entgegensetzt. Daß bei diesem Widerstreben gegen die dunkle Irrationalität des Lebens unsere Vernunft auch dem Gesetz ihrer eigenen Trägheit und Bequemlichkeit folgt, soll natürlich nicht übersehen werden.

Zwei Momente sind es nun aber, die wir im Ganzen dieser Irrationalität des Lebens gesondert herausstellen müssen. Das erste Moment ist in einer gewissen *Unstimmigkeit* zu suchen, die das Leben im Ganzen und in dem Zusammenhang seiner mannigfaltigen Erscheinungen kennzeichnet. Seit der großen Anklage Hiobs gegen die Weltordnung hat man sich immer wieder mit diesem Unstimmigkeitscharakter des Lebens befaßt, und das wiederholt aufgerollte Theodizeeproblem mit seiner dreifachen Unterscheidung des Übels[2] legt ein beredtes Zeugnis dafür ab, wie ernst sich von jeher die Menschheit mit dieser Frage auseinandergesetzt hat. Insbesondere aber haben die großen praktischen Weltreformer nicht bloß versucht, von Epoche zu Epoche die sich steigernden Folgen dieser Lebensunstimmigkeit in etwa zu mildern, sondern manche von ihnen wenigstens hatten den titanischen Gedanken, dieses irrationale Moment des Lebens ein für allemal zu beseitigen. Natürlich mußten dann diese Propheten eines solchen utopischen Lebensideals am Ende stets die Vergeblichkeit ihres Bemühens resigniert eingestehen. Und so klingt mancher dieser großen Reformversuche in die ernüchterte Erklärung aus, daß „die Summe des Lebens, durch Vernunft dividiert, niemals ohne Rest aufgehe".

Wenn es nun aber auch von Fall zu Fall gelingt, die Intensität dieser Unstimmigkeit durch unser irdisches Ordnungsstreben herabzumindern, dann sieht sich unsere kalkulatorische Vernunft sofort auch vor das andere Moment gestellt, das sich in der Irrationalität des Lebens mit dieser Erscheinung einer universalen Unstimmigkeit verbindet. Denn jedes noch so mühsam hergestellte relative Gleichgewicht, durch das wir diese Unstimmigkeit wenigstens hier und da in gewisse Grenzen zu bannen vermögen, ist von Stunde zu Stunde gefährdet durch jenen aus der Dunkelheit der Zukunft drohenden Verfall, der wie ein Fluch allen unseren irdischen Ordnungen und Sicherungsmaßnahmen einwohnt. Mit der *Unstimmigkeit* des menschlichen Daseins ist also die *Unbeständigkeit* aller von uns geschaffenen Ordnungen stets im Bunde. Und diese beiden Momente in ihrer engen Wechselbezogenheit machen demnach jenen gefürchteten Fortunacharakter des Lebens aus, vor dem wir die große Mehrzahl der Menschen beständig auf der Flucht begriffen sehen.

Nun ist es für den, der diese so mannigfaltigen Fluchtbewegungen aus einer gewissen Höhe betrachtet, ein eigenartiges Schauspiel, die Vergeblichkeit aller dieser Sicherungsbemühungen festzustellen, mit denen die Menschen sich vor der doppelten Unberechenbarkeit des Lebens zu schützen versuchen. Denn das Leben selbst bleibt all diesen Bemühungen gegenüber in einem unendlichen Vorsprung und bewahrt hartnäckig seine launische Natur der Unberechenbarkeit. Jene wenigen Ausnahmeexistenzen aber, die umgekehrt wie die Menge das dunkle Hasardspiel des Lebens mehr zu lieben scheinen als die Gesichertheit der bürgerlichen Ordnung, werden als die ewigen Revolutionäre gegen den Alltag mit Mißtrauen betrachtet oder unter Umständen sogar verfemt, weil sie eine Ausnahme bedeuten, die der allgemeinen Daseinskalkulation hemmend im Wege steht.

Ohne Zweifel aber hat dieses fast allgemeine Streben des Menschen nach Gesichertheit auch schon auf der niederen Ebene des alltäglichen Kampfes mit der Fortuna einen ernsteren metaphysischen Hintergrund. Aber der eigentliche metaphysische Ernst dieser Erscheinung kommt uns viel deutlicher zum Bewußtsein, wenn wir das gleiche Gesichertheitsstreben des Menschen auf den höheren Ebenen seines geistigen Existenzkampfes näher ins Auge fassen. In etwa scheint sich hier zunächst das Problem zu verändern. Denn was in dem allgemeinen Kampf mit dem Schicksal als das Streben nach der Gesichertheit vor den Wechselfällen des Lebens bezeichnet werden kann, das nimmt jetzt den besonderen Charakter eines Strebens unseres Geistes nach *Gewißheit* an. Es ist jetzt die Ungesichertheit gegen alle möglichen Formen der Lebens- und Daseinsskepsis, was der Mensch auf den höheren Ebenen seiner idealen Existenz im Prinzip als unerträglich empfindet. Im Bereich seiner Wahrheitssuche sowohl wie ganz besonders im Bereich seines Heilsstrebens will er schließlich nichts so sehr als die Gewißheit, die Gewißheit einer absoluten Einsicht in die Tatsache der Gesamtordnung des Seins, die Gewißheit einer endgültigen Erlösung von der Unbeständigkeit seines eigenen unvollkommenen Seins. Jene Ausnahmenaturen aber, die auch in diesen höheren Bereichen die Ungesichertheit mehr zu lieben scheinen als die Gesichertheit, werden in ganz anderer Weise als auf der Fortunaebene als suspekte Existenzen empfunden, als die beunruhigenden Nomaden der radikalen Skepsis im Bereich der Wissenschaft und insbesondere der Philosophie, als die ewigen Ruhestörer alles und jeden Gottes- und Heilsglaubens im Bereiche der Religion.

Und so kann es denn nun gerade auf der höheren Ebene dieser idealen Existenzkämpfe den Anschein gewinnen, als sei die Ungesichertheit nichts anderes denn ein Störungsmoment des Lebens, wenn nicht sogar der Weltordnung überhaupt, mit dem der Mensch ohne Unterlaß den Kampf aufzunehmen habe.

Einen besonderen Ernst gewinnt jetzt das Problem noch dadurch, daß die geheime Feindseligkeit des Lebens gegen alles menschlich-kalkulatorische Gesichertheitsstreben gerade auf diesen ideellen Ebenen eine Intensität zu erreichen scheint, die beinahe ins Grenzenlose zielt. Denn sie kann so weit gehen, daß die Vernunft selbst als das innerste Wesen des Seins gewissermaßen mit sich selbst in einem ewigen Widerstreit begriffen erscheint, vor dem alle menschliche Fassungskraft schlechthin versagt und vor dem dann nur noch der Ausweg einer verzweifelnden Resignation oder einer stumpfen Gleichgültigkeit übrigbleibt.

Beobachten wir doch nur einmal, mit welcher Unerbittlichkeit und Zähigkeit der menschliche Geist im Bereiche des Wissens nach absoluter Gewißheit strebt, von der Mathematik über die Geisteswissenschaften bis hinauf zur höchsten Höhe der Metaphysik, und wie dürftig dabei allemal das Ergebnis dieses universalen Gewißheitsstrebens in seiner Endsumme ist!

Seit den ältesten Zeiten hat die Mathematik mit der Metaphysik um den Vorrang der Wissenschaftlichkeit gerungen, und zwar deshalb, weil der Gewißheitscharakter ihrer Evidenz als vorbildlich für alle Wissenschaft überhaupt betrachtet wurde. In der Tat wird man denn auch nicht leugnen können, daß der menschliche Geist im Bereich der mathematischen Sachverhalte hinsichtlich der Gewißheit von jeher seine höchsten Triumphe erlebt hat. Wenn es in irgendeiner Wissenschaft *absolute* Gewißheit gibt, dann darf, wie es scheint, in erster Linie die Mathematik den Anspruch erheben, in dem festen und ungefährdeten Besitz einer solchen Gewißheit zu sein. Auf diese Tatsache gründet sich ja auch ihre stetig fortschreitende Entwicklung durch alle Jahrhunderte hindurch. Was die Vernunft mit mathematischer Gewißheit erkennt, das hat eine schlechthin apriorische, erfahrungsunabhängige Gültigkeit und ist allen Schwankungen menschlicher Meinungen absolut entzogen. Von daher erklärt sich ja auch der Traum so mancher Philosophen, ihrer eigenen Wissenschaft eines Tages die gleiche Gesichertheit zu verschaffen, wie sie die Mathematik von jeher besessen hat.

Trotzdem, gerade die Mathematik kann uns darüber belehren, daß in alle Bereiche des Geistes sich irgendwie die „Insecuritas humana“ einzuschleichen vermag. Wohl ist die Mathematik, im ganzen betrachtet, *die* Wissenschaft einer schlechthin apriorischen Erkenntnis und Erkenntnissicherheit. Sobald sie aber anfängt, sich von ihren rein inhaltlichen Operationen zurückzuwenden auf sich selbst und auf ihre Erkenntnisgrundlagen, dann kann es zuweilen den Anschein gewinnen, als werde der ganze Bau ihrer Erkenntnis bis in seine Fundamente hinein von dem geistigen Erdbeben einer absoluten Ungewißheit bedroht. Es ist kein Wunder, daß gerade die Mathematiker sehr oft einen besonderen Beitrag zu jenen geistigen Revolutionen geliefert haben, die wir als die beängstigenden Grundlagenkrisen der Wissenschaft überhaupt in der Geschichte des Geisteslebens kennen. Der große Mathematiker Pascal ist ein sehr gutes Beispiel für diese merkwürdige Tatsache. Weil er als Mathematiker die höchsten Gewißheitsanforderungen zu stellen gewohnt war, ist er wohl auch am Ende seines Lebens besonders aufmerksam gewesen auf die Tatsache, daß der menschliche Geist im ganzen eher ein Wesen der „Insecuritas“ ist als ein Wesen der „securitas“.

Sobald wir nun aber den Wissenschaftsbereich der Mathematik und alles dessen, was in irgendeiner Form mit ihr zusammenhängt, verlassen, dann stehen wir auch schon auf einem Wissensfeld, wo die Gewißheit der menschlichen Erkenntnis einen in jeder Hinsicht problematischen Charakter annimmt. Es soll damit keineswegs einem absoluten Irrationalismus das Wort geredet sein. Die radikale Skepsis soll durch solche Erwägungen keinen Freibrief erhalten. Nur der ungewöhnliche Ernst soll sichtbar werden, mit dem überhaupt im Bereich unseres Wahrheitsstrebens die Frage der Erkenntnisgewißheit auf dem metaphysischen Hintergrunde der „Insecuritas humana“ zu betrachten ist. Gerade das Problem der Ungewißheit des Geistes ist im Hinblick auf die letzte mögliche Wissensgewißheit, auf die uns Menschen eben noch erreichbare objektive und innere, unmittelbare Vernunftevidenz, ein *metaphysisches* Problem allerersten Ranges.

Der Streit um den Wissenschaftscharakter der Geisteswissenschaften ist letzten Endes ein Streit um ihre mögliche Gewißheit und Objektivität. In der Geschichtswissenschaft erreicht dieser Streit einen gewissen Höhepunkt. Sei es nun, daß man die Einzelepochen der Geschichte ins Auge faßt, sei es, daß man die Weltgeschichte als Ganzes betrachtet, immer ist es die gleiche Problematik der Gewißheit, um die zum mindesten in der so entscheidenden Frage nach dem *Maßstab* der Beurteilung gerungen wird.

Was aber so in den Geisteswissenschaften ganz allgemein als das Kreuz der wissenschaftlichen Objektivität erlebt wird, das erreicht in der Philosophie seinen unübersteiglichen Höhepunkt. Nur die philosophische Gewißheit kann ja doch der Wissenschaft schlechthin (die Mathematik eingerechnet) jene gesicherte Grundlage geben, ohne die Wissenschaft überhaupt nicht möglich ist. Und doch ist gerade die philosophische Gewißheit das dornenvollste Problem aller Wissenschaftsgewißheit überhaupt. Schon der äußere Gang der Philosophiegeschichte kann uns darüber belehren. Wenn wir die Entwicklung der Philosophie im menschlichen Geistesleben mit der Entwicklung der Mathematik vergleichen, dann scheint das Ergebnis entmutigend zu sein, und man braucht keineswegs darüber verwundert zu sein, wenn das wissenschaftliche Ansehen der Philosophie so oft durch einen solchen Vergleich zwischen den sicheren Fortschritten der Mathematik und den stets ungesicherten Fortschritten der Metaphysik gelitten hat. Wer die Armut der Philosophie an wirklich *gesicherten* Ergebnissen nur von außen her betrachtet, muß ihr im Grunde verzweifelt und resigniert den Rücken kehren. Um so fruchtbarer aber ist gerade die Philosophie für das metaphysische Problem der „Insecuritas humana“. Die Aufrollung dieses Problems in der Philosophie hat aber erst recht nicht den Sinn, das Fundament der Wissenschaft durch Irrationalismus und Skepsis zu unterminieren. Im Gegenteil, gerade hier dient die Behandlung des Ungewißheitsproblems einer letzten Sicherung der Vernunft überhaupt und einer strengen Abwehr jeglichen Einbruchs von absoluter Widervernunft in den universalen Bereich der Seinsintelligibilität. Der blinde Entscheidungsirrationalismus[3] ist *die* Gefahr der Philosophie.

Schon im Bereich der Philosophie meldet sich nun aber ein Charakter des menschlichen Gewißheitsstrebens, der in den höchsten Bereich alles menschlichen Gewißheitsstrebens überhaupt hinaufdeutet, nämlich in den Bereich des *religiösen Heilsstrebens.* Das allerletzte Streben nach der absoluten Wissensgewißheit ist seiner metaphysischen Wurzel nach nur zu verstehen aus dem tiefsten Glücksstreben der Menschennatur, die ausruhen will in der Wahrheit. So gewiß es auch einen strengen Wesensunterschied gibt zwischen der Philosophie und der Religion, so besteht doch zwischen ihnen von der Einheit der Menschennatur her eine gewisse unaufhebbare Konvergenz, die es ebensowenig erlaubt, von einem in jeder Hinsicht religiös neutralen Wissensstreben zu sprechen als von einem absolut reflexionslosen, also blind fideistischen Akt des Glaubens. Es ist die absolute Sinnfrage in der Philosophie, in der dieser religiöse Charakter aller philosophischen

Reflexion im Letzten zum Ausdruck kommt. Und deshalb ist denn auch das tiefste Erlebnis der menschlichen Wissensungewißheit im Hintergrunde der obersten philosophischen Gewißheit eine erste Ankündigung jener metaphysischen Situation der „Insecuritas humana", die im Bereich des religiösen Heilsstrebens in ihrer ganzen überwältigenden Dunkelheit erkennbar wird.

Gerade das tiefste Heilsstreben des Menschen scheint absolut unablösbar zu sein von der subjektiven und vielleicht in gewissem Sinne auch objektiven Situation der Ungesichertheit und Ungeborgenheit, der immer wieder neu aufrüttelnden und vor die Entscheidung zwingenden Ungewißheit und Gefährdetheit. Und so sehen wir denn auch, daß der Mensch gerade auf dieser höchsten Wertebene des Lebens den gefährlichen Schwebezustand zwischen Gesichertheit und Ungesichertheit am intensivsten erfährt. Sein Gewißheitsstreben erhält jetzt ganz deutlich einen doppeldeutigen Charakter. Denn einerseits erscheint es uns wie eine beständige Flucht vor der tief aus seinem innersten Wesen hervorbrechenden und nie ganz aussetzenden Ewigkeitsbeunruhigung, die ihm nun einmal die rein animalische Situation eines satten Behagens im vitalen Augenblick nicht gestattet. Und andererseits ist es auch wieder der Ausdruck einer Sehnsucht, die ihn hinzwingt auf den tiefsten Punkt aller wahrhaften Daseinsruhe. Der Faktor der Ungesichertheit aber bleibt hier immer im Hintergrund des großen Heilsdramas der Menschheit bestehen, mag es sich nun um die Gottesgewißheit, um die Offenbarungsgewißheit oder um die persönliche Heilsgewißheit handeln. Und dieser Faktor verstärkt sich geradezu in dem Maße, wie wir tiefer in die Ökonomie des menschlichen Vollendungsstrebens eindringen. Die verschiedenen Gesetzlichkeiten des spezifisch mystischen Weges der menschlichen Vollendung scheinen alle mehr oder weniger bestimmt und bedingt zu sein von der einen Tatsache, daß die Erhöhung des menschlichen Selbst nur durch die Steigerung seiner Gefährdetheit erreicht werden kann.

Auffallend ist nun aber im Ganzen dieser Problematik des menschlichen Strebens nach der Gesichertheit, daß der positive Sinn gerade der Ungesichertheit so schwer erkennbar wird und vielen, wenn nicht gar den meisten Menschen, erst nach einer langen und schmerzlichen Erfahrung aufgeht. Das Sekuritätsstreben der Menschen steht so sehr im Vordergrunde aller Lebenserfahrung, daß es geradezu einer besonderen Aufmerksamkeit bedarf, um die positive Bedeutung der Ungesichertheit als ein ernstes metaphysisches Problem des Lebens in den Blickpunkt der Alltagsmenschen zu bringen. Nicht viele sind imstande, so ohne weiteres den geheimen Unmut des Hausvaters gegenüber dem daheimgebliebenen älteren Sohn zu verstehen. Wohl gibt es neben jener Klasse von Menschen, denen die Sekurität der geordneten, im besten Sinne bürgerlichen Lebensbahn erstes und letztes Anliegen ist, auch jene andere Menschengruppe, die sich lieber der Ungewißheit und der Gefahr des Wagnisses und der heroischen Entscheidung zuwendet. Es sind das einerseits die großen Vabanquenaturen, die in den verschiedensten Regionen des Daseins immer mit dem blinden Ungefähr liebäugeln und sich auf einer wohlgeebneten Lebensbahn nicht wohlfühlen. Und es sind anderseits die hohen, edlen, sittlichen Naturen, die auf Grund einer glücklichen Anlage oder auch auf Grund einer tieferen Lebenserfahrung den tiefen Sinn der menschlichen Ungesichertheit zu erkennen oder zu ahnen imstande sind.

Der bloße Hinweis auf das Außergewöhnliche solcher Naturen im Gesamtbereich unserer alltäglichen Lebenserfahrung genügt schon, um darzutun, daß im allgemeinen die gesamte Irrationalität des Lebens mehr oder weniger als eine wirkliche Bedrohung unserer Existenz von seiten einer prinzipiell und im Letzten unstimmigen Welt- und Seinsordnung empfunden wird. Natürlich wäre es verfehlt, wenn man daraufhin jegliches menschliche Sekuritätsstreben überhaupt verächtlich und verdächtig machen wollte, in dem Sinne etwa, als sei es *nur* ein Ausdruck menschlicher Bequemlichkeit und bürgerlich saturierter Lebensfeigheit. Wer so weit gehen wollte, der müßte schließlich jeglicher Tradition und allem Ordnungsstreben des Menschen überhaupt den Kampf ansagen und gewissermaßen das Prinzip einer Revolution in Permanenz auf seine Fahne schreiben.

Unsere Untersuchung darf von vornherein nicht einmal den Schein einer so gefährlichen Intention aufkommen lassen. Denn sie setzt sich nichts anderes zum Ziel, als die Totalität des Lebens sichtbar werden zu lassen. Das kann sie aber nur dann erreichen, wenn sie stets die ganze Dialektik des Lebens nach seinem Wechselverhältnis von Gesichertheit und von Ungesichertheit im Auge behält.

Wenn aber über diesen Punkt keine Unklarheit mehr besteht, dann darf auch eine gewisse Akzentverschiebung bezüglich der Lebenspolarität von Ungesichertheit und Gesichertheit in dem Sinne gewagt werden, daß hier überall das Problem der Ungesichertheit in seiner positiven Bedeutung für das menschliche Dasein in den Vordergrund gerückt wird. Und das eben soll es bedeuten, wenn bei der Betrachtung der gleich am Eingang unserer Untersuchung angezogenen Parabel vom verlorenen Sohn das Interesse sich in besonderer Weise auf den jüngeren der beiden ungleichen Brüder konzentrierte, der erst im Scheitern sein Heil erfährt und in der Ungeborgenheit die tiefe Weisheit des Lebens erkennen lernt. Gerade in diesem jüngeren Bruder hält uns ja die tiefe, in ihrem Gesamtsinn nie ganz ausschöpfbare Symbolik der neutestamentlichen Parabel einen Spiegel vor, in dem wir das Problem der „Insecuritas humana“ nach seiner positiven Bedeutung für das menschliche Dasein in seiner ganzen metaphysischen Tiefe und Tragweite erkennen können.

ZWEITES KAPITEL

Der metaphysische Hintergrund der „Insecuritas humana"

Es ist eine Eigentümlichkeit der Sprache, daß sie, je mehr wir uns ihren Ursprüngen nähern, um so gesättigter wird an irrationalem Lebensgehalt und an naturhaft metaphysischer Substanz. Diese Tatsache können wir auch bei der Aufrollung unseres Problems zur Geltung kommen lassen. Was wir z.B. mit so verschiedenartigen Begriffen wie Gesichertheit, Gewißheit, Ungefährdetheit, Harmlosigkeit von mehreren Blickpunkten her gleichsam umkreisen müssen, das vermag die lateinische Sprache mit dem einen Wort „securitas" viel sicherer und lebensnäher zu treffen. Und so schwingt denn auch in dem Begriff der „Insecuritas humana" ein ganz anderer Bedeutungsreichtum mit als in den entsprechenden deutschen Bezeichnungen. Wie in einer Art Halbdunkelheit hebt sich in ihm alles das ab, was die spezifische Daseinssituation des Menschen ausmacht, die sich nicht bloß gradweise von der Daseinssituation des Tieres unterscheidet, sondern wesenhaft, in der Gestalt eines seinsmäßigen „hiatus".

Das Tier ist von Natur ein „animal securum", ein Wesen der Seinsbehütetheit. Demgegenüber ist der Mensch ebenso naturhaft das „animal insecurum" schlechthin, das Wesen, dem die Ungesichertheit von Hause aus in seine ganze Struktur mithineingegeben ist. Natürlich darf man das nicht mißverstehen. Denn auch das Tier hat, aufs Ganze gesehen, seine besondere Art von Seinsnot, und die Seinsungesichertheit des Menschen ist schließlich nichts anderes als die spezifische Form seiner Geborgenheit.

Die „Insecuritas humana" ist von zwei Seiten her zu betrachten, von der objektiven und von der subjektiven Seite her. Objektiv betrachtet, ist der Mensch ein Wesen der Ungesichertheit. Dem entspricht auf der subjektiven Seite seine Ungewißheit in den entscheidendsten Fragen seines Daseins, jenes dämmerhafte Halbdunkel von Wissen und Nichtwissen, das ihm Spielraum gewährt für seinen Selbsteinsatz, für Wagnis, Tat, heroische Entscheidung, kurz für jene Form der Freiheit, die seinem besonderen Wesen eigentümlich ist.

Wir beginnen damit, von der objektiven Seite her die Daseinssituation des Menschen mit der Daseinssituation des Tieres zu vergleichen. Was soll das heißen, wenn wir das Tier als ein „animal securum" bezeichnen und ihm den Menschen als das „animal insecurum" schlechthin entgegenstellen? Werden wir etwa vergessen, was uns doch die ganze Naturerfahrung eindringlich genug lehrt, daß auch das Tier als empfindendes Wesen etwas von jener Todesbedrohung erlebt, die doch nun einmal als Erlebnis das Schicksal aller empfindenden Lebewesen ist? Es wäre töricht, etwas derartiges übersehen zu wollen.

Und dennoch darf man, wenn man Mensch und Tier nach ihrer wesensmäßigen Daseinssituation miteinander vergleicht, wenigstens im relativen Sinne von einer Seinsgesichertheit des Tieres und von einer Seinsungesichertheit des Menschen sprechen. Mit der „securitas" des Tieres ist dann gemeint, daß es ein biologisch naturunmittelbares Wesen ist. Zwischen ihm und der Natur gibt es keine mediale Seinsschicht wie beim Menschen.[4] Es steht unmittelbar im großen Gesamtstrom der Natur darin und ist infolgedessen immer ganz in den einen „ordo" der Natur eingebettet. Es kann überhaupt nicht aus dieser universalen Ordnung herausfallen.

Wenn man sich erlebnismäßig in diese Naturunmittelbarkeit des Tieres auch nur annähernd hineinzuversetzen versucht, dann taucht sofort der Gedanke auf, diese tierische Seinsunmittelbarkeit in etwa mit der kindlichen Unbewußtheit zu vergleichen. So nahe aber auch ein solcher Gedanke liegen mag, im Grunde ist er doch irreführend. Denn die kindliche Unbewußtheit und Unmittelbarkeit ist schon durch eine ganze Welt von jener tierischen Naturunmittelbarkeit getrennt. Und das Trennende ist gerade die Wesenheit des „humanum", durch die das Kind bei all seiner Animalität doch ein völlig verwandeltes Naturwesen ist. Durch diese Wesenheit des „humanum" aber ist es auch schon nicht mehr ein „animal securum" in dem Sinne wie das Tier, sondern es steht jenseits der tierischen „securitas" und hat in all seiner Unschuld und Harmlosigkeit Anteil an der „Insecuritas humana". Ja, man kann vielleicht gerade bei der Betrachtung der noch unschuldigen Natur des Kindes das Wesen der menschlichen Ungesichertheit intensiver erleben als bei einem Erwachsenen. Es ist verständlich, daß die unschuldige Natur eines Kindes uns, die wir bereits die gefährdende List des menschlichen Daseins erfahren haben, in ganz besonderer Weise beglückt. Wenn wir aber ernstlicher nachdenken, dann beschleicht uns auch leicht eine leise Trauer bei der Betrachtung der kindlichen Harmlosigkeit und Unmittelbarkeit. Und das erklärt sich daher, daß wir auch die wesensmäßige Bedrohtheit verspüren, der diese Naturunschuld prinzipiell ausgesetzt ist. Wir wissen um die Abgründe, die sich hier auftun, und das ist eben jene „Insecuritas humana", die dem Tier erspart bleibt. Anders gesagt, das Kind ist ein Wesen mit unendlichen Möglichkeiten, sei es nun zum Guten oder zum Bösen, und diese unendliche Bestimmbarkeit ist dasjenige, was uns, zugleich mit der beglückend-beängstigenden Chance, beim Anblick der kindlichen Harmlosigkeit zu so ernsten Gedanken, zu Hoffnungen und Befürchtungen Anlaß gibt.

Die Naturunmittelbarkeit des Tieres ist von ganz anderer Art. Denn hier fehlt ja gerade jede Spur von Indefinitheit. Das Tier, als rein biologisches Wesen, entbehrt jenes Unendlichkeitsgrundes, durch den die kindliche Anlage ausgezeichnet und zugleich gefährdet ist. Das Tier steht noch diesseits aller Spannungsmöglichkeiten und infolgedessen auch diesseits aller Konflikts- und akuten Entzweiungsmöglichkeiten. Es ist, so könnte man versucht sein zu sagen, ein Wesen seinsmäßiger Einfalt, also einer Einfalt, die überhaupt nicht bedroht werden kann.

Gewiß trägt auch das Tier Entwicklungsmöglichkeiten in sich. Aber es ist trotzdem ein schon in seiner Anlage restlos definites, ein von der Natur selbst vollkommen *durch*bestimmtes Wesen. Wenn es auch eine entfaltungsfähige Realpotenz ist, so ist es doch als reines Naturwesen eine in sich selbst absolut *gebundene* Realpotenz. Infolge dieser Gebundenheit fehlt ihm jene spezifische Welt- und Seinsgeöffnetheit, die dem Kinde im Zusammenhang mit seiner unendlichen Bestimmbarkeit eigen ist. Man könnte sagen, das Tier sei infolge seiner Naturgebundenheit gleichsam in sich selbst hinein verschlossen und vermauert. Es gibt in seinem Wesen wohl Türen und Fenster der Sinnlichkeit. Aber sie können den biologischen Charakter seiner Definitheit, seiner seinsmäßigen Eingegrenztheit, nicht aufheben. Denn von seiner Natur her führen keine Türen und Fenster in die *Unendlichkeit* des Seins hinaus, wie es beim Menschen der Fall ist. Es ist ein seinsmäßig von der Natur festgelegtes oder fixiertes Wesen, ohne die leiseste Möglichkeit einer Selbsttranszendierung seiner Natur und Anlage.

In diesem Zusammenhang fällt auch ein Licht auf die Umweltgebundenheit des Tieres, die das strenge Gegenteil ist von der universalen Seinsoffenheit des Menschen. Wohl dürfen wir beim Tier von einer gewissen Seinsfühlungnahme sprechen. Aber wir können bei ihm nicht von einem Erkennen im wahren Sinne des Wortes sprechen. Wirkliches Erkennen ist nur dort möglich, wo mit dem potentiellen Unendlichkeitsgrunde der Seelentiefe auch die potentielle Seinsgeöffnetheit gegeben ist. Selbstverständlich hat auch der Mensch in gewisser Weise Anteil an dem biologischen Schicksal der Umweltgebundenheit. Aber das wesentlich Menschliche liegt bei ihm gerade darin, daß er im reinen Erkennen diese Umweltgebundenheit durchbricht oder durchbrechen kann und demgemäß von der geistigen Prärogative seiner prinzipiellen Weltgeöffnetheit Gebrauch macht. Das Tier dagegen ist niemals imstande, den Ring seiner Umweltgebundenheit zu durchbrechen und in den unendlichen Raum der wahren Objektivität vorzustoßen. Weil ihm von innen her der Unendlichkeitsgrund und damit die unendliche Bestimmbarkeit fehlt, ist es ein Sklave seiner Umwelt, wie es ein Sklave seiner Sinnlichkeit ist.[5]

Diese Weltverschlossenheit des Tieres ist aber auch dasjenige, was uns berechtigt, es als ein „animal brutum" zu bezeichnen. An und für sich ist zwar das Tier fähig zu einer naturhaften Verlautbarung seiner psychischen Innenzustände. Die Naturexpression und der Naturschrei sind ihm nicht versagt. Und doch ist es eine wesensmäßig *stumme* Kreatur, weil ihm die innere Sprachfähigkeit des geistigen Wortes vorenthalten ist. Diese aber muß ihm fehlen, weil ihm die Unendlichkeitstiefe des geistigen Seelengrundes fehlt. Es kann nicht in Wahrheit sprechen, weil es in Wirklichkeit nichts zu sagen hat. Es hat wohl Seele und seelische Innenzustände. Aber diese sind bei ihm nicht unendlichkeitsbestimmt, sondern ganz vom „hic et nunc" des Augenblicks beherrscht. Der Mensch aber, mit seiner unendlichen Bestimmbarkeit von innen her, ist das von seiner Natur her mit dem Wort geborene, mit der Sprache geradezu vermählte Wesen. Seine innere Sprachfähigkeit steht also im engsten Zusammenhang mit seiner wesensmäßigen Seins- und Weltgeöffnetheit.

Diese unendliche Bestimmbarkeit des Menschen ist übrigens auch schon von außen her, an der ganzen Gestalt seines Leibes und an der Struktur seiner einzelnen Organe, erkennbar. Man braucht nur an den aufrechten Gang zu erinnern, durch den der Blick des Menschen für die Unendlichkeit frei wird. Ebenso verrät sein Antlitz mit der unendlich variierbaren Ausdrucksfähigkeit seines Mienenspiels die Entgrenztheit der menschlichen Natur. Insbesondere sind das Auge und die Hand leuchtende Zeichen seiner inneren Unendlichkeit. Schon die griechischen Philosophen haben den engen Zusammenhang der Struktur der menschlichen Hand mit seiner „ratio" klar erkannt. Anaxagoras ging sogar so weit, zu erklären, der Mensch sei Vernunftwesen, weil er Hände habe. Aristoteles hat diesen Gedanken mit Recht dahin korrigiert, der Mensch habe Hände, weil er Vernunftwesen sei.[6] Sehr fein hat Kant in seiner „Anthropologie" auf die menschliche Hand als das Werkzeug aller Werkzeuge hingewiesen, das in seinem Bau die unendliche Bestimmbarkeit des Menschen erkennen lasse. Die Natur habe ihn durch die Hand „nicht nur für *eine* Art Handhabung der Sachen" geschickt gemacht, sondern „*unbestimmt für alle*", mithin also „für den Gebrauch der Vernunft".[7]

Um nun dem Wesen der menschlichen „Insecuritas" als der spezifischen Gefährdetheit des Menschen noch näher zu kommen, müssen wir uns noch einmal der „securitas" des Tieres von einer neuen Seite her zuwenden. Ludwig Klages hat in neuerer Zeit mit Leidenschaftlichkeit die These verfochten, der Geist sei nur ein Störungsfaktor der Natur und ein Widersacher der Seele und des Lebens.[8] An und für sich ist diese These falsch. Aber sie enthält einen sehr berechtigten Wahrheitskern. Was Ludwig Klages vor allem im Auge hat, ist die wunderbare Naturverbundenheit des Tieres, die eben darin besteht, daß das Tier gleichsam untergeht im Vitalstrom der Natur. Dieser Naturmonismus seines Wesens aber behütet es vor den Unendlichkeitsbeunruhigungen des Geistes. Es kann von daher nicht irren und nicht fehlen, weil es ein ungeistiges und amoralisches Wesen ist. Man darf allen Ernstes hier von einer Behütetheit des Tieres sprechen, von einem besonderen Geschenk der Natur an das Tier.

Allerdings, diese Naturbehütetheit des Tieres hat eine sehr ernste Kehrseite. Solange man freilich den Geist nur in jener verzerrten Gestalt vor Augen hat, die durch seinen Mißbrauch entsteht, kann man sehr leicht, wie Ludwig Klages es tut, die Behütetheit des Tieres vor der Gefährdung durch den Geist einseitig in den Vordergrund rücken. Sobald man sich aber des wahren Wesens unserer geistigen Natur bewußt wird, dann gewinnt die Behütetheit des Tieres einen neuen Aspekt. Denn sie ist im Grunde nur ein Äquivalent für seine Armut. Und diese Armut des Tieres besteht gerade in seiner Wesensdefinitheit, im Gegensatz zur unendlichen Entgrenztheit der menschlichen Natur. Man könnte hier beinahe von einer positiven Reprobation des Tieres sprechen. Mit Recht hat sich Augustinus einmal in die Betrachtung versenkt, was wohl das Tier, wenn es sprechen könnte, dem Schöpfer sagen würde im Hinblick darauf, daß es, in all seiner Naturunschuld, nicht zum Geiste zugelassen worden sei, während der Mensch das Geschenk des Geistes mißbraucht habe. Was also an der Theorie von Ludwig Klages über den Geist als Widersacher der Seele richtig gesehen ist, das ist die spezifische Gefährdetheit, die mit dem Wesen des menschlichen Geistes verbunden ist. Als *geistloses* Wesen ist das Tier von dieser Umdrohtheit frei, ist es ein „animal securum".

In der unendlichen Bestimmbarkeit der menschlichen Natur haben wir nun aber erst ganz im allgemeinen den metaphysischen Hintergrund für die Erscheinung der „Insecuritas humana" aufgezeigt. In das Zentrum dieser

Erscheinung dringen wir erst ein, wenn wir nicht nur die Rationalität des Menschen für sich ins Auge fassen, sondern wenn wir ihn in seiner Totalstruktur betrachten, als „animal rationale“, als *Leibgeistwesen.* Dann erst nämlich kommen wir an die eigentliche Daseinssituation des Menschen heran.

Das Tier als behütetes Wesen verdankt diese Behütetheit der Eindeutigkeit seiner Daseinssituation. Als reines Naturwesen ist das Tier in dieser Welt, in die es durch seine gesamten Sinnesorgane gleichsam hineingewurzelt ist, wirklich *daheim* und *am Ziel.* Es ist ein Wesen des ganz strengen „hic et nunc“. Ohne inneren Unendlichkeitsgrund, ist es in dieser Endlichkeit des rein Biologischen wahrhaft zu Hause. Es genießt das volle, satte Behagen des Augenblicksdaseins. Wohl kennt es eine gewisse Existenzsorge, weil es als Empfindungswesen wesentlicher in sich hineinkonzentriert ist als die Pflanze in ihrer stärkeren Umweltgebundenheit. Aber eine Existenzsorge im tieferen metaphysischen Sinne kennt es nicht, weil sein Aktionsradius des Seins begrenzt ist. In der Tat könnte ein Mensch, der mit der innerlichen Unendlichkeitsunruhe des Geistes im Sinne seiner wahren Bestimmung nicht fertig wird, unter Umständen das Tier um die wunderbare Autarkie seines Wesens beneiden.

Als Leibgeistwesen ist nämlich der Mensch gewissermaßen in eine paradoxe Situation versetzt. Er ist Sinnenwesen *und* Geistwesen. Aber es ist keine reine „Und“-Verbindung mit dieser Leibgeistsynthese gegeben. Die Eigenart dieser Synthese besteht vielmehr darin, daß Sinnlichkeit und Vernunft sich ganz innerlich durchdringen und durchformen, wenn dabei auch seinsmäßig das Werthöhere, nämlich die Vernunft, das im strengeren Sinne bestimmende Element ist, selbst dann, wenn es von der Sinnlichkeit übermächtigt wird. Denn von der Vernunft her dringt ja das Unendlichkeitsmoment auch in die Sinnlichkeit ein und verwandelt diese damit in eine durch den Geist potenzierbare Sinnlichkeit. Und so mag es sich erklären, daß die Unendlichkeitsunruhe des Menschen, die ihn so wesenhaft vom Tier unterscheidet, sich gleichzeitig nach den beiden Regionen von Blut und Geist hin auswirkt und seine ganze Struktur in eine dialektische Spannung versetzt.

Das hat nun aber zur Folge, daß der Mensch in dem Zustande, in dem er sich jetzt befindet, von Grund seines Wesens *heimatlos* ist. In dieser Heimatlosigkeit seiner ganzen doppelgewichtigen Existenz ist wohl der Wesenskern seiner „Insecuritas“ zu suchen. Es ist dem Menschen zugemutet, dauernd in einem dialektischen Schwebezustand zu existieren, indem sein Wesen stets nach zwei Seiten hin ponderiert, ohne daß jemals ein Gleichgewicht hergestellt werden kann. Zwischen Blut und Geist, zwischen Bios und Logos ist der Mensch so eingespannt, daß er sowohl beiden Bereichen zugehört als auch in keinem der beiden Bereiche wahrhaft ansässig ist. Ein ewiger, unschlichtbarer Widerstreit in ihm zwingt ihn dazu, seine Existenz von Augenblick zu Augenblick im Kampfe mit sich selbst zu erringen, und niemals kann er hoffen, diesen Kampf endgültig durchgekämpft zu haben. Hier erst kommt der tiefere Sinn seiner Indefinitheit zum Vorschein, die selig-unselige Unendlichkeitsbestimmtheit seines Wesens.

Es erhebt sich allerdings an diesem Punkte eine besonders schwierige Frage, die von der metaphysischen Anthropologie der natürlichen Vernunft nicht mehr beantwortet werden kann und die unseren Geist an den Gerichtshof der theologischen Anthropologie verweist. Es fragt sich nämlich, ob überhaupt der Widerstreit dieser beiden im Menschen zu einer so innigen Einheit verbundenen Mächte bei ihrer außergewöhnlichen Heterogenität durch rein natürliche Kräfte geschlichtet werden kann. Und es fragt sich weiterhin, ob nicht tatsächlich der Mensch in seiner ursprünglichen Konstitution schon durch eine gewisse übernatürliche Hilfe so organisiert war, daß er sich in einem bestimmten Zustande der Harmonie befand, freilich auch damals schon insofern von der „Insecuritas" bedroht, als wenigstens die Möglichkeit eines akuten Konfliktes der beiden heterogenen Mächte in ihm bestand. Sein jetziger Zustand deutet zum mindesten, von der rein natürlichen Ebene her betrachtet, auf eine regelrechte Störung hin, die in sein ursprüngliches Wesen hineingekommen zu sein scheint. Das ist der Punkt, wo die theologische Anthropologie der natürlichen Vernunft ein Licht anzünden kann, das tiefer in die Dunkelheit der jetzigen Situation des Menschen hineinleuchten dürfte, als es der Philosophie bei dem immerhin recht trüben Lichtschein ihrer rationalen Logik möglich ist.

Wie dem aber auch sei, es ist gar kein Zweifel daran möglich, daß die Heimatlosigkeit des Menschen in der Seinsordnung, in der wir ihn jetzt erfahren, durch eine tragische Dialektik gekennzeichnet ist. Auch derjenige Mensch, der die äußersten Anstrengungen nicht scheut, um einigermaßen das Gleichgewicht der beiden Wesensmächte seiner Natur zu erringen, kann niemals den Zustand einer absolut unanfechtbaren Selbstsicherheit erreichen. Auch der ausgeglichenste Mensch bleibt von der „Insecuritas" dauernd überschattet. Ja, es scheint vielmehr sogar so zu sein, daß mit dem Anstieg auf dem Wege zur Vollendung das Gefahrengewicht der „Insecuritas" sich ins Unendliche steigert, woraus dann die eigenartige Tatsache sich erklären dürfte, die wir durch Erfahrung genugsam kennen, daß gerade die sittlich am höchsten stehenden Menschen die am meisten gefährdeten sind.

Man kann sich die Dialektik der menschlichen Daseinssituation in der Weise gedanklich illustrieren, daß man sich zwei Menschen vor Augen führt, von denen der eine sich extrem auf den biologischen, der andere sich ebenso extrem auf den spiritualistischen Lebensstandpunkt stellt. Jedesmal ergibt sich dann bei diesem Gedankenexperiment, daß es dem Menschen schlechthin unmöglich gemacht ist, sich von der metaphysischen Spannung seiner Natur abzulösen, um entweder reines Tier oder reiner Geist zu werden.

Man setze z.B. den Fall, ein Mensch wage den Versuch, sich rücksichtslos über die Ansprüche des Logos in seiner Brust hinwegzusetzen und sich in die amoralische Situation des Tieres hineinzuträumen. Was muß er dabei erfahren? Das erste wird zweifellos sein, daß er eine gewisse unsättigbare Unendlichkeit aller jener Naturtriebe erfährt, die beim Tier durch seinen grenzsetzenden Instinkt ganz von selbst ihr Maß erhalten. Er stößt also hier schon auf die Indefinitheit seiner Natur und ringt so vergebens nach jener tierischen Daseinsautarkie, die eben ein Zeichen für die Definitheit der tierischen Natur ist. Außerdem aber wird er auch sehr bald die Unendlichkeit seines Wesens in der Form der dialektischen Spannung erfahren, in der sich nicht bloß der Bios gegen den Logos aufbäumt, sondern umgekehrt auch der Logos dem Bios sein Gegengewicht entgegenstemmt. Es meldet sich nämlich nach einer gewissen Epoche der reinen Triebbefriedigung das entsetzliche Gespenst der Langeweile, der Lebensleere und Daseinsöde, des vollendeten Lebensekels. In diesem Zustande bleiben dem Menschen nur zwei Auswege offen, nämlich entweder die Flucht in das vermeintliche Nichts oder der neue Lebensbeginn im Sinne seiner Logosbestimmung, die „Vita Nuova“[9] der ernsten Inneneinkehr. Aber selbst dann, wenn es dem Menschen immer wieder gelingen sollte, sich an dieser äußersten Alternative zwischen Nihilismus und Ewigkeitsglaube durch eine Art Indifferenzhaltung vorbeizulügen, meldet sich von Zeit zu Zeit der Unendlichkeitsanspruch in seinem Innern. Ein gewisser Unfriede in den Tiefen seines Unterbewußtseins stört ihn in dem satten Behagen eines krampfhaft festgehaltenen Vitalismus, und wenn er sich wirklich die Mühe gäbe, in sein Inneres hinabzulauschen, dann würde sein Gesamtzustand auch ihm selbst das Geständnis ablocken, daß uns Menschen die schöne, sinnliche Naturunmittelbarkeit des Tieres versagt ist.

In ähnlicher Weise erlebt jener andere Mensch die dialektische Spannung der Menschennatur, der sich in härtester Askese dem Extrem eines reinen Spiritualismus zubewegen möchte. Selbstverständlich soll nichts gegen das asketische Lebensideal an sich gesagt werden. Daß es Ausnahmeberufungen gibt, die unter Umständen von einem Menschen die äußerste Form der Weltabkehr verlangen, soll nicht geleugnet werden. Aber es darf gesagt werden, daß gerade Menschen dieser Art das Schwergewicht der Physis sehr oft in einer geradezu beängstigenden Form erleben. Die Geschichte der Mystik breitet ein überreiches Material über diesen Punkt vor uns aus, ein Material, das nicht bloß von Siegen, sondern sehr oft auch von katastrophalen Niederlagen der menschlichen Natur erzählt.

Dieser objektiven Seite der „Insecuritas humana", sei es nach ihrer allgemeinen Form der Indefinitheit des „humanum", sei es nach der besonderen Form der tragischen Leibgeistdialektik, entspricht die subjektive Seite der menschlichen *Ungewißheit*. Prinzipiell freilich hat der Mensch dem Tiere die Wissensmöglichkeit und das wirkliche Wissen voraus. Trotzdem zeigt sich auch hier wieder der dialektische Zwischenzustand seiner ganzen Natur. Mit Recht nennt Goethe ihn das Wesen, das vom Dunkeln ins Helle strebt. Der Mensch ist kein reines Lichtwesen, wie der leibfreie Geist. Aber er ist auch nicht ein Wesen ohne alles Licht wie das Tier, das trotz seiner sinnlichen Sehfähigkeit in Wahrheit blind genannt werden muß, wie es ja auch trotz der Möglichkeit seiner biologischen Expression ein „animal brutum" ist. Auch hier also steht der Mensch in dialektischer Spannung zwischen Hell und Dunkel, zwischen der tiefen Nacht der Naturwesen und dem kristallhellen Tag der reinen Geistwesen, buchstäblich im „clair-obscur".[10]

Platon hat diese Zwischensituation des Menschen mythologisch in seinem Erosbegriff darzustellen versucht. Der „Eros" ist nach Platons personifizierendem Mythos das selig-unselige Kind aus einem Ehebunde, in dem eine sterbliche Mutter und ein von den Göttern stammender unsterblicher Vater sich liebend miteinander vereinigen. Penia, die Armut, empfängt von Poros, der göttlichen Fülle, und gebiert „Eros", das irdisch-überirdische Zwischenwesen. In diesem tiefsinnigen Mythos versucht Platon, wie er es auch sonst öfters tut, die Doppelnatur des Menschen von seiner Ewigkeitssehnsucht her zu illustrieren.[11]

Dieser platonische Mythos bezieht sich zwar nur auf das menschliche Werterleben. Aber mittelbar ist damit auch die Lichtdunkelnatur des Menschen getroffen. Wohl ist die Rationalität dasjenige Wesensmoment, das in

Verbindung mit der Animalität die Natur des „humanum" konstituiert. Durch die „ratio" ist der Mensch jenes Wesen, das in Klarheit und in Freiheit zur königlichen Würde der Selbstbestimmung befähigt erscheint. Aber ein gewisser oberflächlicher Intellektualismus ist immer geneigt, das „proprium" dieser menschlichen „ratio" entweder zu gering einzuschätzen oder es sogar vollständig zu übersehen. Und dieses „proprium" der menschlichen „ratio" ist die *Ungewißheit in der Gewißheit.* Erst durch sie wird der Mensch als *Mensch* gekennzeichnet, d.h. als das Wesen, das prinzipiell zum metaphysischen *Sucherwesen* bestimmt ist. Der Mensch ist der ewige Glückssucher, der unermüdliche Wahrheitssucher, der nie zur Ruhe gelangende Gottsucher. Und er ist das alles, weil er zugleich mit der Sehfähigkeit der „ratio" die Ungewißheit der Evidenz bei aller prinzipiellen Evidenzmöglichkeit empfangen hat. Zwar kann ihn dieser Zwischenzustand zuweilen in die Verzweiflung eines extremen Vernunftmißtrauens hineintreiben. Aber das ist nur die eine Seite seiner dialektischen Möglichkeiten. Es gibt für ihn auch die Möglichkeit der lautersten Vernunftfrömmigkeit, und das ist die Haltung der „docta ignorantia", wie sie von Augustinus[12] und Nicolaus Cusanus[13] in klassischer Form beschrieben worden ist.

In dieser „docta ignorantia" erweist sich der Mensch als ein Grenzwesen, das zugleich um seine Grenze weiß und damit stetig seine Grenze überwindet. Gerade in der Anerkennung seiner Vernunftgrenze gewinnt der Mensch die höchste Macht seiner Vernunft. Aber er gewinnt sie auf dem Wege der Maßhaltung, die ihn zur Weisheit führt. Als der Weise weiß er um die wohlproportionierte Maßhaltung zwischen den beiden Extremen des Dogmatismus und des Skeptizismus. Mit dem Dogmatisten verbindet ihn das prinzipielle Vertrauen in die Vernunft. Vom Dogmatisten trennt ihn das kritiklose Überschätzen der endlichen Vernunftgewißheit und das allzu bequeme Ausruhen in der vermeintlich gefundenen und allzu siegesgewiß formulierten Wahrheit. Mit dem Skeptiker verbindet ihn die vorsichtige Prüfung alles wirklich oder vermeintlich Gefundenen und endgültig Formulierten und die weise Zurückhaltung des Urteils im Hinblick auf die unendliche Irrtumsmöglichkeit der menschlichen Vernunft. Vom Skeptiker trennt ihn aber auch wieder das Urmißtrauen gegenüber der Vernunft überhaupt wie gegenüber dem Sein überhaupt.

So betrachtet, ist die subjektive Ungewißheit der menschlichen Natur auf dem Grunde der prinzipiellen Bestimmung des Menschen zur Klarheit ein ebenso hohes Geschenk an ihn wie das Vermögen der „ratio" selbst. Ohne die „ratio" überhaupt wäre er nur eine tierische Kreatur. Aber ohne die Ungewißheit inmitten seiner Vernunftgewißheit wäre er nicht mehr vom reinen Geiste unterschieden. Und so wird er wahrhaft Mensch durch die Verbindung der „ratio" mit einer Form von Gewißheit, die immer noch im Spielraum der „Insecuritas" seines ganzen Wesens liegt.

Demnach fügt sich die Erscheinung der menschlichen Ungewißheit wunderbar ein in das Bild, das uns Pascal von der dialektischen Doppelnatur des Menschen entworfen hat. Pascals stets wiederholtes Urmotiv ist die Polarität zwischen der „grandeur" und der „misère de l'homme".[14] Wie in der objektiven Existenzdialektik der unaufhebbare Widerstreit zwischen Bios und Logos den Menschen zugleich tief demütigt und unendlich über sich selbst hinaushebt, so hat auch in der subjektiven Existenzdialektik die Ungewißheit in seiner Gewißheit die doppelte Funktion, ihn vor der Hybris zu bewahren mitten in seiner Erhöhung durch die Vernunft und ihn auch wieder aus dem Staub seiner Kreatürlichkeit zu erheben zu den Sternenhöhen einer ewigen Klarheit.

Von dieser metaphysischen Höhe aus betrachtet, wird nun aber auch der ununterbrochene Kampf des Menschengeistes um den wahren Wert der Vernunft in seiner ganzen Sinntiefe sichtbar. Die Philosophie als Ganzes, als die universale Lebensbewegung des Geistes auf die Wahrheit hin, bedarf offenbar der Spannung zwischen den beiden Gegenbewegungen von Rationalismus und Irrationalismus. Es ist ein notwendiger Gegensatz, in dem in gleicher Weise um die Wahrheit in ihrer Tiefe wie um die menschliche Existenz in ihrer Totalität gerungen wird. Von daher gesehen, offenbart uns die Metaphysik gerade in ihrem ewigen Auf und Ab, in der Armut ihrer Unbeständigkeit und in der Geistesnot ihrer Ungesichertheit, den unendlichen Reichtum und Wert ihrer existentiell-menschlichen Mission.

Was aber so von der Philosophie für sie selbst gilt, das gilt genau so für das Verhältnis zwischen Philosophie und Theologie. Die letzte Funktion der Philosophie ist eben so sehr die positive Funktion einer rationalen Fundamentierung des Glaubens wie die negative Funktion einer restlosen Entleerung und Demütigung unserer endlichen Vernunft, damit sie durch ihre Niederlage vor den Toren der religiösen Mysterien fähig werde, das „sacrificium intellectus" zu vollbringen. Die natürliche Vernunft vermag zwar mit der ihr verliehenen natürlichen Leuchtkraft bis in die Tiefen des Weltgeheimnisses vorzudringen. Aber in diesen letzten Tiefen erleidet sie dann die mystische Katastrophe der Ungewißheit in aller noch so hell erstrahlenden Gewißheit der rationalen Evidenz. Doch dieser mystische Tod ihrer Ungewißheit inmitten der Gewißheit braucht sie nicht notwendig zum geistigen

Selbstmord zu treiben. Sie soll nur nach der natürlichen Seite ihres Wesens in der Ungewißheit vor dem letzten Weltgeheimnis sterben, um in der übernatürlichen Glaubensgewißheit als eine in der tiefsten Intellektualnot geläuterte und übernatürlich erhöhte Vernunftkraft ihre Auferstehung in einer ganz neuen Klarheit zu feiern.

Sobald sie aber in diesen neuen Bereich eingetreten ist, dann erfährt sie noch einmal und nun in einer ganz neuen Weise die hohe Bedeutung der Ungewißheit inmitten der Gewißheit für die letzte Vollendung ihres Wesens und damit für die Vollendung des Menschen überhaupt. Erst in der religiösen Sphäre der übernatürlichen Glaubensgewißheit beginnen wir die tiefe Weisheit zu verstehen, die darin liegt, daß der Mensch niemals zu jener letzten Gewißheit gelangen kann, die er so leidenschaftlich für sich ersehnt und erstrebt, um ein endgültig gesichertes Wesen schon auf dieser Welt zu werden. Diese Sehnsucht freilich nach einer absoluten „securitas" ist an sich selbst tief bedeutsam und ein Zeichen für die hohe Bestimmung des Menschen. Wo er sie aber schon innerhalb der Grenzen seines diesseitigen Zustandes unter allen Umständen verwirklicht sehen möchte, da meldet sich der Titanismus seiner endlichen „ratio" an. Und diesem ihm eingeborenen Titanismus muß offenbar eine höhere Weisheit die Zügel der Ungewißheit anlegen. Nur so ist es zu begreifen, daß in der übernatürlichen Sphäre des Glaubens die Intellektualnot der Ungewißheit ihren Kulminationspunkt erreicht und damit neuen Kräften der Seele Raum schafft, die den Menschen höher emporzutragen vermögen, als die „ratio", für sich allein genommen, emporzusteigen imstande ist.

Damit aber haben wir das Problem der „Insecuritas humana" im ganzen und das Problem der „Insecuritas" des menschlichen Intellekts im besonderen vorläufig zu einem gewissen Höhepunkte geführt, von dem aus sich weitere Aspekte auf die dialektische Daseinssituation des Menschen eröffnen dürften.

DRITTES KAPITEL

Die „Insecuritas humana" als Spielraum für Wagnis und Entscheidung

Die menschliche Daseinssituation der „Insecuritas" hat sich uns enthüllt als ein ganz eigenartiger Zwischenzustand, als die Indefinitheit der menschlichen Natur mit ihrer unendlichen Bestimmbarkeit, im Gegensatz zur Wesensfixiertheit und Wesensdefinitheit des tierischen Daseins.

Wir haben gesehen, wie die besondere Form der menschlichen „ratio" diesem menschlichen Zwischenzustande der „Insecuritas" zugeordnet ist. Als Zwischenwesen überhaupt muß der Mensch zunächst ein Zwischenwesen nach seiner „ratio" sein. Dem entspricht seine Ungewißheit inmitten seiner prinzipiellen Gewißheit. Das Dämmerungsauge seiner zwar ausreichenden, im ganzen aber doch inadäquaten Erkenntniskraft ist in wunderbarer Weise seiner Bestimmung angepaßt, ein Sucherwesen auf gefahrvoller Wanderschaft zu sein.

Nun ist aber der Mensch als ein Wesen der „ratio" auch ein Wesen der Freiheit. Dann aber dürfen wir annehmen, daß seiner besonderen Form der „ratio" auch seine besondere Form der Freiheit entspricht, nämlich seine Wahlfreiheit, sein „liberum arbitrium".

In der Tat erfahren wir nun auch von dieser Seite her den Menschen als ein Zwischenwesen, als ein Wesen des Weder-noch wie des Sowohl-als-auch. Er ist weder ein Wesen der harten und blinden Notwendigkeit, noch auch ein Wesen der lauteren Freiheit. Er ist auch darin weder Tier noch reiner Geist. Und er ist doch auch wieder eine Brücke, die über die beiden Seinsregionen der Tierheit und der reinen Geistigkeit gespannt ist. Und dementsprechend ist er sowohl naturgebunden wie auch frei, halbgebunden und halbfrei, aufgelockert in seiner Wesenheit und doch nicht völlig preisgegeben, sei es dem Zufall, sei es der reinen Willkür.

Das Tier ist gebunden durch seine Natur, die sich in ihm auswirkt als sein Instinkt. Und dieser Instinkt gibt ihm die spezifische Form seiner Naturgesichertheit. In seiner Instinktgesichertheit ist das Tier geborgen im Arm der Natur. Diese blinde Naturnotwendigkeit ist zwar, an sich betrachtet, eine harte Notwendigkeit, eine „dira necessitas". Aber für das Tier selbst ist sie eine Wohltat der Natur, seine besondere Form von Naturbehütetheit, seine glückhafte „securitas".

Auf der Gegenseite steht der in der Prüfung bewährte leibfreie Geist als das Wesen der vollendeten Freiheit. Dieser Form seiner Freiheit entspricht die Form seiner „ratio“. Der leibfreie Geist steht in der Situation einer vollkommenen, aufgeheiterten Klarheit, im hellen Sonnenlicht des Ewigen Tages. Die Folge dieser absoluten Geistesklarheit ist für den Willen die absolute „confirmatio in bono“, die unanfechtbare Gesichertheit seiner ganzen geistigen Existenz im Guten. Er genießt das göttliche Vorrecht des „non posse peccare“ und des „non posse perturbari“, des Nicht-mehr-sündigenkönnens. Er steht im Bereich der „securitas divina“, der absoluten Seinsgesichertheit des göttlichen Wesens selbst. Diese Daseinssituation ist die Situation der absoluten Freiheit. Man kann diese höchste Gestalt der Freiheit zwar auch die höchste Notwendigkeit nennen. Aber diese höchste Notwendigkeit ist dann doch nicht mehr Knechtschaft, sondern *selige* Notwendigkeit im Guten, „*beata* necessitas“ im Gegensatz zur „*dira* necessitas“ der blinden Natur. In diesem höchsten und lautersten Sinne gebunden sein, bedeutet in Wirklichkeit *frei* sein, frei in dem Sinne, wie wir alle im Grunde frei sein möchten nach der tiefsten Sehnsucht, die unser ganzes Wesen durchdringt und ausfüllt. Denn nach der „libertas a malo“, nach der endgültigen Freiheit von der Knechtschaft des bösen Willens, reckt sich ohne Unterlaß das edlere Selbst in uns empor, und daß wir immer wieder absinken von dieser angestrebten Höhe der Freiheit, deren Gipfel vor uns leuchtend steht, das ist eigentlich die tiefste Not unseres endlichen Daseins.

Nun aber tritt auch von der Seite der Freiheit her der Zwischenzustand des Menschen in ein helleres Licht. Der Mensch entbehrt sowohl die volle Instinktgesichertheit des Tieres wie die absolute Liebesgesichertheit des reinen Geistes. Er ist nur noch halb gebunden durch den Naturinstinkt, und er ist auf der andern Seite nur lose gefesselt durch die heilige Fessel des Sittengesetzes in seiner Brust, durch das heilige Band seiner Moralität, die ihn zwar behelligt, bedrängt, beunruhigt, stimuliert, sollizitiert nach der Richtung des Ideals, die ihn aber nicht nötigt, nicht necessitiert. So ist er zwar von beiden Seiten her gebunden, aber doch auch wieder von keiner Seite her ganz streng gebunden. Auch hier also wird wieder seine eigenartige Indefinitheit sichtbar, die Natur seiner unendlichen Bestimmbarkeit, seine merkwürdige Zwischenstellung zwischen Bios und Logos als die Zwischenstellung zwischen Notwendigkeit und Freiheit, zwischen „dira necessitas“ und „beata necessitas“. Von beiden Seiten her ist der Mensch gleichsam hineingehalten in eine Art *leeren Raum*. Und dieser leere Raum ist der schicksalhafte metaphysische Spielraum für seine eigentliche Aufgabe und Bestimmung. Es ist der Insekuritasraum für seine freie *Selbstbestimmung*, für seine Wahl und Entscheidung, für sein *Wagnis* in der großen Alternative zwischen harter Notwendigkeit und seliger Freiheit, zwischen möglicher Vertierung und ihm aufgegebener Vergeistigung. Aber die Wahl in dieser Alternative ist dann auch die Wahl zwischen unseliger absoluter Nacht und seliger absoluter Klarheit für seine „ratio", die hier erst erkennt im Zwielicht der Dämmerung, in Rätseln und in Gleichnissen und „wie im Spiegel". Dieser leere Raum der „Insecuritas humana" ist der Raum für die Prüfung des Menschen auf seine endgültige eigene Entscheidungsbereitschaft zwischen den beiden einzig möglichen Antworten des metaphysischen Ja und des metaphysischen Nein. In diesem Raum steht der Mensch vor der großen Alternative von Chaos und Kosmos für die innere Welt seines personalen Seins.

Erst jetzt beginnt der letzte metaphysische Sinn der „Insecuritas humana" deutlicher ins Licht zu rücken. Die innere Wechselbeziehung zwischen der *Ungewißheit*, als dem wesensmäßigen Schicksal seiner Art von „ratio", und dem *Wagnis*, als dem wesensmäßigen Schicksal seiner Form von Willensfreiheit, beginnt sich hier anzukündigen. Das Dämmerungsauge der menschlichen „ratio" mit seiner Irrtumsfähigkeit einerseits, die halbe Gebundenheit wie die halbe Gelockertheit der menschlichen Triebhaftigkeit und des menschlichen Willens mit seiner Abirrungsmöglichkeit andererseits, sie fangen an, sich uns in ihrer weisheitsvollen Zuordnung zueinander zu enthüllen. Zugleich damit wandelt sich auch allmählich der Alltagsaspekt der „Insecuritas humana". Denn jene Ungewißheit, vor der wir so im allgemeinen die Menschen auf einer beständigen Flucht begriffen sehen, ohne daß sie damit ihre Wesenssituation ändern können, darf eigentlich nur im relativen Sinne als „Insecuritas" bezeichnet werden. Im Grunde ist sie, im Lichte der Metaphysik betrachtet, eine eigenartige Form von *relativer* Gesichertheit, eingeordnet zwischen jene beiden Absolutgesichertheiten, zwischen die der Mensch mitten hineingestellt ist. Sie ist die „securitas insecura" zwischen den beiden absolutgesicherten Daseinssituationen von „dira necessitas" und „beata necessitas".

Nachdem aber so neben dem Begriff der Ungewißheit der Wagnisbegriff aufgetaucht ist, entsteht insofern eine gewisse Schwierigkeit, als wir im allgemeinen mit den Begriffen „wagen" und „Wagnis" auf eine Situation abzielen, in der bis zu einem bestimmten Grade die Einsicht ausscheidet und die dunkle Majestät des Zufalls auf den Plan tritt. Der Wagnisbegriff, in diesem herkömmlichen Sinne genommen, könnte also von vornherein den

Anschein erwecken, als sei unsere ganze Untersuchung schon von Anfang an auf einen fatalistischen Lebensbegriff und demgemäß auch auf eine absolut irrationalistische Metaphysik eingestellt. Dieser Punkt ist gerade heute von wesentlicher Bedeutung, wo die Existenzphilosophie eines Heidegger und Jaspers offenkundig darauf abzielt, nach dem Zusammenbruch der modernen pseudorationalistischen Philosophie das Heil in einem absoluten Entscheidungsirrationalismus oder Existentialismus zu suchen.[15]

Übrigens darf man, wenn man sich beim Wagnisbegriff dieser Gefahr bewußt geworden ist, auch ruhig das Eingeständnis machen, daß in gewisser Hinsicht das Leben tatsächlich ein Moment enthält, das selbst dem fatalistischen Wagnisbegriff einen Anschein von Recht verleiht. In gewissen Situationen ist das Leben wirklich so geartet, daß man es unter dem Bilde der dunklen Schicksalsurne sehen darf, in die der Mensch wie in ein blindes Ungefähr hineingreift. Das Leben ist zuweilen wie ein Brettspiel, das man nicht zum zweiten Mal beginnen kann, lautet ein Wahrspruch der Antike.

Dieser Charakter des Lebens als einer Art Chance tritt uns besonders dann entgegen, wenn wir vor einer Tat stehen, die über vieles entscheidet. Wir haben ja doch die immer ins Unendliche fortzitternden Auswirkungen unserer Taten weder in der Hand, noch können wir sie übersehen. Der von der Wurfsehne von unserer Hand abgeschnellte Pfeil unserer Tat ist unserem Zugriff auf seiner Flugbahn entzogen. In diesem Sinne sind unsere Taten immer, bald mehr, bald weniger, eine Art Wurf ins Ungewisse, ins Unübersehbare und Unberechenbare. Derjenige, der vor einer lebenswichtigen Entscheidung steht und über diese Tatsache ernstlich nachdenkt, kann dadurch leicht in den krankhaften Zustand eines reflexionsmüden Hamletismus geraten. Der mutige Täter aber wird immer in die Notwendigkeit versetzt sein, an einem bestimmten Punkt den Ring der ihrem Wesen nach ins Unendliche abzielenden Reflexion zu durchbrechen und gleichsam mit verbundenen Augen sich für das „hic et nunc" des Augenblicks zu entscheiden.

Vielleicht darf man aber sogar noch weiter gehen und gerade in den großen letzten Hintergrundfragen des Lebens von einem Wurf ins Ungewisse sprechen. Die letzten Alternativen des Lebens sind gegeben in den großen Urfragen nach Sinn oder Unsinn des Seins im ganzen, nach Heil oder Unheil für unsere persönliche Existenz. Wenn nun auch freilich in diesen Fragen, wenigstens für denjenigen, der nicht prinzipiell dem Denken alle Möglichkeiten abschneidet, der Entscheidungsirrationalismus keine echte Lösung bedeuten kann, so bleibt doch ein gewisses *subjektives Ungefähr* gerade in diesen letzten Seinshintergründen für unsere endliche Vernunft bestehen, ohne daß damit dem Wesen unserer „ratio" eine Einbuße zugemutet wird, die ihr nicht zugemutet werden darf. Vor diesen ganz großen Seinsalternativen gerät nämlich unsere Vernunft in eine ganz paradoxe Situation. Prinzipiell ist sie imstande, in diesen Fragen, auf die sie nur mit einem entschiedenen Ja oder mit einem entschiedenen Nein antworten kann, zur Evidenz des Ja zu gelangen. Aber selbst bei aller noch so klaren Evidenz des Ja bleibt in ihrem Rücken immer noch die Möglichkeit einer *lockenden Versuchung*, in der ihr ein unsichtbarer Dämon zuzuflüstern scheint, ob nicht vielleicht doch das Ja, das sie als Ausdruck einer objektiven Evidenz gewertet wissen wolle, nur eine große Illusion sei, eine verlockende Illusion, die sie in die Richtung eines bloß erträumten Paradieses hindrängen wolle. Diese Urversuchung bleibt als Möglichkeit wie eine metaphysische Urbedrohung immer im Rücken unserer Vernunft bestehen, und eben gegenüber dieser Urbedrohung wird die *idealistische Grundgesinnung* in uns herausgefordert, ihr Gewicht gewissermaßen entscheidend auf die bereits anziehende Waagschale der Logik zu werfen. Bei aller prinzipiellen Evidenz bleibt also in diesen Ursituationen unserer personalen Existenz noch ein gewisser Rest von einem idealistischen Wagnis, gerade jener Rest, der dem Intellektualismus immer wie ein Skandalon erscheinen will, das dem innersten Wesen der Evidenz Abbruch tue.

Überhaupt aber deutet der Wagnisbegriff in dieser gesamten Problematik auf die innere Natur des Menschen hin, für die es tatsächlich die beiden schicksalhaften Möglichkeiten von Chaos und Kosmos gibt. Wenn auch für das Sein als Sein das Prinzip der universalen Intelligibilität zu gelten hat, im Sinne der strengen Durchgeordnet- wie der restlosen Verstehbarkeit, so bleibt doch in der Region unserer subjektiven Denkordnung für unsere Vernunft die doppelte Möglichkeit gegeben, daß wir uns durchringen zum Licht in der Auffindung und Bejahung der Lichtnatur des Seins oder daß wir uns in die Nacht unseres eigenen Zweifels verlieren, in der alles Licht des Objektiven von der Finsternis unserer eigenen Chaotik verschlungen wird. Zwei Abgründe einer alternativen Möglichkeit finden wir in unserer Menschenbrust, nämlich den Abgrund des Lichtes und den Abgrund der Finsternis, den Abgrund der Liebe, die alles verklärt, und den Abgrund der Selbstsucht, die alle Klarheit verdunkelt und alles Hohe und Wertvolle von seiner Werthöhe herabzieht, den Abgrund des urvertrauenden Idealismus und Wertoptimismus und den Abgrund der urmißtrauenden Skepsis, die immer mit dem Urzufall liebäugelt und in der Richtung des Seinsnihilismus unterwegs ist. Je tiefer man aber in diese Zusammenhänge eindringt, um so aufmerksamer wird man hier auf einen geheimnisvollen Urbezug zwischen Verstocktheit und Verblendung auf der einen, zwischen liebender Willensgeöffnetheit und heiterer Klarheit des Geistes auf der andern Seite.

Von dieser Problematik her betrachtet, erhält jetzt der Wagnisbegriff einen gewissen diese Möglichkeiten übergreifenden oder transzendentalen Sinn. Denn er ist den beiden Grundmöglichkeiten menschlicher *Urentscheidung* in höchster Allgemeinheit zugeordnet. Und im Hinblick auf diese Urentscheidungsmöglichkeit wird er doppeldeutig, indem er ebensowohl als Ober- und Leitbegriff dienen kann in einem von Grund auf fatalistischen Weltbild wie in einem Weltbild, in dem uneingeschränkt das Prinzip der universalen Intelligibilität des Seins anerkannt und der ganz kindliche Glaube an eine schlechthin alles, das kleinste wie das größte, durchwaltende Vorsehung bejaht und gelebt wird. Im ersteren Falle haben wir das *blinde* Wagnis der absoluten Ungewißheit, in deren Dunkelheit das Licht der Vernunft völlig zu erlöschen scheint; im letzteren Falle das *Wagnis der Weisheit*, bei dem aus einem Minimum von vernünftiger Sehfähigkeit ein Maximum von Liebe aufgebracht wird.

Mit diesem Hinweis rühren wir aber an das vielumstrittene Problem der Korrelation von Liebe und Erkenntnis. Daß im allgemeinen der Satz zu gelten hat, nichts könne geliebt werden, was nicht zuvor als liebenswert erkannt worden sei, ist eine Selbstverständlichkeit. Denn die legitime Basis für unser Entscheiden und Lieben kann nur in der klaren Einsicht unserer Vernunft gesucht werden. Aber der Intellektualismus übersieht leicht an diesem Punkte die ernstliche Tatsache, daß es beim Menschen nicht bloß Entscheidungen seiner vollbewußten Aktualität gibt, sondern auch vorbewußte oder wenigstens nur dunkel bewußte Entscheidungen, die sich im Tiefgrunde seiner Person vollziehen und die von der größten Bedeutung sind für die Gesamtrichtung, die sein Leben einschlägt im Hinblick auf jene alternativen Urmöglichkeiten, auf die wir soeben hingewiesen haben.[16] Es muß, entgegen allem Intellektualismus, betont werden, daß, bei aller Anerkennung der „ratio" und ihrer objektiven Evidenz als der legitimen Basis für unsere Entscheidung, eine gewisse spontane, aus der Tiefengesinnung unseres Selbst geborene *Bereitschaft* erforderlich ist, damit Evidenz uns zuteil werden kann, und daß, wenn diese gleichsam substantiale Bereitschaft, als die idealistische Urgesinnung der Totalität unserer Person, fehlt, alle noch so hellen Lichtstrahlen der objektiven Sachevidenz auf die sozusagen *abgeblendeten Fenster* unseres Geistes auftreffen, ohne Einlaß zu finden.

Im Grunde bewegen wir uns mit diesem Gedanken, der freilich dem extremen Intellektualismus gewagt erscheinen muß, auf dem Problemboden von Glauben und Wissen. Natürlich handelt es sich dabei nicht um das Problem des übernatürlichen Glaubens. Wir betonen das eigens, um dem Einwurf vorzubeugen, daß wir den übernatürlichen Glaubensbegriff zu säkularisieren versuchten. Vielleicht aber darf man sagen, daß das „credo ut intelligam“[17] schon auf der Ebene unserer rein natürlichen Vernunftaktualität eine gewisse Bedeutung habe, ohne daß damit dem Entscheidungsirrationalismus ein Zugeständnis gemacht zu werden braucht. Es gibt nämlich auf der natürlichen Ebene unserer Wahrheitssuche wie unserer Wertkenntnisnahme ein gewissermaßen spontan und naturhaft in Aktion tretendes *Ethos der Objektivität*[18], dem unser Geist sich nicht versagen darf, wenn er sich das Geschenk der Evidenz nicht verscherzen will.

Dieses in uns naturhaft sich regende Ethos der Objektivität besteht in jener kindlich unbefangenen Seinshaltung, die wir dem Sein gegenüber einnehmen, solange wir noch nicht mit falschen Theorien belastet sind. Es ist jene natürliche Seins- und Wahrheitsgeöffnetheit unserer Seele, bei der alle Selbstsucht vollkommen schweigt, so daß wir noch die ursprüngliche Ansprechbarkeit für das Objektive besitzen. In unserer geistigen Natur ist also von allem Anfang an die gleiche Tendenz der „Seinsrechtheit“ oder der „rectitudo“[19] wirksam, die wir an allem außergeistigen Sein, vom Tier bis zum winzigsten Staubkorn, als den großen Gesamtzug der Objektivität wahrnehmen können.

Diese allgemeine Tendenz zur „rectitudo“ wirkt sich aber in uns, als leibgeistigen Wesen, in der Weise aus, daß uns ein unbewußt bewußter, dumpf drängender und bedrängender Liebesimpuls nach der Richtung des Ideals bewegt. Von diesem Urdrang leitet sich jene metaphysische Unruhe her, die unser ganzes Sein beständig durchzittert. Es ist der Urglücksdrang in uns auf die Einheit, die Wahrheit, die Werthaftigkeit des Seins, dem zu widerstreben uns einfach unmöglich ist, da er zum Wesen unserer Natur gehört, genau so, wie es zur Natur der Dinge gehört, sich dem universalen Gesetz der Seinsrechtheit ohne Widerstreben einzuordnen. Mit einer Art Naturnotwendigkeit behauptet sich das objektive Selbst in uns gegen jede Existenzbedrohung, die sich von der Aktualitätssphäre des wachen Subjekts her meldet. Augustinus hat diesen dumpfen Liebesimpuls unserer Persontiefe zum Objektiven als das Schwergewicht unserer Seele bezeichnet („Amor meus pondus meum“[20]). Unser Selbst ist also, von seiner objektiven Grundtiefe her gesehen, bei all seiner Wahlfreiheit doch nicht indifferent gegenüber Wahrheit und Unwahrheit, Wert und Unwert, sondern es ist gleichsam vorbelastet, so daß es uns ganz von selbst in die Richtung des Ja gegenüber der Wertregion hindrängt.

Aber an der Grenzscheide zwischen der „Es"- und der „Ich"-Region in uns wird nun auch sofort jene Kraft der Selbstsucht lebendig, die aus dem chaotischen Abgrund unserer Natur stammt. Von ihr geht jene Urverlockung aus, die dem ursprünglichen Ethos der Objektivität sich wie ein „anderes Gesetz" entgegenstellt, das „dem Gesetz des Geistes widerstrebt". Während jener ursprüngliche Liebesimpuls sich als die Universaltendenz auswirkt, die das Individuum zur Einordnung antreibt in das Ganze des Seins und in seine Gesamtordnung, drängt dieses „andere Gesetz" der Selbstsucht das Individuum zur Selbstisolierung in seinem Eigen-Sinn und Eigen-Willen.

So ergibt sich nun an der Grenze zwischen der „Es"-Region und der „Ich"-Region folgende merkwürdige Situation für das Selbst: einerseits findet es sich vom unbewußten Grunde seines Wesens her in die Richtung des Ideals gedrängt. Eine *urvertrauende* objektive Grundgesinnung disponiert es so, daß es empfänglich wird für den Lichtstrahl der Sachevidenz. Bleibt jene entgegenwirkende Kraft der Selbstsucht auf ihrem dunklen Grunde gebannt, dann kann der Lichtstrahl der Evidenz in voller Klarheit in das Geistesauge hineinleuchten. Die urvertrauende Grundgesinnung der reinen Güte ist also gleichsam die „conditio sine qua non" für die Klarheit des Geistesauges.

Aber bei noch so hellstrahlender Evidenz bleibt doch immer die Möglichkeit bestehen, daß aus dem dunklen Abgrunde der Selbstsucht sich die *urmißtrauende* Gegenkraft meldet, die das ursprüngliche Ethos der ritterlichen Hochgesinntheit unserer Seele durch ihre versucherische Stimme als eine Art kindlicher Torheit zu denunzieren versucht. Deshalb bleibt, mitten in aller noch so klaren Evidenz, die ritterlich-idealistische Hochgesinntheit unseres Geistes, die uns für die Einsicht in den Sinncharakter des Seins empfänglich macht, doch immer noch in der Wagnissituation, die mit dem Wesen der „Insecuritas humana" zusammenhängt. Es ist gewissermaßen das *fromme* Wagnis des urvertrauenden Idealismus, wozu wir uns durch unsere objektive „rectitudo"-Tendenz hingedrängt fühlen. Aber diesem frommen Wagnis auf das Ja der idealen Ordnung wirkt von dem dunklen Abgrunde der Selbstsucht her die Verlockung zum *verwegenen* Wagnis auf das Nein der radikalen Skepsis entgegen. Und der Mensch bleibt eigentlich dauernd im Hinblick auf die höchsten Seinsalternativen von Sinn und Unsinn wie Heil und Unheil in dieser Ursituation darin, weil er aus der Wesenssituation seiner „Insecuritas" nicht heraustreten kann, solange er noch unterwegs ist zu seiner letzten Bestimmung. Als Vernunftwesen genießt er zwar prinzipiell das Vorrecht möglicher Vernunfteinsicht. Aber als Wesen der „Insecuritas" bleibt er auch mit seiner möglichen und hier oder da wirklichen Evidenz stets in der existentiell-kämpferischen Situation, in der sein objektiver Liebesimpuls ihn zum frommen, der selbstsüchtige und dämonische Urgrund seines „anderen" Wesens aber zum verwegenen, kecken, ja, frivolen Wagnis hinüberdrängt.

Man könnte uns entgegenhalten, daß wir damit im Grunde doch die ganze Vernunftaktualität des Menschen auf eine irrationale Willensbasis setzten. In der Tiefe der Person erfolge eben im Kampf zwischen ritterlicher Hochgesinntheit und selbstsüchtig-mißtrauischer Niedriggesinntheit ein reiner Willensausschlag entweder für das Ja oder für das Nein. Und der Begriff der Evidenz sei dann nur ein anderer Ausdruck für ein im Grunde willensmäßiges Tiefenerlebnis.

Diesem Einwurf ist entgegenzuhalten, daß wir keineswegs Urvertrauen und Einsicht identisch setzen. Es ist streng daran festzuhalten, daß in letzter Hinsicht unsere Lebensentscheidung auf der Basis der Vernunfteinsicht aufruht, wie ja denn auch unser Gewissen als unsere sittliche Vernunft sogar im Bereich des übernatürlichen Glaubens als die letzte richterliche Instanz für uns selbst betrachtet werden muß. Aber die Leucht- und Sehkraft unserer „ratio" ist doch immer wieder von dem *Sein* unserer Person abhängig. In den letzten Wahrheits- und Wertfragen unseres Daseins sind wir allemal in einen Existenzkampf verstrickt, der sich im Kern unserer Person abspielt und über dessen Entscheidung wir uns eigentlich immer erst hinterher in der Reflexion Rechenschaft ablegen können. Und selbst bei dieser nachfolgenden Reflexion fällt es uns sehr schwer, uns selbst, nach unserem wahren Sein, im richtigen Licht zu sehen.

Die mehr unbewußte als bewußte Urgesinnung der Totalität unserer Person entscheidet geradezu über unser ganzes Menschsein, über unser Erkennen ebenso wie über unser bewußtes Handeln. Insbesondere bestimmt die urvertrauende Grundgesinnung unserer Persontiefe unseren ganzen Lebensweg, auch den Lebensweg unserer Erkenntnis in die Klarheit hinein. Wir sehen nur in dem Maße klar und lernen nur in dem Maße immer klarer sehen, wie wir die urversucherische Stimme der Selbstsucht des dunklen Grundes in uns zum Schweigen zu bringen vermögen. Es ist die Urgüte in uns, die das Auge der „ratio" allererst durchlässig macht für die Lichtstrahlen der objektiven Vernunft, die sich durch das All des Seins ergießen, das als Sein ein „esse perlucidum“[21] ist.

Nun könnte man uns entgegenhalten, daß doch auch die Verneiner der Ur-Sinnfrage des Seins unter Umständen nur deshalb Neinsager sind, weil sie die Wahrheit leidenschaftlich suchen. Wollen sie nicht gerade deshalb das Ja vermeiden, weil sie das schützende Gehäuse des Dogmatismus um der Wahrheit selbst willen hassen? Und gleichen sie nicht darin gerade dem „verlorenen Sohn“, der die „Insecuritas“ mehr liebt als die Gesichertheit des Vaterhauses? Vor allem aber, *leiden* nicht viele von ihnen gerade unter dem Nein, das ihnen auf Grund der Sachverhalte selbst abgezwungen erscheint, in schwerster Existenznot?

Man wird darauf erwidern, daß auch die Skepsis im Leben eines Menschen eine große Mission erfüllen kann. Niemand kann wissen, ob nicht gerade die Skepsis im Leben eines Menschen der Sturmwind ist, der schicksalhaft über ihn kommt, um ihn tiefer in den Boden der Wahrheit einzuwurzeln als es die harmlose Geborgenheit eines unangefochtenen Daseins vermocht hätte.

Was aber die spezifische Unruhe der Skepsis betrifft, so ist gerade sie ein wesentliches Merkzeichen für den Urglücksdrang der menschlichen Natur nach der *Ruhe in der Wahrheit* des Objektiven. Alle Skepsis, die bis an die Wurzeln unserer Existenz hinabgreift, macht unselig bis zur Daseinsverzweiflung, während in der Wahrheit unser Geist jenen tiefsten Frieden erfährt, den niemals ein irdisches Gut uns gewähren kann.

Aber diese innerste Seelenruhe ist zugleich auch wieder eine Vorbedingung für die Aufnahmefähigkeit unseres Geistes gegenüber der Wahrheit. Deshalb ist gerade das leidenschaftlich maßlose Pochen der Vernunft auf die Evidenz in jener absolut *gesicherten Gestalt*, in der sie sie um jeden Preis gewinnen möchte, ein förmliches Hindernis für den Eintritt der Evidenz. Der die Evidenz unbeherrscht fordernden „ratio“ fehlt eben jene große, stille, geduldige Bereitschaft des Geistes, mit der er die Wahrheit als ein *Geschenk* dankbar hinnehmen muß, wann und wo und wie sie sich ihm zuneigt. Denn „der Geist wehet, wo er will“[22]. Er ist unerzwingbar. Gerade dann, wenn unsere Vernunft mit Ungestüm an die Pforten der Wahrheit anpocht, bleiben ihr diese Pforten verschlossen. Dieser unfrommen Vernunft fehlt jene ritterliche Hochgesinntheit der Seele, die sich der versucherischen Stimme aus dem dunkel-dämonischen Grunde der Selbstsucht zu verschließen wagt. Das hyperkritische Bewußtsein, das die Evidenz in jenem Höchstgrade erzwingen möchte, dem jede Spur von Anfechtungsmöglichkeit fehlen soll, möchte die Wahrheit gleichsam vor dem niederen Gerichtshof der Selbstsucht zur Verantwortung ziehen – eine innerlich unmögliche Zumutung an die Hoheit der Wahrheit, die diese damit beantwortet, daß sie sich verhüllt, wo ihre Enthüllung erwartet wird.

Wie überhaupt in den großen, entscheidenden Lebenssituationen, so gilt auch in den Ursituationen der menschlichen Erkenntnis das tiefe Wort Goethes: „Wenn du stille wirst, wird dir geholfen.“[23] Dieses Stillwerden der Seele in diesen Ursituationen bedeutet aber nichts anderes als die kindlich-ergebene Anerkennung jener wesensmäßigen Daseinssituation der „Insecuritas“, in die uns die tiefverborgene Weisheit des Lebens als Sucherwesen gestellt hat. Gerade mit dieser geduldigen Anerkennung der seiner Zwischenwesennatur gemäßen Daseinssituation nimmt der Mensch das größte und entscheidendste Wagnis des Lebens überhaupt auf sich. Indem er *still* wird in der abgründigen Dunkelheit, die ihn in seiner Menschlichkeit einhüllt, folgt er seinsfromm dem feinen Zuge des „Herzens“, das ihm sicherer als die bloße, auf sich selbst gestellt sein wollende „ratio“ in dieser Dunkelheit den rechten Weg anzeigt. „Le coeur a ses raisons que la raison ne connaît pas“, so lautet der tiefste Satz in der christlichen Existenzphilosophie Pascals,[24] dessen „Pensées“ nur das eine Ziel haben, in die Metaphysik der „Insecuritas humana“ hinabzuleuchten. Dieser Satz Pascals mag zwar für manchen den Anschein erwecken, als deute er in die Richtung eines bloßen Entscheidungsirrationalismus oder gar eines reinen Gefühlssubjektivismus. In Wirklichkeit aber deutet er hin auf jene Totalität unserer Person, in der die „ratio“ unseres wachen, auf sich selbst gestellten „Ich“ in all ihrer Selbständigkeit doch noch mit den tiefsten Liebesgrundkräften unserer objektiven Natur in einem wesensinnigen Kontakt geblieben ist.

VIERTES KAPITEL

Die hierarchische Ordnung im Gesamtraum der „Insecuritas humana"

Der Spielraum der „Insecuritas humana" ist so weit und allumfassend wie das menschliche Dasein selbst. Einzelleben und Gemeinschaftsleben unterstehen dem alles beherrschenden Gesetz der „Insecuritas". Dieses Gesetz gibt dem Kaleidoskop menschlicher Schicksale den spezifischen Charakter einer scheinbaren Regellosigkeit, die sich in dem stetigen Ineinanderwirken der beiden Momente von Unstimmigkeit und Unbeständigkeit vor uns entfaltet. Die kalkulatorische Logik unserer „ratio" mag noch so viele Organisations- und Sicherungsversuche unternehmen, diesem spezifischen Charakter des menschlichen Lebens gegenüber erweist sie sich zu allen Zeiten als eine ohnmächtige Gegenspielerin. Und zur Weisheit ringt sie sich nur dort empor, wo sie die endgültige Überlegenheit dieses „Insecuritas"-Faktors anerkennt und in kühler Objektivität in ihre Berechnung mit einbezieht.

Nicht immer zwar tritt dieses Gesetz mit der gleichen Eindringlichkeit in den Erlebnishorizont des menschlichen Bewußtseins. Es kann sich zu gewissen Zeiten fast unsichtbar machen, so daß die gewohnten Bahnen des Alltags wie breite, wohlgebaute und gesicherte Straßen vor uns zu liegen scheinen. Die Regelmäßigkeit des Tagewerkes gleicht dann dem präzisen Gang einer Uhr, die nur aufgezogen zu werden braucht und im übrigen sich selbst überlassen werden kann. In der Tat täuscht denn auch die gewohnte Ordnung des Alltagslebens so manchen über die eigentliche Hintergründigkeit des Daseins hinweg. Viele spielen in dieser Gesichertheit ihr Leben nur so hin, und manchmal ist dieser ihr Sicherheitstraum gerade in dem Augenblick am verwegensten, wenn diese dunkle Macht bereits hinter ihrem Rücken zum Schlag ausgeholt hat, um sie zu vernichten. Denn sie liebt die Überraschungen. Ganz urplötzlich tritt sie zuweilen aus ihrer Verborgenheit hervor, majestätisch, grausig erhaben oder auch wie ein launischer Dämon, dem es eine Freude zu bereiten scheint, unsere logischen Zirkel zu verwirren, unsere Sicherheitsgehäuse mit einem einzigen Zugriff zu zerbrechen und in Ruinen zu verwandeln.

So hat sie etwa der griechische Weise Heraklit gesehen, als einen alogischen Logos, dessen Gesetz in der Gesetzlosigkeit zu bestehen scheint. Er vergleicht sie einem spielenden Knaben, der in jugendlicher Spielerlaune am

Brettspiel sitzt und die Brettsteine regellos durcheinanderschiebt – „ein Knabenregiment", wie er (man möchte sagen: grollend) hinzufügt.[25]

Dieser merkwürdige Wechsel zwischen Verborgenheit und Offenbarkeit der „Insecuritas" wird noch auffälliger, wenn wir ihn in dem weiten Spielraum der Weltgeschichte beobachten. Es gibt Zeitalter der Geschichte, die einem ganz stillen Sommernachmittag gleichen, wo kein Lüftchen sich regt. Es sind die „halkyonischen Tage" gewisser Epochen, von denen Talleyrand einmal spricht. „Glücklich die Zeitalter, deren Geschichte langweilig ist", so hat der französische Geschichtsphilosoph Montesquieu gelegentlich, fast scherzend, diese Sekuritätsepochen charakterisiert. Sie *lesen* nur von der Geschichte in den Werken der Historiker, aber sie *leben* sie nicht, weil die dunkle Gewalt der „Insecuritas" sich vor ihren Augen verbirgt.

Solche Zeitalter aber lassen sich sehr leicht in den gefährlichen Traum einwiegen, als seien die von Menschenhand aufgeführten Ordnungen für die Ewigkeit bestimmt. Ihr Sekuritätsbewußtsein grenzt an Vermessenheit. Und sie dünken sich der Geschichte gegenüber allmächtig. Unsere „ratio", so kalkulieren sie, stoße überhaupt an keine Grenzen der Sicherungsmöglichkeit. Sie operieren nur noch mit der pragmatischen Geschichtsbetrachtung, die alles aus den Kausalfaktoren erklärt, wie sie alle Kausalfaktoren zu beherrschen lehrt. Die anonymen Mächte werden übersehen, weil sie vorläufig verborgen bleiben.

Um so mehr aber werden solche Zeitalter überrascht, wenn eines Tages, ganz unversehens, die längst überwunden geglaubte Irrationalität der Geschichte wieder aus ihrer Verborgenheit hervortritt. Die „Insecuritas" erscheint dann unerwartet wieder auf dem Plan. Mit Leichtigkeit durchbricht sie die von Menschenhand in langer, mühsamer Organisationsarbeit aufgeführten Sicherheitsdämme. Alle die gewohnten sozialen Schichtungen werden von ihr kunterbunt durcheinander gewirbelt. Die Grenzsteine der bisherigen Ordnung werden wie nach bloßer Willkür versetzt. Das Unterste wird zuoberst gekehrt. Von Stetigkeit ist nichts mehr zu erkennen. Die Macht der „Insecuritas" schwingt allein noch das Zepter. Und hilflos steht dann der Mensch da vor all dieser Unberechenbarkeit, ganz auf sich selbst gestellt, preisgegeben jenen dunklen Mächten, deren Dasein ihm bisher verborgen geblieben war, „geworfen ins Nichts"[26], in den „leeren Raum" der beinahe absoluten Ungesichertheit. Und dann erst erkennt er, auf wie brüchigen Fundamenten sein Dasein bisher aufgeruht hatte, ohne daß es ihm zum Bewußtsein gekommen war.

Die Menschen der Antike und des christlichen Mittelalters scheinen übrigens auch in relativ gesicherten Zeiten dieser Macht der „Insecuritas humana“ in ihrem geschichtlichen Bewußtsein näher gestanden zu haben als die Menschen der Neuzeit seit der Aufklärung des 18. Jahrhunderts. Mit einer gleichsam religiösen Scheu und Ehrfurcht schauen die Griechen und Römer zu dieser Schicksalsmacht empor. Sie wagen das Glück nicht bis zur äußersten Grenze auszugenießen, weil sie schon mitten im Glück die Nemesis im Herannahen begriffen sehen. Von Homer bis zu Herodot ist es immer wieder dieser eine Gedanke an eine letzte menschliche Ungesichertheit, aus dem die Mahnung zur Weisheit erklingt, die Mahnung zur Einhaltung des Maßes und zur Vermeidung der Lebenshybris. Und im gleichen Sinne gedenkt der jüngere Scipio auf den Trümmern von Karthago jener Verse Homers, die den Untergang Trojas vorhersagen, um sich die „Insecuritas“ auch des eigenen Volksschicksals lebendig vor Augen zu führen.

Das christliche Mittelalter hat diesen antiken Nemesisglauben im Geiste des Evangeliums geläutert, indem es an die Stelle der Angst vor dem verschleierten Fatum den Gedanken an die alles irdische Geschehen zu ihren Zielen hinlenkende göttliche Vorsehung setzte. Die menschliche „Insecuritas“ verliert bei dieser Betrachtung jene dämonische Unheimlichkeit, die den Menschen der Antike vor ihr in abergläubischer Scheu erzittern ließ. Aber ihr metaphysischer Ernst tritt nun erst recht in den Vordergrund, insofern der Geschöpflichkeitscharakter des Menschen in dieser rein religiösen Schau deutlicher zum Vorschein kommt. Die „Imitatio Christi“ des Thomas a Kempis[27] ist das klassische Buch dieser mittelalterlich-christlichen Betrachtung des Menschen in seiner kreatürlichen „Insecuritas“-Situation, ein Trostbuch des göttlichen Providenzgedankens auf der einen, eine erschütternde Metaphysik der menschlichen Kreaturohnmacht auf der anderen Seite.

Die Diesseitsgläubigkeit der neuzeitlichen Jahrhunderte seit der Renaissance scheint dieses „Insecuritas“-Bewußtsein sowohl des antiken wie auch des christlich-mittelalterlichen Menschen immer mehr zurückzudrängen. Ein gewisses bürgerliches Sekuritätsgefühl, das sich auf die grenzenlose Macht der „ratio“ stützt, gewinnt immer mehr an Boden. Wohl treffen wir hie und da große Einsame, denen der Mensch als ein im weitesten Sinne gefährdetes Wesen Anlaß zu ernsten Reflexionen gibt. Man braucht nur an Montaigne im 16. Jahrhundert zu denken, der den Menschen als ein wogend-schillerndes Wesen gekennzeichnet hat („un être ondoyant et divers")[28], oder an Pascal im 17. Jahrhundert, der das Thema des Thomas a Kempis in ganz neuer Weise aufgreift und es mit der ganzen Schärfe philosophisch-theologischer Dialektik durchführt. Aber solche Gestalten fallen aus dem Gesamtzug der neuzeitlichen Sekuritätsmentalität heraus. Insbesondere wird seit dem 18. Jahrhundert, das die Idee vom grenzenlosen Fortschritt menschlicher Kultur und Zivilisation zu propagieren beginnt, das Bewußtsein menschlicher Diesseitsgesichertheit mehr und mehr der spezifische Glaube des modernen Menschen. Die französische Revolution bringt zwar in dieser Hinsicht einen Rückschlag. Aber er ist nur vorübergehend. Denn das 19. Jahrhundert greift den innerweltlichen Sekuritätsgedanken erneut auf, und nun erreicht er, besonders in der Philosophie Auguste Comtes, seinen Höhepunkt. Die menschliche „ratio" ist nach Comtes Theorie, die im „Dreistadiengesetz"[29] ihre prägnante Formulierung erhält, endlich so weit gekommen, daß sie den Lauf der Geschichte durch exakte Wissenschaft, Technik und Industrie mit Sicherheit dirigieren kann. Der Mensch hat jetzt endgültig das „voir pour prévoir"[30] gelernt.

Dem 20. Jahrhundert hat sich diese extrem optimistische Lebensschau des Verstandes als eine optische Täuschung erwiesen. Das menschliche Sekuritätsbewußtsein des 18. und 19. Jahrhunderts ist plötzlich in einer Weise erschüttert worden, daß man sich in die Weltangstepochen im Anfang des zweiten christlichen Jahrtausends zurückversetzt glauben könnte, in jene Tage etwa, da die eschatologischen Visionen des Abtes Joachim von Fiore die Gemüter bedrückten.[31] Das hat insofern sein Gutes, als wir heute wieder ein Verständnis gewinnen für die eigentliche Daseinssituation des Menschen. In der philosophischen wie in der theologischen Anthropologie unserer Gegenwart können wir auf Schritt und Tritt beobachten, wie das Bewußtsein für die Ungesichertheitssituation des Menschen stetig im Wachsen begriffen ist.

Der tiefe Ernst dieser Erscheinung der „Insecuritas historiae" kommt übrigens in den großen politischen Machterschütterungen, die wir durch die Jahrtausende verfolgen können, nicht einmal in seiner letzten metaphysischen Bedrohlichkeit zum Vorschein. Viel eindrucksvoller wirken die gewaltigen Einbrüche und Umbrüche, die von Zeit zu Zeit die Fundamente unserer geistigen Sicherheitsgehäuse von Grund auf erschüttern. Wenn die bislang gesichert scheinenden Grundlagen der Wissenschaft und vor allem der Philosophie ins Wanken geraten oder wenn in den großen Glaubenskrisen die tiefe Existenznot einer letzten Heilsungesichertheit den Menschen aus seiner Bahn wirft, dann erst eigentlich können wir erfahren, wie schwer die Last des Kontingenzbewußtseins auf unsere menschlichen Schultern drückt.

Es scheint überhaupt die besondere Tragik menschlicher Geistesgeschichte zu sein, daß alle höchsten Errungenschaften unserer gestaltenden und formenden Schöpferkraft nur in einem flüchtigen Vorübergang den Kulminationspunkt der Vollendung berühren dürfen. Die hier oder da erreichte sonnige Höhe mahnt sofort auch an die nahenden Abendschatten des Nieder- und Untergangs. Und was so als die Tragik der klassischen Epochen sich offenbart, das erleben vielfach auch die genialen Schöpfer in ihrem persönlichen Leben. An einem gewissen Punkte ihrer Lebensbahn scheint das Schicksal ihnen mitten im Sonnenglanz des Ruhmes noch einmal das „Insecuritas"-Verhängnis der menschlichen Daseinssituation zum Bewußtsein bringen zu wollen. Platons Lebenskonfession im siebenten Brief ist erfüllt von der hohen Trauer der großen Seelen, deren bitterste Erfahrung das Scheitern am Ideal genannt werden darf. Der hl. Thomas muß ein Jahr vor seinem Tode den Federkiel beiseite legen, weil ihm die Inkommensurabilität zwischen dem innerlich gesichteten Ideal und der Ärmlichkeit des von ihm Erreichten die Weiterarbeit nicht mehr der Mühe wert erscheinen läßt. „Omnia quae scripsi, mihi videntur paleae", mit diesem erschütternden Geständnis nimmt er Abschied von seinem großen Lebenswerk.[32]

Der Gesamteindruck nun, den wir beim ersten Überblick über den weiten Spielraum der „Insecuritas humana" gewinnen, ist zunächst der einer vollendeten Katastrophe nicht bloß *unserer* „ratio", sondern, wie es scheint, aller „ratio" schlechthin. In diesem Raum scheint es nur *eine* Regelhaftigkeit zu geben, nämlich die der absoluten Regellosigkeit und Ordnungslosigkeit überhaupt. Sinnlos ist hier alles, so möchte man glauben, der Nichtigkeit und der Vernichtung preisgegeben. Man hat den Eindruck, die reine Willkür am Werke zu sehen oder einen neidischen Dämon, der es darauf absieht, wahllos, regellos alles Hohe herabzuziehen in den Staub und dafür dann das Wertniedrige und Gemeine triumphieren zu lassen.

Aber dieser erste Aspekt, dem leider so manche zum Opfer fallen, ist eine Täuschung. Denn gerade in dieser scheinbaren Regellosigkeit des „Insecuritas"-Spiels können wir bei näherem Zusehen eine wunderbare Ordnung gewahren. Ganz deutlich wird zunächst im Gesamtraum der „Insecuritas" die Stufung dreier übereinander liegender Ebenen sichtbar, die sich nach einer gewissen Wertrangordnung zu einander verhalten. Außerdem können wir feststellen, wie von der untersten bis zur obersten Ebene die „Insecuritas"-Situation des Menschen sich stetig verschärft.

Diese drei Ebenen werden uns sichtbar, wenn wir die Hauptwerte ins Auge fassen, die der Mensch jeweilig gegen die Gefährdung zu sichern versucht, die ihm von seinem „Insecuritas"-Schicksal her droht. Sichern will nämlich der Mensch zunächst seine vitale Existenz, dann seine geistige Existenz als wahrheitsuchendes Vernunftwesen und schließlich seine übernatürliche Existenz als ein Wesen, das nach Erlösung verlangt. Wir haben demnach die drei Ebenen des bürgerlichen, des metaphysischen und des religiösen Sicherheitsstrebens zu unterscheiden. Es sind zugleich auch die drei Ebenen der sich immer deutlicher intensivierenden „Insecuritas"-Situation, die niederste Ebene des Fortuna-Raumes, die mittlere Ebene der natürlichen Erkenntnisungewißheit und die höchste Ebene der übernatürlichen Heilsungewißheit.

Auf der untersten Ebene beobachten wir den Menschen in einem beständigen Kampf mit der dunklen Macht des Schicksals. Zwischen ihm und diesem Schicksalsfaktor besteht immer ein gewisses Spannungsverhältnis, auch dann, wenn diese Schicksalsmacht ihm zufällig wohlwollend gesinnt zu sein scheint. Denn er weiß, daß mit ihr kein Bündnis auf unberechenbare Dauer möglich ist. Er muß vor ihr auf Überraschungen gefaßt sein. Mensch und Schicksal liegen gewissermaßen gegenseitig voreinander auf der Lauer. Vor dieser Schicksalsmacht muß der Mensch immer „en vedette" sein.

Schon auf dieser niederen Ebene des Spiels der Fortuna wird übrigens etwas von jener alternativen Ursituation sichtbar, in die wir den Menschen auf den höheren Ebenen im Hinblick auf die Sinn-Unsinn- und die Heil-Unheil-Alternative versetzt sehen. Auch hier können wir schon das fromme und das unfromme Wagnis unterscheiden. Denn es gibt eine doppelte Möglichkeit für den Menschen, dem Schicksal gegenüber Stellung zu nehmen. Er kann ihm begegnen mit dem frommen, urvertrauenden Wagnis auf den höheren Gesamtsinn der Welt und des Lebens, indem er bei allem Kampf mit dieser dunkeln, undurchsichtigen Macht im Letzten aus der großen Ruhe eines unerschütterlichen Vorsehungsglaubens heraus lebt und handelt. Er kann dieser Macht aber auch mit jenem unfrommen, verwegenen, im tiefsten Sinne abenteuerlichen Wagnis begegnen, das urmißtrauend mit dem Zufallsgedanken liebäugelt und sich auf die gefährliche Bahn eines gleichsam versucherischen Hasards verlocken läßt. Die Erscheinungen, die wir damit berühren, deuten also auch schon darauf hin, daß sich die Ordnung im Raum der „Insecuritas" nicht bloß von unten nach oben aufbaut, sondern daß auch umgekehrt von oben nach unten eine ordnungschaffende Gesetzlichkeit gegeben ist. Obwohl es nämlich auf der Fortunaebene nur um Vitalwerte wie Genuß, Besitz, Macht zu gehen scheint, so ist doch dieser Raum nicht eine geistig und religiös neutrale Sphäre. Vielmehr wird auch dieser Antagonismus zwischen Mensch und Schicksal schon von metaphysischen Faktoren mitbetroffen.

Ganz deutlich wird natürlich der metaphysische Charakter des menschlichen Strebens nach Gesichertheit erst auf den beiden höheren Wertebenen erkennbar, wo es sich ausschließlich um die höhere Existenzsicherung des Menschen handelt. Erst auf diesen beiden höheren Ebenen sehen wir denn auch den Menschen ganz offensichtlich in die Ursituationen seiner inneren Selbstbedrohung gestellt und vor jene Urentscheidungen gezwungen, die für ihn als Geistwesen unausweichlich sind.

Die höchste Bestimmung des Menschen ist nun aber seine Vernunftbestimmung. Da Vernunft im Vollsinne des Begriffs sowohl die „ratio“, die nach Klarheit verlangt, als auch den freien Willen, der zur Entscheidung gedrängt ist, in sich einschließt, so ist mit der menschlichen Vernunftbestimmung eine doppelte Aufgabe gesetzt. Der Mensch soll in der Wahrheit sein Geistesauge zur Klarheit und in der Wertentscheidung seinen Willen zur wahren Freiheit führen. Deshalb sehen wir ihn denn auch auf den beiden höheren Wertebenen in einem doppelten Sicherheitsstreben begriffen. In seinem natürlichen Vernunftstreben nach Erkenntnis will er schließlich eine letzte Urgewißheit erreichen über den Gesamtsinn des Seins. In der religiösen Sphäre aber versucht er leidenschaftlich die absolute Heils-, Erlösungs-, Liebesgewißheit zu erreichen. *Wissensgewißheit* und *Heilsgewißheit* sind demnach die höchsten Ziele, denen er um seiner geistigen Selbstbewährung willen zustrebt. Auf den beiden Wertebenen seines Erkenntnislebens und seines Glaubenslebens, in den Wertbereichen der *Metaphysik* und der *Religion*, sehen wir ihn in jenen letzten Entscheidungskampf verstrickt, in dem es für ihn um Sein oder Nichtsein im Sinne seiner metaphysisch-religiösen Existenz geht.

Je intensiver nun aber der Mensch auf diesen beiden höheren Ebenen seines geistigen Lebens nach einer absolut unangefochtenen und unanfechtbaren Gesichertheit und Gewißheit ringt, um so fühlbarer erlebt er die Unentrinnbarkeit seiner irdischen „Insecuritas“-Situation. Damit ist nicht gesagt, daß er in diesen Bereichen von jeglicher objektiven Evidenz *prinzipiell* abgeschnitten sei. Nur das vielmehr soll herausgehoben werden, daß er nicht jene Evidenzgewißheit erreichen kann, die er selbst, von dem Grunde seiner Selbstsucht her angetrieben, um jeden Preis erreichen möchte, jene unanfechtbare Gewißheit, die ihm den mühevollen, immer wieder sich erneuernden Kampf mit sich selbst ersparen würde. Gewißheit wird ihm zwar zuteil oder kann ihm wenigstens zuteil werden. Aber die innere Absturzmöglichkeit in neues Dunkel wird nicht von ihm genommen. Bei aller rationalen Gewißheit bleibt er doch hineingebannt in den leeren Raum seiner Ungewißheits- und Wagnissituation. Die abgründige Nichtigkeit, über die er schwebend gehalten ist, bleibt unter ihm bestehen. Und sie kommt ihm sogar in dem Maße mehr und mehr zum Bewußtsein, wie er in einem falschen Sekuritätsbegehren bestrebt ist, sich von ihr endgültig zu befreien.

In seinem *Erkenntnisleben* verspürt der Mensch dieses „Insecuritas"-Verhängnis nicht immer in der gleichen Weise. Wo es sich z.B. um einzelwissenschaftliche Erkenntnisse handelt, da gleitet er meistens sorglos über diesen Gefahrenuntergrund hinweg. Erst dort, wo er sich vor die *prinzipiellen* Fragen seines Erkenntnisstrebens gestellt sieht, vor die Fragen also nach dem *tiefsten Sinn von Sein, Wahrheit und Erkennen*, erst dort wird für ihn die „Insecuritas"-Situation seines Erkenntnislebens akut. Das aber ist der Fall in der Philosophie oder, spezieller gefaßt, in der *Metaphysik*, die als der Kern aller Philosophie zu gelten hat.

Die „Insecuritas"-Situation der Metaphysik aber ist von jeher die „crux philosophorum" gewesen. Sie ist es insbesondere für diejenigen Philosophen gewesen, die die Metaphysik in ihrer wissenschaftlichen Strenge (und das soll heißen: in ihrer objektiven Evidenzgesichertheit) der *Mathematik* gleichgestellt wissen wollten.[33] Diese Philosophen stellten mit Bedauern fest, daß die Metaphysik von ihren Anfängen bis auf den heutigen Tag das eigenartige Schicksal gehabt habe, immer wieder in die alte Ungewißheit zurückzufallen. Bis heute sei es ihr noch nicht gelungen, den *sicheren* Weg zu beschreiten, den doch die Mathematik vor Jahrhunderten schon beschritten habe und auf dem sie von Erfolg zu Erfolg gelangt sei. Die Metaphysik könne bis heute nicht ein einziges wahrhaft gesichertes Ergebnis aufweisen, von dem aus sie wie die Mathematik beruhigt voranschreiten dürfe. Sie werde vielmehr stets wieder auf ihren logischen Ursprung zurückgeworfen und komme so nie aus der sonderbaren Lage heraus, sich von Epoche zu Epoche wieder neu auf ihre Selbstkonstituierung besinnen zu müssen. Diesem leidigen Zustande aber müsse, so schlossen sie weiter, endlich einmal endgültig abgeholfen werden, wenn sich die Metaphysik nicht schließlich bei allen ernstgesinnten Geistern um jeden Kredit und um alles wissenschaftliche Ansehen bringen wolle.

Den tatsächlichen Unterschied zwischen der Mathematik und der Metaphysik haben diese Philosophen zwar klar gesehen. Aber über die Quelle dieser Verschiedenheit haben sie sich keine richtige Vorstellung gemacht. Sie glaubten, diese besondere Situation der Metaphysik sei ein Defekt ihrer bisherigen Entwicklung und sie sei einer falschen Methodik zuzuschreiben. Aber sie übersahen dabei, daß in dem, was sie als einen „Defekt" der Metaphysik betrachten zu müssen glaubten, eine *Wesenskomponente* ihrer Gestalt zu suchen ist. Sie vergaßen, daß die metaphysische Evidenz, obzwar sie wirkliche Evidenz und sogar die Höchstform rationaler Evidenz ist, aufs wunderbarste der wesenhaften „Insecuritas"-Situation des Menschen entspricht. Und deshalb waren alle ihre Versuche, die Metaphysik auf den „Königsweg" der Mathematik zu bringen, im Grunde titanische Versuche, die insgeheim darauf abzielten, etwas am Wesen des Menschen zu ändern, was nun einmal zu seiner Daseinssituation gehört. Und so werden denn auch in Zukunft alle derartigen Versuche, die auf eine Mathematisierung der Metaphysik abzielen, in der gleichen Weise scheitern, wie die Versuche der Vergangenheit, die auf ein so abenteuerliches Ziel gerichtet waren, gescheitert sind.

Ihre höchste Verschärfung erfährt nun aber die menschliche „Insecuritas"-Situation auf jener dritten Ebene, auf der der Mensch um seine *religiöse Existenz* ringt. Und die Ungesichertheit steigert sich auf dieser Ebene selbst noch einmal zusehends, wenn wir von der allgemeinen Gottesgewißheit übergehen zur Betrachtung der Offenbarungsgewißheit und von ihr wieder zum Studium der persönlichen Heilsgewißheit. Immer dichter wird auf diesen drei besonderen Stufen der religiösen Ebene die Nacht der Ungewißheit, in der der Mensch ahnend, glaubend, betend oder aber auch zweifelnd und verzweifelnd seinen Weg suchen muß, auf dem schmalen Saumpfad zwischen Glauben und Unglauben dahinpilgernd. Aber auch dann, wenn die Gnade des Glaubens ihm geschenkt ist, wird er von seiner „Insecuritas"-Situation nicht befreit. Im Gegenteil, je tiefer ein Mensch in die Gnadenordnung hineingelangt, um so dunkler wird, wie uns die großen Mystiker aller Zeiten zu berichten wissen, die Nacht der Seele, und um so unheimlicher wird manchmal das tiefe Schweigen Gottes in der Seele selbst, die dann ganz sich selbst, ihrer Armut, ihrer Ohnmacht, ihrer irdischen Einsamkeit überlassen zu sein scheint. Die Intensität der menschlichen „Insecuritas"-Not erreicht also gerade in der Einsamkeit der großen gottsuchenden Seelen ihren Höhepunkt.

Im Grunde aber ist es die letzte Heilsnot des Menschen überhaupt, die auch auf den tiefer gelegenen Ebenen des „Insecuritas"-Raumes das Sicherheitsstreben des Menschen bestimmt. So sind die tiefsten Wissensnöte des Menschen, wie wir sie ihn im Bereich der Metaphysik erleben sehen, nur aus seinen Heilsnöten heraus zu verstehen. Er würde schließlich nicht so leidenschaftlich nach der Wahrheit suchen, wenn ihn nicht sein Urglücksdrang beständig auf die Quelle aller Wahrheit hinstreben ließe, in der allein er sein Heil finden kann. Aber auch das ganze Ringen des Menschen auf der niederen Ebene der Fortuna um die Glück-Unglück-Alternative hat zu guter Letzt doch den gleichen metaphysisch-religiösen Hintergrund. Seine ganze irdische Weltunruhe, sei es nun im Einzelleben, sei es im Leben der Gemeinschaft, ist nichts anderes als der Ausdruck seiner tiefsten Gottesunruhe.

So offenbart sich uns im „Insecuritas"-Raum eine aufsteigende und eine absteigende Ordnungsgesetzlichkeit, die von der tiefen Weisheit Zeugnis ablegt, von der das Leben durchwaltet ist. Der kaleidoskopartige Eindruck, den wir zunächst beim Blick auf das Schauspiel des Lebens gewinnen, wandelt sich in das Bild einer wunderbaren Zusammenstimmung des Ganzen, sobald wir den tieferen Sinn dieser dunklen „Insecuritas"-Ordnung zu erfassen versuchen.

FÜNFTES KAPITEL

Mensch und Schicksal auf der untersten Ebene des „Insecuritas"-Raumes

Wenn wir mit dem nüchternen Blick des streng realistisch eingestellten Menschen, der gewohnt ist, im Leben nur die weltimmanenten Realfaktoren in Rechnung zu stellen, das vielfältig bewegte Schauspiel des menschlichen Daseins betrachten, dann entrollt sich auf der untersten Ebene des „Insecuritas"-Raumes vor unseren Augen zunächst etwa folgendes Bild. Wir sehen die Menschen im alltäglichen Leben auf einer beständigen Jagd nach Genuß, Besitz und Macht. Bei dieser Jagd nach Befriedigung der vitalen Urtriebe haben sie sich selbst als Individuen wie als Gattung im Auge, also etwa als Familie, als Volk, als Nation. Im Vollzug dieser alltäglichen Jagd nach dem Glück stoßen sie auf das von den gleichen Motiven bewegte Glücksstreben der Mitlebenden, und zwar wieder der Individuen wie der Verbände. Das hat zur Folge, daß in diesem so verschieden gearteten Glücksstreben, mit dem sich zugleich das Sicherungsstreben zur Bewahrung des bereits Gewonnenen verbindet, eine eigenartige Bewegtheit jenes Ganzen entsteht, zu dem alle Individuen wie Verbände sich in der einen großen Lebensgemeinschaft zusammenfinden. Nun zielen aber die Urtriebe nach Genuß, Besitz und Macht überall mehr oder weniger ins Unbegrenzte, und andererseits finden sie von der Gegenseite her Hemmungen verschiedener Art, die wiederum eine unübersehbare Vielheit und Mannigfaltigkeit darstellen. So ergibt sich denn in dem realen Bezugsfeld von Mensch zu Mensch wie von Gemeinschaft zu Gemeinschaft das bunte Schauspiel eines beständig fluktuierenden Lebens, in dem es niemals zu einem ruhenden Gleichgewicht kommt. Man wird an den Sekunde für Sekunde auf- und abschwingenden Wellen- und Wogenschlag des Ozeans erinnert. Indem die Interessendomänen der Individuen wie der Gemeinschaften sich berühren, überschneiden oder gegenseitig bedrängen, entsteht zunächst das Bild eines unaufhörlichen Wechsels von stets wieder veränderten und sich verändernden Grenzverhältnissen der verschiedenen Einfluß- und Geltungssphären. Nach außen hin wird dieser stetige Wechsel sichtbar in dem so mannigfaltig verschlungenen Netzbild der Eigentumsgrenzen, das sich immerfort verschiebt und verwandelt. Am auffälligsten können wir diese Erscheinung dort beobachten, wo sich diese Grenzveränderungen in vergrößertem Maßstab vollziehen, nämlich im Zusammenleben der Völker, wie wir es bildlich dargestellt finden auf den Landkarten, die uns die historische Bewegtheit in den Macht- und Besitzverhältnissen der Nationen illustrieren. Aber dieser stetige Wechsel in den Grenzverhältnissen der menschlichen Interessensphären ist begleitet von einem mehr innerlich sich vollziehenden Prozeß, der als ein unaufhörliches Steigen und Sinken von unsichtbaren Energiegewichten charakterisiert werden mag. Durch ihn entsteht das Bild eines ewigen Auf und Ab in der irdischen Rangordnung der Menschen, eines immer wieder anders strukturierten Oben und Unten im sozialen Raum, wo das Prinzip der Würde distanzierend wirkt, ganz gleich, ob diese Würde eine objektiv berechtigte oder nur eine subjektiv angemaßte ist.

Der streng realistisch eingestellte Beobachter dieses Wirklichkeitsbildes könnte nun etwa meinen, der gesamte Kontext des menschlichen Lebens sei ausschließlich aus den hier angedeuteten Real- und Idealfaktoren zusammengesetzt. Überraschend aber dürfte daraufhin die Feststellung sein, daß selbst ein so unerbittlicher Realist der Lebenserfahrung, wie es der italienische Staatsphilosoph Niccolò *Machiavelli* gewesen ist, mit den rein weltimmanenten Real- und Idealfaktoren nicht auskommen konnte, um die Totalität des Lebens zu erfahren.[34] Selbst dieser Klassiker der Erfahrung mußte neben dem Faktor der „*virtù*“, mit welchem Begriff er die gesamte vitale und rational-zweckhafte Energiequelle des individuellen und sozialen Lebens im Auge hat, noch einen zweiten Faktor in Rechnung stellen, mit dem er auf ein *gewisses Etwas* hindeutet, das dem Leben den Charakter einer unfaßbaren Unheimlichkeit verleiht. Dieser zweite Faktor ist für Machiavelli die dunkle Macht der „*Fortuna*“. Sie ist die Gegenspielerin der „virtù“. Erst die unauflösbare Korrelativität von „virtù“ und „fortuna“ ergibt für ihn jenen Totalaspekt des Lebens, der seinen Realismus so wirklichkeitsnahe erscheinen läßt, so unerbittlich hart in der klaren Herausstellung der Realfaktoren und doch auch wieder so unheimlich hintergründig, wie nun einmal das Leben ist. „Virtù“ und „fortuna“, Eigenwille und Schicksal, erscheinen bei Machiavelli wie ein unzertrennliches Ringerpaar in der Arena des Lebens, dessen ewig wechselndes Kampfspiel man immer mit dem gleichen Interesse verfolgen kann, ohne dabei zu ermüden. Das berühmte 25. Kapitel von Machiavellis „Principe“ ist überschrieben: „Wieviel Fortuna in den menschlichen Dingen vermag und wie man ihr entgegenwirken kann.“[35] Es gipfelt in dem Satz: „Fortuna ist ein Weib, und wenn man sie unterwerfen will, dann muß man mit ihr streiten und kämpfen.“[36]

Dieser harte Lebensrealist des 15. Jahrhunderts kann nicht leicht dahin verdächtigt werden, als hätte er sich mit seiner Betrachtung des menschlichen Daseins auch nur im geringsten der Metaphysik verschreiben wollen. Dafür verrät sein ganzes Denken eine gar zu herbe Diesseitsmentalität. Um so wertvoller aber ist gerade die plastische Gegenüberstellung von „virtù“ und „fortuna“, die wir überall in seinem realistischen Lebensgemälde beobachten können. Freilich, was nun eigentlich diese hintergründige, in so vielen Gestalten und Masken wechselnde Macht der „fortuna“ sei, das ist von ihm kaum zu erfahren. Nur soviel ist gewiß, daß sie im Totalgemälde des Lebens nicht entbehrt werden kann. Denn die „virtù“ des Menschen ist das, was sie ist, erst im Zusammenspiel mit der „fortuna“. Und der Mensch ist gerade dadurch erst Mensch, daß er ein Wesen des *Schicksals* ist. Als *schicksallos* kann er überhaupt nicht erfahren, ja, nicht einmal gedacht werden.

Was aber ist nun eigentlich diese rätselhafte Macht des Schicksals, die für die Daseinssituation des Menschen eine so ganz auszeichnende Bedeutung hat? Und was ist diese unauflösbare Spannung zwischen Mensch und Schicksal, die dem menschlichen Dasein ein so ganz eigenartiges Gepräge verleiht? Hält man sich zunächst an das *Wort* Schicksal, dann ist damit etwas angedeutet, was uns „zugeschickt“ ist, etwas also, was unserem eigenen Sinnwollen und Zielstreben noch nicht angehört. In unserem Leben meldet sich also ein „Anderes“, worüber wir so ohne weiteres nicht verfügen können. Von diesem Gesichtspunkte her versucht z.B. Georg Simmel[37] die spezifische Schicksalsverhaftetheit des Menschen zu deuten und ihn dem schicksallosen Tier wie der schicksallosen Gottheit gegenüberzustellen. In der Schicksalsverhaftetheit des Menschen zeigt sich damit wieder die menschliche Zwischensituation zwischen tierischem und göttlichem Dasein. Das Tier ist schicksallos, weil es ohne eine eigene innere Sinnwelt dahinlebt, ganz eingetaucht in den Strom der natürlichen Kausalität. Gott aber ist als reiner Geist aller natürlichen Kausalität absolut transzendent. Nur der Mensch ist einerseits eingebettet in den Strom der universalen Kausalität oder der blinden Naturnotwendigkeit, andererseits aber auch freigesetzt für sein eigenes inneres Sinn- und Zielstreben. Und so ist jenes „Andere“ für ihn zunächst die ganze Welt des naturhaft Objektiven, das in seiner blinden Notwendigkeit den ihm vorgezeichneten Weg dahingeht, ohne sich auch nur im geringsten an den geistigen Sinn- und Zielsetzungen zu stören, in denen der Mensch seine eigene innere Welt aufbaut.

Trotzdem, es wäre falsch zu sagen, daß dieses „Andere“ des rein naturhaft Objektiven, im Verhältnis zum Menschen als Sinnsubjekt, als das *abso-*

lut „Andere“ betrachtet werden müsse. Denn es besteht ja doch eine gewisse Verwandtschaft zwischen Objekt und Subjekt, zwischen Natur und Mensch. Wie wäre es sonst möglich, daß der Mensch das Objektive in den Dienst seiner persönlichen Sinn- und Zielsetzungen stellen kann? Faßt man also das Schicksal nur in dem Sinne der objektiven Natur, dann ist, trotz der blinden Notwendigkeit dieser Naturordnung, nicht ohne weiteres ein Feindschaftsverhältnis zwischen Mensch und Schicksal gegeben. Soweit der Mensch vielmehr in der eigenen Welt seiner geistigen Sinnsetzungen sich nach dem objektiven Sinn der Naturordnung richtet, soweit wird sich auch eine Harmonie zwischen ihm und dieser objektiven Notwendigkeit ergeben. Und nur dort wird ein Zusammenstoß zwischen diesen beiden Faktoren erfolgen, wo der Mensch sich dem objektiven Sein nicht unterwirft und sich lieber in die Traumgespinste seiner Subjektivität verspinnt.

In gewissem Sinne aber wird er sich dann selbst zum Schicksal. Denn in ihm selbst liegt die Möglichkeit zur *Maßlosigkeit*. Diese Möglichkeit hängt mit seinem Wesen zusammen, mit jener Indefinitheit, die ihn, wie wir mehrfach hervorgehoben haben, von der Fixiertheit des Tieres unterscheidet. Das Tier hat durch seinen Instinkt den Maß und Grenze setzenden Faktor in sich selbst. Der Mensch aber kann von seiner Indefinitheit her zur Maßlosigkeit kommen. Dieser Maßlosigkeit aber begegnet die Naturordnung mit der ihr einwohnenden Seinsrechtheit. Die Natur der Dinge korrigiert gewissermaßen alle menschlichen Grenzüberschreitungen. Will man sie in diesem Sinne als das Schicksal bezeichnen, so ist jedenfalls diese Art von Schicksal immer ein gerechtes Schicksal. Es zeigt sich dem Menschen als wohlwollendes Schicksal (als die „εὐτυχία“ der Griechen), solange er sich dem Objektiven anpaßt. Und es zeigt sich ihm als übelwollendes Schicksal (als die „δυστυχία“ der Griechen), sobald er sich gegen die unabänderliche Gesetzlichkeit des Objektiven verfehlt. Von dieser Seite her gesehen, sind alle jene Warnungen der griechischen Weisheitslehre vor der menschlichen Maßlosigkeit begreiflich: die Nemesis, auf die dabei hingedeutet wird, ist eben die Objektivität der Dinge, und die Dinge rächen sich mit der ihnen einwohnenden Seinsrechtheit an der Unbeherrschtheit der menschlichen Subjektivität.

Ein bloß auf diese Zusammenhänge beschränkter Schicksalsbegriff aber erfaßt nicht das Ganze, was mit jener dunkeln „Andersheit“ gemeint ist, die im Lebenskampfe als die Gegenspielerin des Menschen auftritt. Er erfaßt vor allem nicht jenes Widerrationale, das doch zuweilen sehr deutlich hervortritt. Man pflegt manchmal zu sagen, die blinde Naturordnung sei wertfrei. Sobald man das in dem Sinne deutet, als sei die Naturordnung in jeder Hinsicht sinnlos, dann ist das offenbar falsch. Richtig aber ist, daß die blinde Naturordnung keinerlei Wertorgan besitzt für die höhere Wertordnung, der wir als geistig-sittliche und kulturschöpferische Wesen eingebürgert sind. Unseren höheren Werten und Wertgebilden gegenüber ist sie absolut indifferent. Sie wirkt nur in den Bahnen der ihr einwohnenden Naturgesetzlichkeit, und deshalb kann sie unter Umständen als eine Art irrationale Macht den höheren Sinn der menschlichen Werke brutal verwirren und zerstören.

Aber auch mit dem Hinweis auf diese partielle Inkongruenz, die durch den Zusammenstoß der *blind* wirkenden Naturordnung mit den höheren Wert- und Sinnwelten des Menschengeistes entsteht, ist dem eigentlichen Gehalt der Schicksalsidee noch nicht Genüge getan. Die in der Schicksalsidee sich andeutende Irrationalität ist noch eine Stufe tiefer zu suchen. Das eigentlich Irrationale, was wir mit der Schicksalsidee anzudeuten gewohnt sind, rückt erst dann in unser Blickfeld, wenn wir die *Gesamtdysteleologie* ins Auge fassen, die uns im menschlichen Leben als einem Sinnganzen, und zwar sowohl im Querschnitt wie im Längsschnitt, entgegentritt. Es ist eine gewisse Unstimmigkeit im Großen, die wir damit meinen, und mit dieser Unstimmigkeit verbindet sich dann noch die Unbeständigkeit, die alles Hohe und Vollkommene in jedem Augenblick mit dem Absturz bedroht. Das Ineinanderspielen dieser beiden Momente aber bewirkt dann zuweilen den Gesamteindruck einer ins Groteske gesteigerten launenhaften Regellosigkeit. Unter diesem Aspekt aber tritt gerade das nicht ein, was wir von der unbeirrbaren Objektivität der Dinge erwarten möchten. Denn eben diese Objektivität scheint sich ja dann gerade zurückzuziehen von der sichtbaren Oberfläche der Erscheinungen. Mehr noch, sie scheint, wenigstens zeitweilig und manchmal sogar für sehr lange Zeiträume, überhaupt aufgehoben zu sein, und die absolute Sinnlosigkeit, ja Sinnwidrigkeit scheint für eine Weile auf dem vakant gewordenen Thron des Logos das Zepter eines Karnevalsprinzen zu schwingen. Es ist diese *besondere Irrationalität* im Leben, vor der wir im eigentlichen Sinne erzittern. Und zwar erzittern wir deshalb vor ihr, weil unsere Vernunft von dieser besonderen Irrationalität in ihrem eigensten und innersten Wesen, eben als *Vernunft*, bedroht wird oder wenigstens bedroht zu werden scheint. Es ist wie ein unmittelbarer Angriff auf die Würde unserer Vernunft, wenn ihr das prinzipiell Alogische oder gar Widerlogische als eine das Sein beherrschende dunkle, völlig undurchsichtige Macht entgegenzutreten scheint. Sie, die mit dem ewigen Tag verwandt ist auf Grund ihres Wesens, sie kann unter keinen Umständen einen Pakt eingehen mit der ewigen Nacht eines prinzipiell Un- oder gar Widervernünftigen.[38] Ein solcher Pakt ginge gegen ihre Existenz. Er würde ihre Selbstvernichtung bedeuten, und gegen eine solche Selbstvernichtung sträubt sich in ihr der unzerstörbare Wille ihrer Selbstbehauptung. Die Anerkennung des prinzipiell Alogischen wäre für sie Selbstmord.

Wenn also das Schicksal eine gewisse Irrationalität im Leben bedeuten soll, so begegnen wir ihm noch nicht dort, wo die Naturordnung mit ihrer unbeirrbaren Objektivität sich den Irrtümern und Torheiten unserer windigen Subjektivität hindernd und korrigierend in den Weg stellt. Denn in solchen Fällen erleben wir nur den Zusammenstoß der objektiven Weltvernunft mit unserer partiellen subjektiven Unvernunft. In einer solchen Situation können wir höchstens beschämt werden von der infalliblen Seinsrechtheit der Dinge.

Die eigentliche Irrationalität des Schicksals ist aber auch dort nicht gegeben, wo die *blinde* Naturordnung rücksichtslos, ja brutal die werthöheren Ebenen unserer geistigen Sinngebilde unter Umständen verwüstet. Die Naturordnung wäre ja gar nicht das, was sie ist, wenn sie in ihrer blinden Objektivität auf unsere werthöheren Sinngebilde Rücksicht nehmen könnte. Auch in diesem Falle wird also unserer Vernunft noch keineswegs etwas zugemutet, was gegen ihre Existenz als Vernunft gerichtet ist. Was sie dabei erlebt, ist zwar hart und oft grausam. Aber das alles bleibt doch im Rahmen des Vernünftigen und Verstehbaren.

Wenn aber im Leben das Objektive sich vollkommen zurückzuziehen scheint, ja, wenn es sogar der Willkür, dem Zufall, dem Chaos, dem absoluten Dunkel, der prinzipiellen Regellosigkeit, Unberechenbarkeit, Unstimmigkeit, Unstetigkeit, Unbeständigkeit einfach das Feld zu räumen den Anschein erweckt, dann erst ist unsere Vernunft in jene Ursituation geraten, wo es sich für sie um Sein oder Nichtsein handelt. Diese im Hintergrund des Seins selbst sich erhebende Irrationalität ist das Schicksal im eigentlichen und strengen Sinne. Denn die bloß vordergründige Unstimmigkeit und Unbeständigkeit des Lebens ist jene Kontingenznot, die der Mensch mit allen übrigen Kreaturwesen teilt. Wenn aber im menschlichen Daseinsraum jene hintergründige Dysteleologie aufzusteigen scheint, bei der die Vernunft des Seins an sich gleichsam mit sich selbst in einem Urwiderspruch erblickt wird, dann beginnt der Boden unter unseren Füßen zu erbeben. Um konkreter zu sprechen: wenn wir vor unseren Augen jene Selbstsucht *prosperieren* sehen, die schamlos und frech alles Objektive mißachtet und mit Füßen tritt, während wir auf der andern Seite beobachten müssen, wie das Hohe und Edle, das selbstlos sich dem Objektiven unterwirft, unter dem Rad der Fortuna erbarmungslos *zermalmt* wird, dann ist es für die Vernunft so, als schaue sie in das versteinernde Medusenantlitz des *Alogischen an sich*. Diese tief erschauernde Möglichkeit aber, die bei einem gewissen Aspekt des Lebens auf der Fortunabühne für unsere Vernunft tatsächlich gegeben ist, wenn sie auch nicht immer in der extremsten Form hervortritt, ist die eigentliche Gestalt der „Insecuritas humana" auf der untersten Ebene des „Insecuritas"-Raumes.

Wenn wir nun noch einmal zu unserem Ausgangspunkt zurückkehren, dann gewinnen wir vor dem bunten Schauspiel des alltäglichen Lebens, bei dem sich zunächst alles nur um die Existenzsicherung des bürgerlichen Daseins dreht, im großen und ganzen etwa folgendes Anschauungsbild. Was Machiavelli in diesem Existenzraum als den Faktor der „virtù" bezeichnet, das haben wir konkret vor uns in dem gesamten niederen Glückstreben der Menschen. Nach Genuß muß der Mensch streben wie das Tier auch, und zwar deshalb, weil sein erdverhaftetes Sein ihm die Selbsterhaltung seines leiblichen Daseins notwendig macht. Wie weit er diese Genußsphäre ausdehnt, das ist eine Sache für sich, die hier außer Betracht bleiben kann. Am Genuß überhaupt kommt der Mensch jedenfalls nicht vorbei, soweit das Existenzminimum in Frage steht. Um dieses natürlichen Lebensgenusses willen muß er aber auf Besitz bedacht sein. Auch an einem Minimum von Besitzstreben kommt er also nicht vorbei. Der Kyniker Diogenes[39], der in seiner Bedürfnislosigkeit den großen Alexander so sehr beschämt, verzichtet doch nicht auf seine Tonne. Die Sicherung des Besitzes aber verlangt wieder eine gewisse Macht und Geltung. So gehören also Genußstreben, Besitzstreben und Machtstreben für Individuum und Gattung innerlich zusammen: sie bilden die Einheit des vitalen Glückstrebens.

Bei diesem vitalen Glückstreben nun sieht der Mensch sich jener geheimnisvollen Gegenspielerin gegenüber, die Machiavelli als die „Fortuna" der „virtù" entgegenstellt. Diese Macht des Schicksals aber ist bald die objektive unbeirrbare Vernunft der Dinge, die seine eitle Subjektivität in ihre Schranken zurückwirft, bald die brutale, herzlose Macht der blinden Naturkausalität, die gleichgültig ist gegen seine auf einer höheren Wertebene entstehenden Sinngebungen und Gestaltungen der Kultur und Zivilisation, bald aber auch die *absolut alogisch* erscheinende Macht einer hintergründigen Weltpotenz, die seine „ratio" auf die äußerste Probe ihrer Selbstbehauptung als Vernunft überhaupt stellt.

Im Hinblick auf die beiden ersten Momente nun, die ihm in diesem „Anderen" des Schicksals entgegentreten, mag der Mensch mit der Zeit durch Erfahrung und Nachdenken jene natürliche Klugheit und Weisheit lernen, die ihn dahin führt, sich entweder auf die unbeirrbare Seinsrechtheit der Dinge gebührend einzustellen oder der blinden Naturkausalität, wo sie seine höheren Gebilde bedroht, vorsichtig auszuweichen beziehungsweise ihre blindwirkenden Kräfte durch sein rationales Zweckstreben zu bändigen.

Vor jenem dritten Moment aber, das ihm in diesem „Anderen" des Schicksals entgegentritt und das den zentralen Kern jener Schicksalsmacht bildet, ist er im eigentlichen Sinne *zwischen Ungewißheit und Wagnis* gestellt.

Wir können nun im ganzen drei Menschengruppen unterscheiden, je nach der Art, wie die Menschen dieser eigentlichen Schicksalsmacht in ihrem Lebenskampf begegnen. Die erste Gruppe, deren Zahl Legion genannt werden darf, lebt gleichsam *vegetierend* an dieser dunklen Hintergründigkeit des Lebens vorbei. Wesensmäßig stehen diese Menschen zwar über dem Tier, von dem sie die Potenz ihrer „ratio" unterscheidet. De facto aber sind sie in ihrem indifferenten Dahinleben von der rein vegetierenden Daseinsform des Tieres nicht allzusehr verschieden. Diese Menschen leben zwar glücklich im vitalen Sinne, aber sie leben an dem Wesentlichen vorbei, das ihre Menschenwürde ausmacht.

Diejenigen Menschen aber, die in irgendeiner Form sich über dieses relativ vegetierende Dasein hinausheben und zu sich selbst erwachen, werden vor dieser welthintergründigen Irrationalität des Schicksals in die menschliche Ursituation gestellt, in der ihnen eine existentielle Entscheidung abgefordert wird. Je nach dem Ausfall dieser Entscheidung teilen sie sich in zwei einander gegenüberstehende Gruppen. Die Alternative, vor der sie bei ihrer Wahl stehen, ist die Grenzsituation von *Trotz* und *Hingabe*, wie sie Karl Jaspers in seiner Existenzphilosophie sehr glücklich bezeichnet hat.[40]

Es ist jedoch zu beachten, daß diese Alternative von Trotz und Hingabe erst vor jenem dritten, dem absolut alogisch erscheinenden Moment der Schicksalsidee ihren eigentlich metaphysisch-religiösen Sinn erhält und enthüllt. Sie kommt zwar auch bei den beiden ersten Momenten zur Geltung. Aber ihnen gegenüber hat sie eine wesentlich andere Bedeutung.

So ist etwa der Trotz gegenüber dem Schicksal, wenn es sich darstellt als die unbeirrbare Objektivität der Dinge oder als die blinde Naturkausalität, die sich wertindifferent zeigt gegen das Menschenwerk, derjenige Heroismus, der mit der Natur den Kampf aufnimmt, um in ihre Ordnung einzudringen und ihre Kräfte in den Dienst der Kultur und der Zivilisation zu stellen. Dieser Heroismus ist dort besonders bewundernswert, wo der Mensch keine Mühe und kein Mittel scheut, um durch Erfindungen und Entdeckungen das Reich der Natur geistig immer mehr zu erobern und damit sein natürliches Genuß-, Besitz- und Machtstreben zu erleichtern. Nicht weniger bewundernswert ist dieser Heroismus dort, wo der Mensch seine Kultur- und Zivilisationswelt hartnäckig gegen die elementaren Naturgewalten verteidigt und sichert und dabei allen Rückschlägen, die ihm von dieser Seite her beständig drohen, mutig die Stirn bietet. Verwegen kann allerdings dieser Heroismus dort werden, wo der Mensch den Versuch wagen möchte, der Objektivität des Seins selbst zu trotzen. In diesem Falle schlägt der menschliche Heroismus um in den Wahnsinn seiner phantastischen Subjektivität. Aber manches in diesem Bereich des heroischen Abenteurertums kann zunächst den Anschein eines seinsverwegenen und phantastischen Heroismus erwecken, was sich hinterher doch als ein sinnvolles Wagnis herausstellt. Zuweilen muß der Mensch tatsächlich das scheinbar Unmögliche wagen, um späteren Geschlechtern den Weg der Kultur und Zivilisation zu bahnen.

Die Hingabe gegenüber dem Schicksal nach seinen beiden ersten Momenten ist zunächst nur der feige, träge und kraftlose Quietismus, der den Kampf mit den Naturgewalten scheut und das auf den Fortschritt angelegte Wesen des Menschen gleichsam brach liegen läßt. Dieser unkämpferische Quietismus ist natürlich, an sich betrachtet, eine Seelenhaltung, die den Menschen dem vegetativen Lebensstand des Tieres bedenklich annähert. Eine gewisse positive Bedeutung aber kann sogar dieser Quietismus des Naturmenschen erhalten, nämlich als retardierendes Moment gegenüber jenem übersteigerten Heroismus, der einem überaktivistischen Lebensideal nachjagt und den Wert des naturnahen, primitiven Lebens vollkommen übersieht. Im vollsten Sinne positiv zu werten ist aber die Hingabe an die Natur als Schicksal, wenn sie der Ausdruck jener Seinsfrömmigkeit und Seinsehrfurcht ist, die den Geist der ganz reinen und großen Objektivität ausmacht. Goethe und Stifter sind die großen, leuchtenden Vorbilder für eine solche Naturhingabe, die geradezu einen Zug ins Religiöse hat.

Kommt nun aber ausschließlich das dritte Moment der Schicksalsidee in Frage, das Moment der scheinbar absoluten Alogizität im Hintergrunde des Lebens, dann erhält die Alternative von Trotz und Hingabe einen derartig neuen und vertieften Sinngehalt, daß sie uns bis in die höchsten Regionen menschlicher Daseinsproblematik überhaupt hinaufführt. Denn sie stellt uns vor das Hiobsproblem, an dem der menschliche Verstand seit Jahrtausenden sich vergeblich zergrübelt hat. Das wird sofort klar, wenn wir uns zum Bewußtsein bringen, daß hinter dieser existentiellen Alternative von Trotz und Hingabe noch zwei weitere Alternativen stehen und daß eigentlich dann diese drei Alternativen in ihrer inneren Verbundenheit jene Ursituation des Menschen darstellen, in der seine bedeutungsschwerste Lebensentscheidung erfolgt.

Das Schicksal im Sinne der absolut erscheinenden Alogizität des Welthintergrundes ist zunächst gleichsam ein Centaur. Es hat etwas eigentümlich Schillerndes in sich. Wohl hat es immer einen gewissen hypostatisch-personalen Charakter. Aber für die einen sieht es aus wie ein unbestimmbares *Neutrum*, wie ein rätselhaftes „Es", das halb Natur und halb Intelligenz ist, die Sphinx, die in den Hintergründen des Daseins thront. Für die anderen aber gewinnt es Antlitzcharakter, wird es ein allsehendes Weltauge, personale und unendliche Intelligenz, allwaltender und unendlicher Wille, die Gottheit oder der *eine Gott*, also der absolute Gegensatz zu jenem sphinxartigen Neutrum, nämlich ein *Maskulinum*, der *Ewige Vater* über den zeitlichen Wirrsalen dieser in der „Insecuritas"-Situation verharrenden Welt.

Vor der Entscheidung, die gegenüber der Alternative Trotz oder Hingabe gefordert ist, liegt also schon die Entscheidung gegenüber jener Alternative, die mit der Schicksalsidee gegeben ist, die Entscheidung nämlich entweder für das *verschleierte Fatum* oder für die unendliche Intelligenz eines *allwaltenden Gottes.*

Aber auch dieser Entscheidung liegt noch einmal eine andere Entscheidung voraus, eine letzte Entscheidung vor einer letzten Urmöglichkeit. Denn entweder deutet jene tiefste Daseinsirrationalität hinaus auf ein absolut Irrationales, auf einen *Urzufall* und damit auf eine *Ursinnlosigkeit*, oder aber sie deutet hinaus auf einen *Ur-* und *Absolut-Sinn*, vor dem unsere nur im Zwielicht erkennende Vernunft vorläufig noch zuschanden wird, den sie aber irgendwie doch auch hier schon erkennt, sobald sie sich in Demut zu neigen und in Geduld zu bescheiden vermag. In der Weise, wie vor dieser letzten Alternative die Entscheidung fällt, fallen dann auch die Entscheidungen gegenüber den beiden anderen Alternativen, gegenüber den Möglichkeiten Gott oder Fatum, Trotz oder Hingabe.

Letzten Endes ist es die Gigantomachie von *Glauben* und *Unglauben*, die so bis auf die niederste Ebene des menschlichen „Insecuritas"-Raumes hinabwirkt. Das besagt aber auch hier nicht eine prinzipielle Abdankung der „ratio". Denn bei allen diesen Entscheidungen in der menschlichen Ursituation gegenüber dem Schicksal bleibt die „ratio" als ein mitwirkender Faktor in Geltung. Man muß jedoch dabei das Leben ganz aus der Nähe betrachten und darf die Erscheinungen nicht von vornherein verfälschen. Dann aber wird man sagen müssen, daß in diesem Fortunaraum jene folgenschweren Letztentscheidungen des Menschen nur in einem ganz verschwindenden Maße von der vollen Klarheitssicht der „ratio" oder, besser gesagt, der Verstandesreflexion bedingt sind. Zwar wird bei denjenigen Menschen, die sich auch nur in etwa über das rein vegetierende Dasein erheben und zu sich selbst aufwachen, im Zusammenstoß mit Welt und Leben das *naturhaft metaphysische Denken* ausgelöst, zu dem uns der innere Unendlichkeitsgrund unserer geistigen Seele befähigt und determiniert. Aber das Übergewicht bei all diesen Letztentscheidungen zwischen Trotz und Hingabe, Fatum und Gottheit, Urzufall und Urvernunft liegt nicht auf seiten der reinen Verstandesreflexion, sondern auf der Seite jener seinsmäßigen *Urgesinnung*, die auf der Grenze zwischen dem Bewußten und dem Unbewußten in uns entsteht. Diese Urgesinnung aber ist das seelische Schwergewicht unseres Liebesurtriebes, das uns entweder *urvertrauend* nach der Seite des Ja und des Glaubens oder *urmißtrauend* nach der Seite des Nein und des Unglaubens ponderieren läßt.

Nun erhalten aber Trotz und Hingabe eine jeweilig andere Bedeutung vor dem verschleierten Fatum und vor dem allsehenden Auge der Gottheit.

Dem augenlosen Fatum gegenüber hat die prometheische Trotzhaltung des Menschen, unbeschadet ihres im Letzten unfrommen Charakters, eine gewisse positive Bedeutung und innere Berechtigung. Denn vor der blinden Macht des Fatums wird ja gewissermaßen die Vernunftwürde des Menschen auf eine Existenzprobe gestellt. Als Vernunftwesen sieht sich hier der Mensch einer Weltpotenz gegenüber, die zwar an Seinsmacht ihn bei weitem überragt, an Seinswürde aber tief unter ihm steht. Es ist also der ihm einwohnende Logos, der sich im Interesse seiner Vernunftwürde gegenüber dem Fatum, als der Macht des prinzipiell Alogischen, empört. Die stolze Flucht des Stoikers in die innere Burg seines freien, geistigen, dem Fatum unendlich überlegenen Selbst ist also eine Verschanzung vor dem Schicksal, die etwas tief Sinnvolles bedeutet. Natürlich muß der Stoiker dabei die schmerzvolle Seinstrauer einer schauerlichen Ich-Einsamkeit in Kauf nehmen. „Vae soli!" So ruft Maine de Biran mit Recht dem ich-gefangenen Stoiker zu.[41]

Die Hingabehaltung aber gegenüber dem blinden Fatum ist die verzweifelte Resignation vor einer falsch gesehenen Notwendigkeit. Der vielgerühmte Heroismus des „Amor fati“ ist im Grunde ein armseliger Quietismus. Wenn Nietzsche sagt: „Schicksal, dir folge ich freiwillig, denn täte ich es nicht, so müßte ich es ja doch unter Tränen!“[42], so dokumentiert dieses so viel berufene Wort am besten, daß hier eine feige Kapitulation vor dem an sich Sinnlosen in einen Sieg der heroischen Geisteshaltung umgefälscht wird.

Eine ganz neue Sinntiefe aber gewinnen Trotz und Hingabe, wenn das menschliche Geistesauge durch alle letzte Dunkelheit des Lebens hindurch dem Auge der Gottheit begegnet. Allerdings ist auch dann noch die Möglichkeit gegeben, daß er dieses ihm vorschwebende Gottesbild verzerrt zu dem Dämon des absoluten Willkürgottes. Dann aber hat von seinem Prometheismus das Gleiche zu gelten, was von der Auflehnung gegenüber dem blinden Fatum gesagt wurde.

Ist aber das Gottesbild des Menschen rein von den Trübungen aller wesensmäßigen Alogizität, dann wird sein Trotz zum Ausdruck der höchstmöglichen „superbia“, insofern jetzt der Mensch es nicht ertragen kann, wenn der Eigen-Sinn seiner besonderen Lebenspläne von dem höheren Sinn einer absoluten „ratio“ gestört und durchkreuzt wird. Der Mensch erscheint uns jetzt gleichsam in der Situation eines schmollenden Kindes, das um jeden Preis *seinen* Willen haben möchte, auch wenn dieser Eigenwille unter Umständen seine Selbstvernichtung bedeutet.

Ganz anders aber ist es hier mit der Hingabe. Sie ist die von einem tiefen Urvertrauen getragene, durch die Seelenhaltung der „humilitas“ geläuterte Weisheit, die durch den dichtesten Nebel der Schicksalsirrationalität hindurch noch das Auge der Vorsehung auf sich gerichtet sieht und alle ihre Lebenspläne in den einen großen göttlichen Weltplan eingeordnet weiß. Diese Weisheit ist verbunden mit jener stillen, sicheren Gelassenheit, die aus der reinsten Liebeshaltung heraus in allem, auch in dem Widerwärtigsten noch, *die* Liebe als die Grundkraft des Seins herauswittert. Selbst im undurchsichtigsten Dunkel der Weltschicksale kann diese Weisheit noch kindlich-fromm die Hände falten und jenes Gebet sprechen, in dem sich der tiefste Sinn alles Betens überhaupt erfüllt: „Herr, Dein Wille geschehe, nicht der meinige!“[43]

Wenn wir nun aber auf die Ergebnisse unserer Untersuchung noch einmal zurückschauen, dann ist vielleicht das am meisten Erstaunliche die Tatsache, daß gerade in dem niederen Lebensraum des Fortunaspiels, in dem doch eigentlich nur das triviale Gesicht des Alltagslebens uns auf Schritt und Tritt begegnet, sich die höchsten und folgenschwersten Entscheidungen der metaphysisch-religiösen Existenz des Menschen erkennen lassen. Wohl leben die Menschen gerade in diesem Raum so vielfach an dem Eigensten vorbei, was sie selbst sind und was das Schicksal als der Gegenspieler ihres Selbst ist. Und doch ist hier alles vom letzten Lebensgeheimnis erfüllt und durchwirkt. Manchmal aber bricht in den unbedeutendsten Schicksalen dieses Geheimnis des Lebens auf, und dann enthüllt sich der Alltagsraum der Fortuna als eine Bühne, auf der sich das Drama der letzten Möglichkeiten des Geistes vor uns entfaltet, der Möglichkeit erhabenster *Bejahung* des Ursinns von allem, was ist und geschieht, und der Möglichkeit der erschreckendsten *Verneinung* im Wagnis auf Urzufall, Chaos und absolutes Nichts.

Erst recht aber verwandelt sich von dieser Betrachtung her das Fortunaspiel der Menschheitsgeschichte im Großen in ein dramatisches Geschehen von höchster metaphysischer Bedeutsamkeit. Im Vordergrundaspekt der Weltgeschichte sehen wir zwar den kaleidoskopartigen Bilderwechsel auf- und abwogender Besitz- und Machtkämpfe, bei denen die Göttin Fortuna, launisch wie ein Weib (um an Machiavellis Wort zu erinnern), wahllos bald hierhin, bald dorthin ihre Gunst wendet und selten gerade dem Würdigsten den Sieg zukommen läßt. Schauen wir aber tiefer in den Hintergrund dieses geschichtlichen Raumes, dann hebt sich dort das scheinbar absolut Alogische in riesigen Dimensionen heraus. Die Unvernunft erscheint wie in einem gewaltigen Al-Fresco-Gemälde, und wir erzittern vor ihrer dämonisch anmutenden Erscheinung. Aber gerade durch diesen schauerlichen Hintergrund des Dämonischen wird die Weltgeschichte zu einem gleichsam sakralen Raum, in dem sich ein metaphysisches Geschehen abspielt, dessen Anblick uns zugleich erhebt und tief erschüttert. Erst in diesem Sakralraum der Weltgeschichte wird es uns ganz deutlich, daß das ewig wechselnde Kampfspiel zwischen „virtù" und „Fortuna" nicht nur ein Spiel ist um so rein irdische Werte wie Genuß, Besitz und Macht. Es ist eigentlich ein Spiel, in dem die metaphysischen Mächte des Glaubens und des Unglaubens um die letzte Grundentscheidung in den Tiefen der Menschenbrust ringen. Je mehr es nach außen den Anschein hat, als werde hier um die feile Gunst der niederen Fortuna gebuhlt, um so mehr wird derjenige, der hier tiefer zu sehen vermag, mit Erstaunen beobachten, daß auch auf dieser untersten Ebene der „Insecuritas humana" eigentlich um Sein oder Nichtsein des Ewigen im Menschen gewürfelt wird.

SECHSTES KAPITEL

Die Ungesichertheit der menschlichen „ratio" auf der mittleren Ebene des „Insecuritas"-Raumes

Schon im niederen Fortunabereich sehen wir die Hauptbedrohung des Menschen von seiten der dunklen Macht des Schicksals gegen die Leuchtkraft seiner Vernunft gerichtet. Denn die eigentliche Not des Menschen ist hier nicht in dem beständig drohenden Verfall seiner vitalen Existenzsicherheit zu suchen, sondern in der Hiobssituation seiner „ratio", die sich in gewissen Lebenslagen verzweifelt vor die scheinbare Möglichkeit einer absoluten Seinsalogizität gestellt sieht. In solchen Augenblicken bemerkt der Mensch, wie unterhalb seiner „ratio" ein gefahrvoller Abgrund aufgähnt, der seine ganze geistige Existenz in sich hinabsaugen möchte. Und keine Not der Welt kann größer sein als diese geistige Not der Vernunft, wenn rings um sie her nirgends ein Halt zu sein scheint, so daß sie in der gähnenden Leere des absoluten Nichts versinken zu müssen glaubt.

Dieser metaphysisch zu nennende Abgrund aber, über dem die menschliche Vernunft dauernd schwebt, kommt uns glücklicherweise im alltäglichen Leben nur selten mit jener erschütternden Eindringlichkeit zum Bewußtsein, wie es uns in der Geschichte von dem Schicksal des großen Dulders Hiob symbolisch dargestellt wird. Das Leben hat uns durch das Naturgeschenk des Vertrauens so organisiert, daß wir uns unserer tiefsten Gefährdetheit nur in gewissen Ausnahmesituationen unseres Daseins klarer bewußt werden.

Sogar im Bereich unseres *eigentlichen Erkenntnisstrebens* bleibt uns dieser Abgrund, über dem unsere „ratio" als kreatürliche Vernunft schwebt, in den meisten Fällen verborgen. In den Einzelwissenschaften ist unser Geist in der Regel darauf eingestellt, das „*Wie*" der Ordnung im Seienden hier und dort zu erforschen. Es kommt ihm bei solchen rein inhaltlich orientierten Forschungen meist gar nicht in den Sinn, prinzipiellere Fragen zu stellen, Fragen wie etwa die, ob überhaupt das Sein als Sein geordnet ist oder ob überhaupt unsere Vernunft so auf die Ordnung des Seins abgestimmt ist, daß wir *gewiß* sein dürfen, wirklich zu erkennen oder erkannt zu haben.

Bei der einzelwissenschaftlichen Erkenntnis leitet uns im allgemeinen das natürliche Ethos der Objektivität. Es besteht in der selbstverständlichen Annahme, daß, wo immer wir einem Seienden begegnen mögen, wir auch seiner objektiven Geordnetheit versichert sein dürfen. Und ebenso selbstverständlich ist für uns die Annahme, daß unsere Vernunft uns diese objektive Ordnung in den geistigen Gegenbildern unserer Denkordnung sachgerecht widerspiegelt, wofern wir nur bei unserer Denk- und Erkenntnisbemühung uns den Gesetzen unterwerfen, die in solchem Falle als normierend zu gelten haben.

Allerdings, diese natürliche Vernunftsekurität ist nicht in allen Einzelwissenschaften von der gleichen Stärke. Sie ist in den exakten Wissenschaften, so insbesondere in der Mathematik, größer als in den Geisteswissenschaften. So kann etwa ein Historiker viel eher als ein Mathematiker sich in die Notwendigkeit versetzt sehen, sich für eine Weile von der bloß inhaltlichen Tatsachenforschung abzuwenden und *formale* Fragen aufzugreifen, wie etwa die Frage nach der Bedeutsamkeit des *Gesichtspunktes*, unter dem er als Historiker die Tatsachen in ihren Zusammenhängen sieht und wertet.

Was aber so unter Umständen dem Historiker, insbesondere dem tiefer schürfenden Historiker, in seiner Forschung ernste Sorgen bereiten kann, das begegnet auch jedem anderen Einzelwissenschaftler, sobald er sich auf die letzten Grundlagen und Voraussetzungen seiner Disziplin besinnt. Prinzipienfragen in einer Einzelwissenschaft führen leicht zu Prinzipienkrisen, und der tiefere Grund solcher Prinzipienkrisen ist der, daß jene anfängliche und natürliche Vernunftsekurität erschüttert ist, die dem forschenden Geist den „Insecuritas“-Abgrund so wohltätig verbirgt, der stets die Grundlagen seiner Wissenschaft bedroht.

Die Einzelwissenschaftler sind aber bei allen derartigen Fragen in der glücklichen Lage, daß sie sie auf andere Disziplinen abwälzen können, die mehr Grund haben, sich mit ihnen zu befassen. Diese Entlastungsmethode läßt sich jedoch nicht ins Unabsehbare fortsetzen, wenn nicht ein unfruchtbarer „regressus in infinitum“ entstehen soll. An *einem* Punkte wenigstens muß die Wissenschaft als Wissenschaft ein festes und auf seine Festigkeit geprüftes Fundament haben, wenn nicht ihr ganzer Bau in der Luft schweben soll. Und so hört denn bei einer bestimmten Wissenschaft die Möglichkeit vollständig auf, solche Prinzipienfragen noch weiter rückwärts zu schieben. Diese Wissenschaft aber ist die *Philosophie*, und als die letzte Grundwissenschaft ist sie die „regina scientiarum“.

Nun hat zwar auch die Philosophie auf weite Strecken hin zunächst ein rein inhaltliches oder seinsgegenständliches Forschungsinteresse. Und sie betreibt auch in gewissen Epochen diese Forschung mit einer ähnlichen Vernunftsekurität wie die Einzelwissenschaften. In solchen Epochen einer gleichsam unangefochtenen Vernunftsicherheit ist sie meistens sogar sehr fruchtbar an tiefen metaphysischen Einsichten. Aber als *Philosophie* (und d.h. als die Grundwissenschaft) muß gerade sie auch auf jene Prinzipienfragen bedacht sein, die ihr als letzte Fragen von den Einzelwissenschaften aufgebürdet werden. Weiter zurückschieben kann sie diese Fragen nicht mehr. Denn sie hat keine Wissenschaft mehr hinter sich, an die sie solche Fragen weitergeben könnte. Sie hat aber auch als Philosophie die strenge Pflicht, sich nicht bloß mit dem einfachen „Haben" der Wahrheit zu begnügen, sondern muß nach dem vernünftigen Grund suchen, der sie objektiv berechtigt, von einem wirklichen Besitz der Wahrheit zu sprechen. Sie darf niemals zufrieden sein mit dem einfachen Wissen der Wahrheit. Sie muß sich vielmehr auch noch um das *Wissen dieses Wissens* bemühen. Und dieses Wissen des Wissens (vielleicht auch des Nichtwissens) muß seinen letzten objektiven Grund haben in der strengen Vernunfteinsicht.

Bei dieser ihrer wichtigsten und vornehmsten Aufgabe entdeckt nun aber die Philosophie jenen metaphysischen Abgrund, über dem die „ratio" schwebt, mit seiner ganzen, die Vernunft in ihrer Existenz bedrohenden, Unheimlichkeit. Und bei dieser Entdeckung kann dann die eigenartige Situation entstehen, daß die Philosophie, deren höchste Aufgabe es ja doch sein muß, um jeden Preis der Vernunft zu dienen, plötzlich an der Vernunft verzweifelt und (es mag absonderlich klingen) mit Vernunftgründen die Vernunft selbst in Anklagezustand versetzt.

Wenn aber auch dieser äußerste Fall nicht eintritt, wenn sie vielmehr trotz des gesichteten Abgrundes unterhalb der menschlichen „ratio" an der prinzipiellen Vernunftartigkeit des Seins mitsamt der Evidenzmöglichkeit unserer Vernunft festhält, dann kann sie sich doch über die eine Tatsache nicht hinwegtäuschen, daß sie nicht jene objektive Evidenzgesichertheit hat, wie sie etwa ihre stolzeste Nebenbuhlerin, die Mathematik, aufweisen kann. Und dann fällt es der Mathematik gar nicht schwer, die Philosophie, die in diesem besonderen Punkte eine gewisse Armut nicht leugnen kann, ja, nicht einmal leugnen darf, vor dem Gerichtshof der gesamten Einzelwissenschaften um ihr Ansehen zu bringen oder vielleicht sogar ihr das Recht ihrer Existenz als Wissenschaft abzustreiten.

Diese besondere Schwierigkeit der Philosophie, auf die wir schon früher angespielt haben, ist zunächst darin zu suchen, daß die *rationale Gewißheit*, die sie mit der Mathematik teilt, es ihr doch nicht erlaubt, mit der Mathematik an *Gesichertheit* zu wetteifern. Das ergibt sich sofort, wenn wir die wunderbare Stetigkeit, in der die Mathematik beständig weiterschreiten kann, mit jener Unstetigkeit vergleichen, die sich im Fortgang der Philosophie von Jahrhundert zu Jahrhundert bemerkbar macht. Der vorkritische Kant hat einmal mit Recht betont: „Die philosophischen Erkenntnisse haben mehrenteils das Schicksal der Meinungen und sind wie die Meteore, deren Glanz nichts für ihre Dauer verspricht. Sie verschwinden, aber die Mathematik bleibt."[44] Wenn die Metaphysik auf ihre lange Geschichte zurückschaut, dann muß sie leider feststellen, daß im Grunde nur ein Ruinenfeld von eingestürzten oder arg verwitterten Systembauten hinter ihr liegt, während die Mathematik sich mit Stolz rühmen darf, einen Riesenpalast mit vielen Flügeln aufgebaut zu haben, an dem die kommenden Jahrhunderte weiterbauen können.

Wie schon gesagt, gründen sich Metaphysik und Mathematik gemeinsam auf die rationale Gewißheit. Man pflegt in den Lehrbüchern der Erkenntnistheorie diese rationale Gewißheit sogar nach der Philosophie und nicht nach der Mathematik zu benennen. Denn man spricht von der „certitudo philosophica", wenn man an jene oberste Gewißheit denkt, die sowohl für die Mathematik wie für die Philosophie gilt. Man täte aber vielleicht besser daran, diesen Begriff der rationalen Gewißheit als Oberbegriff zu verwenden, um unter ihn die mathematische und die philosophische Gewißheit zu subsumieren. Denn wenn auch diese beiden Gewißheitsformen in dem einen Moment der Rationalität oder der Vernunftgültigkeit übereinkommen, so hat man doch Grund genug, sie auch wieder voneinander zu unterscheiden.

Der erste Grund ist der, daß die letzte Vernunftgewißheit der Mathematik, soweit ihre Axiome in Frage kommen, auf der inneren Raumanschauung basiert ist. Das erkennt man sofort, wenn man sich klar macht, daß die *gezeichneten* Figuren (für die Zahlen in der Arithmetik gilt das gleiche) nur Hilfsmittel sind für den Geist, um sich auf die *inneren* Figuren zu besinnen, die er *in sich selbst* vorfindet oder konstruiert, mag auch dieser Begriff des „in sich selbst" noch so viele Rätsel der Metaphysik des Geistes in sich einschließen. Die Vernunftgewißheit der Philosophie aber hat auf keinen Fall etwas mit dieser inneren Raumanschauung der Mathematik zu tun. Denn wenn sie auch auf Anschauung beruhen sollte, so ist doch diese Anschauung eine streng *unsinnliche* Anschauung, ein geistiger „intuitus". Nun ergibt sich aber noch das Sonderbare, daß auch die Mathematik mit dieser rein auf die innere Raumanschauung gegründeten Gewißheit nicht ganz auskommt. Ihre *spezifische* innere Raumanschauungsgewißheit setzt ja doch die streng unsinnliche Gewißheit des philosophischen Denkens schon voraus. Die mathematischen Axiome stehen auf der Stufenleiter der Abstraktion noch unter den Erstprinzipien der Philosophie, wie z.B. dem Widerspruchssatz, dem Grundfolgesatz usw. Diese philosophischen Erstprinzipien setzt aber der rein *operierende* Mathematiker als selbstverständlich voraus, ohne sich freilich dessen voll bewußt zu werden. Wird er sich aber dieser Tatsache bewußt, dann verläßt er den naiven Standort des schlechthin operierenden Mathematikers und tritt in die Situation des *philosophierenden* Mathematikers ein. In dieser Situation aber wird nun auch er aufmerksam auf jenen Abgrund unterhalb der „ratio", mit dem die Philosophie dauernd zu rechnen hat. Das Erstaunliche ist dabei aber, daß dem philosophierenden Mathematiker, der sich dieses Abgrundes bewußt geworden ist, die prinzipielle Verzweiflung an der Vernunft in der Regel näher liegt als dem Philosophen. Die schlimmsten Katastrophen des Geistes im Hinblick auf das *Wesen* der Wissenschaft sind vielfach von Prinzipienkrisen der Mathematik her entstanden. Der schlechthin operierende Mathematiker dagegen mit seinem noch völlig unangefochtenen Sekuritätsbewußtsein macht beinahe den Eindruck eines harmlosen Kindes, das völlig sorglos an einem steil abstürzenden Abgrund dahinspielt.

Es gibt nun aber noch einen weiteren, und zwar sehr gewichtigen Grund dafür, bei der rationalen Gewißheit „certitudo mathematica" und „certitudo philosophica" sorgfältig zu unterscheiden. Obwohl nämlich beide Gewißheitsformen prinzipiell *Vernunftgültigkeit* in sich einschließen (und Vernunftgültigkeit ist immer unumstößliche Gültigkeit), so darf doch die eigenartige Tatsache niemals übersehen werden, daß unser Geist als erkennende Intelligenz sich einem mathematisch gewissen Sachverhalt gegenüber wesentlich anders verhält, als es gegenüber einem rein philosophischen Sachverhalt der Fall ist. Was unserem Geist mit mathematischer Gewißheit gegeben oder einsichtig ist, das ist für ihn ein Sachverhalt, dessen Erkenntnis ein für allemal erledigt und *inappellabel* ist. Eine derartige Erkenntnis ist eben „exakt", vollendet, in ihrem Resultat *unwiderruflich.* Wenn der Sachverhalt, den wir mit dem pythagoreischen Lehrsatz meinen, nur einmal gesehen, gefunden, entdeckt, aufgedeckt ist, dann *ist* er eben wirklich *gefunden.* Es wäre sinnlos, gegen die Tatsache, daß der in ihm beschlossene Sachverhalt so ist, wie er ist, nachdem er einmal gesichtet ist, noch Einwendungen zu machen, Vorbehalte anzumelden, die Achseln zu zucken und sich mit einem „Wenn" und „Aber" in Reserve zu halten. Unser Geist erlebt eben vor einem mathematisch gewissen Sachverhalt keine inneren Widerstände mehr. Er ist frei von allen wirklichen und sogar möglichen inneren Hemmungen.

Gegenüber einem *philosophisch gewissen* Sachverhalt aber ist unser Geist nicht in der gleichen glücklichen Lage. Die Vernunftgültigkeit mag noch so sehr die gleiche sein, die letzte *Gesichertheit* unseres Geistes ist jedenfalls dabei von ganz anderer Natur. Der philosophische Sachverhalt etwa: „Es *existiert* ein höchstes Wesen, vor dem wir uns als sittliche Person verantwortlich wissen“ kann *prinzipiell* als streng einsichtig erwiesen werden. Und doch bleibt bei noch so klarer, objektiv begründeter Evidenz in unserem tiefsten Inneren gegenüber diesem Sachverhalt eine *dunkle Möglichkeit* zurück, das schon gegebene Ja unserer Urteilszustimmung zögernd wieder zurückzuziehen. Es besteht gegenüber diesem Sachverhalt eine ganz merkwürdige *innere Anfechtbarkeit*, die uns von innen her bedroht und immer wieder bedroht, ja, dann vielleicht am intensivsten bedroht, wenn wir allzu siegesgewiß auf unsere Evidenz pochen möchten. Es ist so, wie wenn ein versucherischer Dämon in unserer Seelentiefe seinen Sitz aufgeschlagen hätte, der jeden Augenblick benützt, um uns aus unserer Evidenzgesichertheit wieder aufzuschrecken, der jede Gelegenheit ergreift, um uns die bereits gewonnene Klarheit wieder durch allerhand Nebelgebilde eines Urargwohns zu trüben oder sogar völlig zu verdunkeln.

Diese eigenartige Erscheinung erfahren wir aber nicht nur gegenüber jenem höchsten philosophischen Sachverhalt der göttlichen Existenz, wir erleben sie auch im Bereich der philosophischen Erstgewißheiten. Der große Fragenbereich der philosophischen Erstprinzipien ist von dieser Dunkelheit überschattet. Obwohl gerade die philosophischen Erstprinzipien eine geradezu *selbstverständliche* Vernunftgültigkeit in sich schließen („principia *per se* nota“), so nimmt doch der Streit um ihre Evidenz kein Ende. Nicht einmal das Widerspruchsprinzip ist diesem Streit entrückt, obwohl es doch in seiner Evidenz sich gewissermaßen der mathematischen Evidenzgesichertheit am meisten annähern dürfte. Aber es gibt tatsächlich Philosophen (und es hat sie immer gegeben), die auch diesem so kristallklaren Prinzip die logische Geltung noch absprechen und es nur als eine *fruchtbare Annahme* betrachten, ohne die weder die Wissenschaft möglich, noch das Leben gegen Willkür aller Art gesichert wäre.

Wir können nunmehr vielleicht die beiden Formen der rationalen Gewißheit in der Weise unterscheiden, daß wir sagen: während bei der „certitudo mathematica“ der Grad der inneren Anfechtungsmöglichkeit *gleich Null* ist, ist er bei der „certitudo philosophica“ *gleich Unendlich*. Bei beiden Gewißheitsformen aber ist die objektive Vernunftgültigkeit von der gleichen logischen Strenge.

Von diesen Erwägungen her wird jetzt auch ersichtlich, warum alle Versuche, die Metaphysik der Mathematik in methodischer Hinsicht anzugleichen, von vornherein zum Mißlingen verurteilt sind. Denn es gehört zum Wesen der Metaphysik, daß ihre spezifische Form der rationalen Gewißheit nicht zwingend sein kann in der Weise, wie die Gewißheit der mathematischen Evidenz zwingend ist. Die philosophische Gewißheit verbleibt nämlich auf alle Fälle im Spielraum der „Insecuritas humana". Diese Tatsache mag zwar für manche, die das Wesen der Philosophie und speziell der Metaphysik nur von der Oberfläche her betrachten, wie eine Diskreditierung ihres Wissenschaftscharakters erscheinen. In Wirklichkeit aber liegt in diesem *scheinbaren Defizit* der Metaphysik ihre größere Bedeutung für den *Menschen* in seinem geistigen Entscheidungskampfe um die höchsten Werte seines personalen Selbst. Ja, erst diese scheinbare Armut erhebt die Philosophie über das Niveau der Einzelwissenschaften und verleiht ihr das Vorrecht, die Königin der Wissenschaften zu sein.

Die *szientifische Funktion* der Philosophie ist nämlich aufs engste verbunden mit einer anderen Funktion, die wir als ihre *existentielle* Funktion bezeichnen können. Natürlich ist die Philosophie Wissenschaft, und insofern hat sie die Aufgabe, dem Menschen Erkenntnis zu vermitteln. Aber die Erkenntnis, die die Philosophie dem Menschen vermitteln soll, ist nicht so ohne weiteres mit denjenigen Erkenntnissen auf die gleiche Stufe zu stellen, mit denen es die Einzelwissenschaften zu tun haben. Die Erkenntnis, mit der die Philosophie sich befaßt, liegt auf einem ganz anderen Niveau als die einzelwissenschaftlichen Erkenntnisse. Die philosophische Erkenntnis zielt auf eine ganz besondere überzeitliche Schicht des Seins hin: sie ist die Erkenntnis des Seins wie des Seienden in seiner überzeitlichen Wesenhaftigkeit.

Mit dieser Besonderheit des philosophischen Erkenntniszieles hängt es nun aber auch zusammen, daß die szientifische Funktion der Philosophie mit jener anderen, soeben als existentielle bezeichneten Funktion stets in engster Verbindung steht. Denn mit jener Wahrheitssuche, die als die Suche nach dem Seinswesentlichen die besondere Aufgabe der Philosophie darstellt, ist ganz von selbst auch die *Seinsverwesentlichung* des Menschen selbst als Aufgabe gegeben, der in den besonderen Ernst dieser Erkenntnissituation eintritt.

Diese Seinsverwesentlichung des in der philosophischen Erkenntnissituation stehenden Menschen hat zunächst ganz allgemein folgendes zu bedeuten. Das bekannte Axiom: „Quidquid cognoscitur, ad modum cognoscentis cognoscitur"[45] erhält in der philosophischen Erkenntnissituation den tieferen metaphysischen Sinn, daß hier der Klarheitsgrad der Erkenntnis sehr wesentlich davon abhängt, inwieweit es dem Menschen gelingt, *existentiell* zu werden. Existentiell werden bedeutet aber hier, daß der Mensch aus dem Alltagsschlummer erwachen muß, um sich die Binde von den Augen zu nehmen, die für gewöhnlich den Menschen daran hindert, im Zeitlichen das Überzeitliche und Wesentliche in seinen Blick zu bringen. Es ist eine Art *geistige Umkehr* des Menschen erforderlich, wenn er in die philosophische Erkenntnissituation eintreten soll. Diese Umkehr ist Abkehr von seinem unwesentlichen Selbst und Einkehr in sein wesentliches Selbst. Ohne den Bruch mit der immer in etwa vitalegoistischen Haltung, wie sie das Alltagsleben mit sich bringt, ist der Eintritt in die philosophische Erkenntnissituation nicht möglich.

Nun ist aber der Mensch immer, wenn er die Aufgabe einer solchen Selbstverwesentlichung zu verwirklichen beginnt, in jenen Bereich gestellt, wo es sich um seine *Selbstbewährung* handelt. Und bei dieser Selbstbewährung steht allemal der Mensch in der Situation der Gefährdetheit. Er kann sich nicht selbst bewähren, wenn nicht die Gefahr des Absturzes gegeben ist. Sobald also der Mensch existentiell zu leben beginnt, ist die doppelte Möglichkeit da, daß er entweder zu *sich selbst* emporsteigt, über den unwesentlichen zu dem wesentlichen Menschen hinauf, oder daß er in sich selbst hinein abstürzt, noch tiefer ins Unwesentliche hinab, ja ins Selbstische, was schlimmer ist als das Unwesentliche seines vorexistentiellen, gleichsam vegetativen Daseins.

Die mit der szientifischen Funktion der Philosophie aufs engste verbundene existentielle Funktion spiegelt diese doppelte Möglichkeit des menschlichen Existentiellwerdens im Wesen der philosophischen Wahrheitssuche getreu wider. Denn nur so erklärt es sich, daß die Philosophie keine Wissenschaft ist wie jede andere Wissenschaft, sondern eine Wissenschaft von ganz besonderer Eigenart. Sie ist nämlich einerseits die *erhabenste*, andererseits aber auch die *gefährlichste* Wissenschaft. Sie ist die erhabenste Wissenschaft, weil sie den Menschen möglicherweise zu den höchsten Höhen der Erkenntnis und zugleich damit zu dem Gipfel seiner Selbstverwesentlichung führt. Sie ist die gefährlichste Wissenschaft, weil sie möglicherweise den Menschen, der sich in der philosophischen Erkenntnissituation vor die Aufgabe seiner Selbstbewährung gezwungen sieht, ganz tief in sich selbst hinein abstürzen läßt.

Diese beiden existentiellen Möglichkeiten für den in die philosophische Erkenntnissituation eintretenden Menschen stehen in einer engen Beziehung zum Wesen der Philosophie selbst. Und zwar hängen sie zusammen mit der Besonderheit der szientifischen Funktion der Philosophie. Der philosophische Erkenntnisakt verlangt zunächst einmal das Äußerste an *Hingabe*, was überhaupt in einer Wissenschaft verlangt werden kann. Das Ethos der Objektivität in der Philosophie zwingt den erkennenden Geist zu einer so grenzenlosen Selbstverdemütigung vor der Sache selbst, daß manche Philosophen sogar fälschlich von einer Selbstvernichtung vor dem Objektiven gesprochen haben. Das Richtige in diesem Gedanken liegt darin, daß eine völlige Vernichtung des niederen egozentrischen Selbstwillens gefordert ist, wenn die überzeitliche Wesensschicht des Objektiven in das Blickfeld des Geistes eintreten soll. Das reinste Ethos der philosophischen Geisteshaltung ist demnach die Unterwerfung des ganzen Menschen unter das *Sein*, das feine Schweigen der „humilitas" vor der Sprache des Objektiven, ja sogar die Vermeidung der leisesten diktatorischen Geste gegenüber dem objektiven Wert der Sache selbst.

Nun erleben wir aber in Wirklichkeit so oft in der Philosophie das gerade Gegenteil. Wir erleben so vielfach die „superbia", wo wir die „humilitas" als etwas Selbstverständliches erwarten. Wir erfahren den Geistesstolz in allen möglichen Gestalten, von der phantastischen Subjektivität angefangen bis zur luziferischen Hybris. In der Tat liegt an diesem Punkte das zentrale Gefahrenmoment aller Philosophie. Und diese Gefahr ist so groß, sie ist von einer so existentiellen Bedrohlichkeit für den Geist, daß sich von daher jene antidialektischen Tendenzen erklären dürften, die so oft im Kampf zwischen der Theologie und der Philosophie hervorgetreten sind und die nicht bloß gegen die abgeirrten Philosophen, sondern gegen die *Philosophie selbst* gerichtet waren. Man denke nur an das scharfe Wort von der „ventosa loquacitas philosophorum", das der hl. Bernhard gesprochen hat.[46]

Eine derartige Antidialektik mag freilich über das Ziel hinausschießen. Aber sie deutet doch auch auf etwas hin, was im Wesen der Philosophie selbst potentiell gegeben ist. Und zwar ist es in der Besonderheit des szientifischen Charakters der Philosophie enthalten. Die szientifische Funktion der Philosophie fordert nämlich nicht nur die äußerste *Selbsthingabe* des erkennenden Subjekts, sondern auch den äußersten und gefährlichsten *Selbsteinsatz*. Das erkennende Subjekt wird ja in der Philosophie auch zur schärfsten Prüfung des Objektiven aufgefordert. Die kleine subjektive Vernunft wird gleichsam ein richterliches Tribunal, vor dem sich das Sein selbst zum Verhör einstellt. Und es ist das Sein, das sich in diesem Falle vor der Würde der vernehmenden Vernunft beugt, die in dieser Situation den höchsten Triumph ihrer Freiheit erfahren darf.

Je tiefer man sich aber in diese Problematik versenkt, die im philosophischen Erkenntnisakt sich als eine Art Dialektik zwischen der Selbsthingabe und dem Selbsteinsatz des erkennenden, prüfenden, richtenden Subjekts enthüllt, um so deutlicher hebt sich die Tatsache heraus, daß die Philosophie ihrem Wesen nach nicht nur die erhabenste, sondern zugleich auch die *gefährlichste* Wissenschaft ist. Der „Insecuritas"-Abgrund aber, der unter unserer „ratio" aufgähnt, ist der Abgrund der *geistigen Selbstsucht.* Der zum schärfsten kritischen Reflexionsakt in der Philosophie geradezu herausgeforderte Geist wird sogar noch beim wirklichen Absturz in diesen dunklen Abgrund der Selbstsucht gewissermaßen ein tragisches Opfer seiner Pflichterfüllung. Mit der Verbindung von äußerster Selbsthingabe und äußerstem Selbsteinsatz ist dem philosophierenden Subjekt eine beinahe übermenschliche Aufgabe zugemutet. In der „*reflexio*" des Selbsteinsatzes ist es geradezu auf sich selbst zurückgeworfen. Denn es selbst soll prüfen, kritisch betrachten, entscheiden. Kein anderer kann hier für es eintreten. Und doch soll es im gleichen Akt die denkbar größte Selbstentäußerung vollbringen; es soll im gleichen Moment den reinsten Akt der „*devotio*" vollziehen.

Was wir also schon auf der untersten Ebene des „Insecuritas"-Raumes, beim Zusammenstoß des Menschen mit der dunkeln Irrationalität des Schicksals, feststellen konnten, das erfahren wir nun auch hier auf der mittleren Ebene dieses menschlichen Daseinsraumes. Wieder ist es eine Ursituation des Menschen, in der er sich vor eine folgenschwere Entscheidung gestellt weiß. Dort, wo sein natürliches Erkenntnisstreben in den Kulminationspunkt der philosophischen Erkenntnisbemühung eintritt, sieht er sich vor den beiden Urmöglichkeiten seiner Selbstverwesentlichung und seiner Selbstvernichtung. Er wird in die Dialektik zwischen „humilitas" und „superbia", zwischen Liebe und Selbstsucht, hineingerissen, und in dieser existentiellen Situation sieht er sich über dem drohenden Abgrund der „Insecuritas" schweben.

Von daher wird es nun aber auch begreiflich, warum der „hiatus" zwischen „certitudo philosophica" und „certitudo mathematica", zwischen Metaphysik und Mathematik, prinzipiell unüberwindlich ist. Alle Versuche, die auf eine Mathematisierung der Metaphysik abzielen, bedeuten nicht nur eine Wesensverkennung der beiden Formen rationaler Gewißheit, sondern enthüllen sich sogar als ein verwegener geistiger Titanismus. Indem das in der philosophischen Erkenntnissituation stehende Subjekt nach der Vernunftsekurität der mathematischen Methode ausschaut, lauscht es gewissermaßen den dämonischen Zuflüsterungen seiner Selbstsucht, die ihm das „Eritis sicut dii“[47] als endgültiges Ziel vorgaukeln möchte. Der „Insecuritas“-Abgrund soll zugedeckt werden, die metaphysische Existenzbedrohung der endlichen „ratio“ soll ein für allemal ihr Ende finden. Der Geist will es nicht länger ertragen, daß er immer nur als ein armseliger Bettler an den Geheimnispforten der Erkenntnis stehen soll.

Was aber im Grunde dem Menschengeist vorschwebt, wenn er in der Philosophie immer wieder die Vernunftsekurität der „certitudo mathematica“ erzwingen möchte, das ist letzten Endes das Ideal von einem „Ewigen Frieden“ auf dem Kampffelde der Metaphysik. Aber diese Idee ist in diesem geistigen Bereich für den Menschen ebensowenig realisierbar wie im historischen Raum der politischen Machtkämpfe. Wie der „Insecuritas“-Raum der Weltgeschichte mit dem ewig auf- und abwogenden Machtkampf der Völker notwendig zum Wesen des Menschen gehört, so ist auch der „Insecuritas“-Raum der „ratio“ mit den unaufhörlichen Ideenkämpfen der Philosophie ein notwendiges Konsekutivum der menschlichen Natur. Die Oszillation im historischen Kampfraum der Macht und die Oszillation im Ideenraum der Philosophiegeschichte stehen in einem wesensmäßigen inneren Zusammenhang. Das metaphysische Bindeglied dieser beiden Erscheinungen ist der *Ewige Mensch*, der immer in der gleichen Weise nach einer endgültigen Sekurität ringt und dann doch immer wieder in seine wesensmäßige Insekurität zurückgeworfen wird. Was daher in den Augen der Außenstehenden die Philosophie oft genug beinahe lächerlich erscheinen läßt, dieses ihr unabwendbares Scheitern und Wiederauferstehen von einer Epoche zur anderen, das muß sie gerade denen, die hier tiefer zu sehen versuchen, als die eigentliche „scientia humana“, ja als die „*scientia humanissima*“ erweisen.

An zwei entscheidenden Stationen ihres Weges jedoch erfährt die Philosophie die Gespanntheit ihrer „Insecuritas“-Situation in der höchsten Potenz, nämlich einmal an dem Punkte ihrer Selbstkonstituierung als die Ur- und Grundwissenschaft und dann wieder auf dem Gipfel ihrer Entfaltung, auf der Hochfläche der Metaphysik. Sowohl bei der Frage nach der Urgewißheit, die im Hinblick auf die Evidenzmöglichkeit der Erstprinzipien entsteht, wie bei der Frage nach der Erweisbarkeit eines realexistenten Absoluten, wird sie von dem Dunkel des „Insecuritas“-Schicksals am meisten überschattet.

SIEBENTES KAPITEL

Die „Insecuritas"-Situation der menschlichen „ratio" bei der Frage nach der philosophischen Urgewißheit

Die Spannung zwischen den beiden Forderungen von äußerster Selbsthingabe und äußerstem Selbsteinsatz, die für das Subjekt in der philosophischen Erkenntnissituation notwendigerweise entsteht, tritt sofort in ihrer ganzen Schärfe an dem Punkte zutage, wo es sich um die Selbstkonstituierung der Philosophie handelt, also bei der Frage nach der philosophischen Ur- oder Grundgewißheit.

Während es bei den Einzelwissenschaften selbstverständlich ist, daß sie gewisse Voraussetzungen machen müssen, wenn sie in Gang kommen wollen, hält man es bei der Philosophie umgekehrt für ebenso selbstverständlich, daß sie um ihrer richterlichen Aufgabe willen soweit wie möglich voraussetzungslos beginnen müsse. So richtig nun auch dieser Gedanke ist, so hat er doch nicht wenige Denker zu der gewagten Idee verlockt, daß erst die *absolute* Voraussetzungslosigkeit die Philosophie zu jener wissenschaftlichen Strenge und Reinheit führe, die man nun einmal von ihr als der Ur- und Grundwissenschaft verlangen müsse. Sobald man jedoch diese übersteigerte Forderung genauer betrachtet, dann stellt sich heraus, daß sie das erkennende Subjekt schon beim Eintritt in die philosophische Erkenntnissituation in einen schlechthin unlösbaren Widerstreit mit sich selbst bringen muß. Daß die doppelte Forderung von äußerster Selbsthingabe und äußerstem Selbsteinsatz im philosophischen Erkenntnisakt schon an sich eine fast übermenschliche Aufgabe bedeutet, darauf wurde bereits hingewiesen. Für das Subjekt wird es immer sehr schwierig sein, in dieser dialektischen Situation in etwa den rechten Ausgleich zu finden. Dieser Ausgleich bedeutet, daß zwischen den beiden Irrtumsmöglichkeiten eines unkritischen Dogmatismus hier, eines hyperkritischen Skeptizismus dort der richtige Mittelweg gesucht werden muß. Bei der Forderung der absoluten Voraussetzungslosigkeit aber wird das zum mindesten immer zu erstrebende Gleichgewicht zwischen äußerster Selbsthingabe und äußerstem Selbsteinsatz des erkennenden Subjekts schon beim Eintritt in die Philosophie nach der Seite des hyperkritischen Skeptizismus verschoben. Die kritische Funktion der Philosophie wird von vornherein sozusagen *absolut* gesetzt, mit dem bedenklichen

Erfolg freilich, daß damit der philosophische Denkanfang in eine in sich selbst widerspruchsvolle Aufgabe verwandelt wird.

Die damit berührte Schwierigkeit des logischen Ursprungs der Philosophie kommt mit voller Klarheit in Sicht vor jenem Fragenkomplex, der die Evidenz der philosophischen *Erstprinzipien* betrifft, insbesondere die Evidenz des Widerspruchsatzes und des Prinzips vom zureichenden Grunde (letzteres mit Einschluß des allgemeinen Kausalprinzips, das vom spezifischen Kausalgesetz wesentlich verschieden ist).

Nicht alle Epochen der Philosophie erfahren freilich mit der gleichen Stärke die Schwierigkeiten, die mit diesen Fragen gegeben sind. So ist z.B. die Hochscholastik mit ihrer reinen und tiefen Vernunftgläubigkeit gegenüber der Evidenzmöglichkeit der Erstprinzipien von einem fast grenzenlos zu nennenden Sekuritätsbewußtsein erfüllt. Für diese Epoche der klassischen Metaphysik sind die philosophischen Erstprinzipien einfach „principia *per se* nota", Prinzipien also von einer schlechthin analytischen oder apriorischen, d.h. erfahrungsunabhängigen Vernunftgültigkeit und Evidenz. Den großen Meistern der Hochscholastik wird in der Frage nach der philosophischen Urgewißheit der „Insecuritas"-Abgrund unterhalb der menschlichen „ratio" kaum bewußt, oder wenn doch, dann jedenfalls nicht in jener beängstigenden Form, wie es in der neuzeitlichen Philosophie der Fall ist. Vor Fragen dieser Art erscheinen uns diese Denker der Hochscholastik noch wie ganz glückliche Kinder von einer völlig ungebrochenen Seinsunmittelbarkeit und geistigen Gesundheit. Und das eben befähigt sie dazu, die großen inhaltlichen Probleme der Metaphysik ausschließlich in Angriff zu nehmen und, ungehemmt durch skeptische Bedenken, zu fördern.

So gewiß nun aber auch dieses seinsunmittelbare Denken der Hochscholastik ein ganz großer Vorzug ist, so darf man doch nicht vergessen, daß jenes beinahe unangefochtene Sekuritätsbewußtsein in bezug auf die Evidenzmöglichkeit der Erstprinzipien, philosophisch gesehen, ein Mangel ist. Denn auch die Grundlegungsfrage der Philosophie kann nicht umgangen werden, wenn die szientifische Funktion der Metaphysik in jener Strenge aufgefaßt wird, die ihr nun einmal zukommt als der „regina scientiarum". Und außerdem ist zu bedenken, daß gerade dieses Grundlegungsproblem der Philosophie ein *metaphysisches* Problem allerersten Ranges ist.

So ist es denn also an sich ohne Zweifel als ein wesentlicher Fortschritt zu betrachten, wenn die neuzeitliche Philosophie seit Descartes das Problem der philosophischen Urgewißheit ernstlich in Angriff nimmt.[48] Und es ist dabei auch nicht weiter verwunderlich, wenn sie plötzlich im Hinblick auf dieses Grundlegungsproblem der Philosophie den „Insecuritas"-Abgrund der menschlichen „ratio" in den höchsten Fragen der Metaphysik entdeckt. Daß dabei der Absturz in die radikale Skepsis nicht unbedingt notwendig ist, das beweist ja ein Denker wie Pascal, der als Zeitgenosse des Descartes sich als *Metaphysiker* ganz eigens mit dem „Insecuritas"-Abgrund der „ratio" befaßt hat.

Die besondere Gefährdetheit der Vernunft freilich, sobald sie ernstlich in diesen Fragenbereich eintritt, können wir auch bei einem so selbstverständlich der Metaphysik ergebenen Denker wie Pascal beobachten. Denn zuweilen streift doch auch er sehr nahe an jene Grenzlinie heran, wo der blinde Entscheidungsirrationalismus beginnt. Der Docht in der Lampe der Vernunft wird auch von ihm zuweilen so weit heruntergeschraubt, daß ihr spärliches Licht schließlich ganz zu verlöschen droht.

Was aber immerhin bei Pascal nur als die beständig drohende Gefahr sichtbar wird, das enthüllt sich bei Descartes schon als ein wirklicher Absturz in den bei dieser Problematik gesichteten „Insecuritas"-Abgrund. Descartes ist ja doch der Vater jener ganzen Richtung, die bei der Frage nach der philosophischen Urgewißheit dem mathematischen Methodenideal in der Philosophie nachzujagen beginnt und damit jenen Zusammenbruch der Metaphysik vorbereitet, wie wir ihn insbesondere im 19. Jahrhundert erlebt haben. Es ist symbolisch, nicht nur für das System des Descartes, sondern für die gesamte neuzeitliche Philosophie überhaupt, wenn in den „Meditationes de prima philosophia" des Begründers der modernen Philosophie bei der Frage nach der Urgewißheit jener „genius malignus, summe potens et summe callidus"[49] auftaucht, der unsere Vernunft vielleicht prinzipiell auf den Irrtum und die Selbsttäuschung angelegt haben könnte. Zwar soll dieser „genius malignus" im System des Descartes nur eine methodische Fiktion bedeuten. Aber diese Fiktion verrät von sich aus mehr, als sie nach dem Willen ihres Urhebers bedeuten soll. Denn sie ist ein Symbol dafür, daß die große Epoche des seinsunmittelbaren Denkens der mittelalterlichen Metaphysik zu Ende gegangen ist und daß nunmehr das *gebrochene* Bewußtsein des modernen, auf seine Subjektivität zurückgeworfenen Menschen seine Herrschaft ankündigt. Dieser „genius malignus" des Descartes steht wie ein gespenstisches Wahrzeichen am Eingang der modernen Philosophieepoche, die, indem sie das an und für sich so tief metaphysische Grundlegungsproblem der Philosophie mit dem geistigen Habitus des *Urmißtrauens* aufgreift, den Boden des Seins unter ihren Füßen verliert und in die grenzenlose Reflexivität des von Hegel so genannten „unglücklichen Bewußtseins“[50] versinkt.

In der Frage nach der Evidenzmöglichkeit der philosophischen Erstprinzipien wird dieser revolutionäre Umbruch vom Sein zum Bewußtsein, von der Metaphysik zum Kritizismus mit voller Deutlichkeit sichtbar. Die mittelalterliche, noch völlig ungebrochene Überzeugung, daß diese Erstprinzipien (eben als „principia per se nota“) weder beweisbar noch eines Beweises bedürftig seien, wird mehr und mehr aufgegeben. Man hält sie jetzt vielmehr eines Beweises für bedürftig und stößt bei dem Versuch, sie zu beweisen, auf die merkwürdige Tatsache, daß nunmehr das Denken keinen Halt mehr findet. Je intensiver das neuzeitliche Denken nach der endgültigen Erstgewißheit sucht, um so verzweifelter sieht es sich in die schlechte Unendlichkeit eines unfruchtbaren „regressus in infinitum“ hinausgeschleudert. Von den „Meditationes de prima philosophia“ des Descartes bis zu den „Méditations Cartésiennes“ Husserls[51] in unseren Tagen ist es im Grunde die gleiche Tantalusqual, die wir im Hinblick auf das Problem des philosophischen Denkanfangs beobachten können. Das Große und Bedeutungsvolle in dieser Denksituation ist zwar die Entdeckung des „Insecuritas“-Abgrundes unter der menschlichen „ratio“. Aber, da nun einmal die Metaphysik zerstört ist, findet man aus dieser abgründigen Denknot keinen Ausweg mehr. Der einzige Ausweg scheint nur noch der Entscheidungsirrationalismus zu sein. Aber dieser Irrationalismus bedeutet schließlich nur eine weitere Unterminierung der Fundamente der Vernunft, wofür wir in der Existenzphilosophie von Karl Jaspers vielleicht das heute am meisten erschütternde Zeugnis abgelegt finden.

Es ist übrigens bemerkenswert, daß sogar in der neuscholastischen oder, allgemein gesprochen, in der katholischen Philosophie der Gegenwart diese Krisis der modernen Philosophie bedenklich nachzuzittern begonnen hat. Im allgemeinen zwar ist man im katholischen Lager immer bestrebt gewesen, auch in der Frage der Erstprinzipien die große scholastische Tradition zu wahren. Das ist jedoch mit großen Schwierigkeiten verbunden, nachdem man nun einmal jenen *natürlichen Realismus*, der für die Hochscholastik so charakteristisch ist, mit dem *kritischen Realismus* vertauscht hat, der als ein genuiner Sprößling des neuzeitlichen Kritizismus angesehen werden darf. In der Frage nach der Evidenzmöglichkeit der philosophischen Erstprinzipien hat man sich jedenfalls hier und da auf den Weg eines ins Unendliche führenden Beweisens verlocken lassen. Der Erfolg ist dabei der gewesen, daß die so mühsam erstrebte reflexive Evidenz kaum erzielt werden konnte, während die schlichte vorreflexive Evidenz des seinsunmittelbaren scholastischen Denkens für viele über diesen Bemühungen verloren gegangen ist. Und so ist auch im katholischen Lager von einzelnen Denkern dem bloßen Vertrauens-Irrationalismus ein bedenkliches Zugeständnis gemacht worden. Wenigstens das Prinzip vom zureichenden Grunde (insbesondere das in ihm eingeschlossene allgemeine Kausalprinzip) ist in Gefahr, seine logische Evidenzgrundlage zu verlieren. Nur ein gewisses Vernunft- und Seinsvertrauen soll uns, wie manche meinen, zu seiner Annahme berechtigen.

Alle Erscheinungen dieser Art sind aber ein Anzeichen dafür, daß der moderne kritizistische Denkhabitus vor diesem Grundlegungsproblem der Philosophie versagt. Dieses Problem ist ein *metaphysisches* Problem und kann deshalb niemals in dem leeren Raum jener absoluten Voraussetzungslosigkeit seine Lösung finden, in den es der moderne Kritizismus hineingestellt hat. Vielleicht wird man sogar sagen dürfen, daß die Frage nach der Evidenzmöglichkeit der Erstprinzipien überhaupt nicht bei der aufgefächerten Vielheit dieser Prinzipien angesetzt werden darf, sondern daß man weiter zurückgehen muß bis zu jener *wurzelhaften Einheit*, in der alle Erstprinzipien noch ungesondert und eingefaltet enthalten sind.

Das will besagen: das in die philosophische Erkenntnissituation eintretende Subjekt ist schon vor dem ersten Denkschritt vor eine Alternative gestellt, die von unendlicher Tragweite ist für alle seine weiteren Denkhandlungen. Man kann sich über diesen Punkt dadurch Klarheit verschaffen, daß man sich zunächst einmal die noch unbewußte Denkhaltung des einzelwissenschaftlichen Forschers vergegenwärtigt. Was würde man etwa von einem Naturforscher sagen, der beim Eintritt in sein Laboratorium sich allen Ernstes einer nominalistischen Theorie[52] hingeben wollte, indem er sich etwa durch den geheimen Verdacht leiten ließe, die Natur sei *an und für sich ungeordnet* und müsse erst durch seinen ordnenden Geist in Ordnung gebracht werden? Es ist doch selbstverständlich, daß ein solcher Naturforscher sich durch eine derartige Geisteshaltung lächerlich machen würde, ganz abgesehen davon, daß er auch sich selbst durch ein solches prinzipielles Seinsmißtrauen den geistigen Zugang zu seinem Forschungsobjekt verbauen dürfte. In Wirklichkeit wird es nun auch einen solchen Naturforscher nicht geben. Denn, gesetzt sogar den Fall, daß ein Forscher sich mit falschen philosophischen Theorien belastet haben sollte, in dem Augenblick, wo er als rein inhaltlich interessierter Wissenschaftler an sein Forschungsobjekt herantritt, wird er alle derartigen Theorien wie unechte Flitter von sich abwerfen und unbewußt jenem natürlichen Ethos der Objektivität folgen, das ihm die objektive Geordnetheit des Seins, wenigstens an dem besonderen Punkte seiner Forschung, als eine selbstverständliche Annahme aufzwingt.

Dieses natürliche Ethos der Objektivität leitet nun aber von vornherein in der gleichen Weise auch den Philosophen, soweit er wenigstens noch als ein unverbildeter natürlicher Mensch gelten kann. Ja, dieses natürliche Ethos stößt auch durch den Firnis einer etwa schon vorhandenen Verbildung seiner natürlichen Denkweise immer wieder hindurch. Schon das bloße Interesse am Erkennen und die geistige Freude, die dieses Erkennen beflügelt, ist ein Zeichen für das Vorhandensein dieser natürlichen Triebkraft zum Seinsobjektiven. „Nisi enim aliquis ad ipsam speculationem veritatis afficeretur, nunquam in actu intellectus speculativi esset delectatio"[53], so lautet eine sehr feine erkenntnispsychologische Bemerkung des hl. Thomas (De veritate, qu. 14 a. 4).

Nun ist freilich an diesem Punkt die Lage des philosophischen Subjekts in zweifacher Hinsicht wesenhaft anders als beim einzelwissenschaftlichen Forscher. Fürs erste nämlich ist darauf hinzuweisen, daß der Philosoph als prinzipiell *kritischer* Wahrheitssucher sich über die geistige Triebhaftigkeit jenes unbewußten Ethos der Objektivität emporentwickeln muß. Er muß unter allen Umständen sich zur *völligen Wachheit* durchringen. Das bedeutet jedoch nicht, daß er dieses ursprüngliche Seinsvertrauen sistieren muß. Im Gegenteil, auch er kann es nicht entbehren, weil es ja doch zur objektiven Natur seines geistigen Seelengrundes gehört. Aber er muß doch zum mindesten aus diesem Urvertrauen heraus in den Zustand der kritischen Wachheit hinübertreten. Daß allerdings hier die besondere Gefahr anhebt, die mit dem philosophischen Erkenntnisakt wesenhaft verbunden ist, läßt sich leicht erkennen.

Aber noch in einer zweiten Hinsicht ist das philosophierende Subjekt an diesem Punkte in einer anderen Situation als der einzelwissenschaftliche Forscher. Während nämlich der Einzelwissenschaftler nur gegenüber dem bestimmten Einzelobjekt, das in dem betreffenden Augenblick seiner Forschung unterliegt, von der Annahme geleitet zu sein braucht, daß es geordnet und als geordnetes Etwas für ihn verstehbar ist, sieht sich der Philosoph *prinzipiell* vor die *Seinssinnfrage* in quantitativer und in qualitativer Bedeutung gestellt. In quantitativer Bedeutung: das will besagen, daß nicht etwa bloß „hic et nunc" das Sein Ordnungs- oder Vernunftcharakter haben muß, sondern in der ganzen Reichweite seiner Ausdehnung, wo immer es auch antreffbar sein mag und in welchem Bereiche es auch immer sich finden sollte.

In qualitativer Bedeutung: das will besagen, daß das Sein als Sein bis in seine letzten Tiefen hinab von dem Charakter der Vernunftartigkeit durch und durch bestimmt ist, so daß auch der winzigste Rest von prinzipieller Denkfremdheit einen flagranten Widerspruch mit dem *Wesen* des Seins bedeuten würde.

Das natürliche Ethos der Objektivität läßt also das philosophierende Subjekt schon in seinem ersten Denkanfang bis in jene Urtiefen des Seins vorstoßen, wo Sein und Vernunft, Vernunft und Sein in unaufheblicher Korrelation sich umfangen, ja, sich aufs innigste und bis ins Innerste hinein durchdringen. Und damit stehen wir an jener wurzelhaften Einheit, in der alle gesonderten Erstprinzipien der Philosophie, auch das Widerspruchsprinzip, in eingefalteter Weise enthalten sind. Das eigentliche Ur- und Erstprinzip der Philosophie ist demnach das „principium intelligibilitatis universalis". Ausgangspunkt sowohl wie Zielpunkt alles philosophischen Denkens ist der eine Satz: „Omne ens qua ens est intelligibile."[54] Unbewußt nimmt der Philosoph von diesem bedeutungsschweren Satz seinen Ausgang, um ihn auf der Höhe seiner Erkenntnis bewußt zu vertreten, weil seine Wahrheit mit strahlender Evidenz in seinen Geist hineinleuchtet. Unbewußt beginnt er, wie Hegel es sehr gut formuliert hat, mit dem „Mut zur Wahrheit"[55], um dann im Zustande der vollen Erwachtheit seiner Vernunft für diesen Wahrheitsmut mit der alles durchstrahlenden Klarheit der „veritas ontologica"[56] beschenkt zu werden. Dort aber, wo die Philosophie dieses Ziel nicht erreicht, hat sie ihren eigentlichen Sinn verfehlt. Denn ihr eigenster Beruf ist darin zu suchen, daß sie jenen Ur-Argwohn gegen das Sein restlos verscheucht, der immer aus dem dunklen Grunde unserer Selbstsucht wie eine Art Ressentiment gegen das Ideal der Wahrheit und ihrer Klarheit sich zu erheben versucht.

Von vornherein muß aber an diesem so entscheidenden Punkte der Begriff des „intelligibile" in seiner ganzen Bedeutungstiefe gefaßt werden. Jede intellektualistische Verdünnung dieses Begriffs muß mit aller Entschiedenheit abgewehrt werden. Denn die hier in Frage kommende Intelligibilität ist in strengstem Sinne konvertibel mit dem Begriff des Seins. Der Begriff des „intelligibile" ist also so allumfassend wie der Begriff des „ens". Beide Begriffe sind transzendentale Begriffe. Mit der Erfassung ihrer Konvertibilität wie ihrer Transzendentalität stößt die Philosophie sieghaft bis zur höchsten Ebene der Metaphysik vor. Denn die eigentliche Ebene der metaphysischen Spekulation ist erst dann erreicht, wenn der Philosoph die freie und weite Hochfläche der Transzendentalien[57] erstiegen hat. Erst von dieser Hochfläche aus gewinnt das philosophische Denken jene grenzenlose Fernsicht, die es schlechthin über alle einzelwissenschaftliche Gegenstandsbeschränktheit hinaushebt. Erst durch diesen Aufstieg zur Hochfläche der Transzendentalien wird die Philosophie jene fürstliche Wissenschaft, die die ganze Welt der bloß kategorialen Bereiche tief unter sich liegen sieht. Sie allein steht im blauen Äther der wahrhaften Unendlichkeit des Seins.

Jenes absolute Erstprinzip der Philosophie, das wir das „principium intelligibilitatis universalis" genannt haben, schließt nun aber bei dieser tieferen Fassung des Intelligibilitätsmomentes folgendes in sich ein: das Sein als Sein ist intelligibel zu nennen in dem tiefsten und umfassendsten Sinne von Vernunftbestimmtheit überhaupt. Demnach hat zu gelten: wo immer uns ein Seiendes gegeben ist, da ist notwendig auch Geformtheit, Geordnetheit gegeben, und zwar Durchgeordnetheit bis in den innersten Kern des Seienden hinein. Wo immer uns aber mit einem Seienden zugleich auch dessen Ordnung gegeben ist, da ist uns auch mit diesem geordneten Seienden ein irgendwie Werthaftes gegeben. Wo aber die Urbestimmtheiten von Geordnetheit und Werthaftigkeit sich in einem Seienden vereinigen, da ist mit dieser Vereinigung auch irgendeine Einheit, eine Gestaltetheit, eine Innerlichkeit gegeben. Das „intelligibile" am „ens" ist also zu betrachten als das denkbar innigste Ineinanderverschlungensein der transzendentalen Urbestimmtheiten des „verum", „bonum" und „unum".

In dieser seiner objektiven Intelligibilität ist nun aber das Sein hingeordnet auf die verstehende, erfassungsfähige, lebendige Vernunft des Subjekts. Es ist nicht in sich hinein verschlossen, sondern *prinzipiell* geöffnet, zugänglich mit seinem unendlichen Vernunftgehalt für jede, auch die ärmste Vernunft. Umgekehrt aber ist auch das Subjekt von Natur auf die objektive Vernunft des Seins abgestimmt. Und diese Abgestimmtheit ist nicht etwa nur eine bloße Möglichkeit der Empfängnis des Objektiven. Das Subjekt findet vielmehr in sich eine dynamische Hingespanntheit auf das Sein in seiner objektiven Intelligibilität. Eine naturhafte, spontane Gegenbewegung auf den sich darbietenden Vernunftgehalt des Seins drängt das Subjekt aus seinem eigenen Inneren heraus in die Richtung des Objekts. Durch seine eigene lebendige Vernunft ist es von Natur in die objektive Vernunft des Seins gleichsam mitten hineingebettet. Es ist seinem Wesen nach *seinsunmittelbar*. Und diese seine naturhafte Seinsunmittelbarkeit ist der goldene Schlüssel, der ihm alle Türen aufschließt, die den Zutritt bis in das innerste Heiligtum des Seins, bis in seine Wahrheits-, Wert- und Einheitsmitte, gestatten.

Von dieser natürlichen Seinsunmittelbarkeit her erklärt sich nun auch am besten die geradezu ungewöhnliche Klarheit und Heiterkeit, die uns aus dem metaphysischen Weltbild der hochscholastischen Denker entgegenstrahlt. Wenn diese Denker in der Frage nach der Evidenz der philosophischen Erstprinzipien den „Insecuritas"-Abgrund der „ratio" überhaupt nicht zu bemerken scheinen, so liegt es daran, daß sie Sein und Vernunft in ihrer wesenhaften Konvertibilität von der Hochfläche der Transzendentalien aus zu betrachten gewohnt waren. Ihre noch ungebrochene Seinsunmittelbarkeit befähigte sie zu jener seelischen Hochgesinntheit, die der Skepsis überhaupt keinen Spielraum gewährt. Ihr reines urvertrauendes Verhältnis zum Sein ermöglichte ihnen noch mit einer gewissen Selbstverständlichkeit und Leichtigkeit die objektive Evidenz des Urprinzips der universalen Seinsintelligibilität, um die andere Zeitalter schwer ringen müssen.

Man wird also sagen dürfen, daß die eigentliche Schwierigkeit des philosophischen Grundlegungsproblems im *Seinshabitus* des Subjekts zu suchen ist und daß das Subjekt bereits beim Eintritt in die philosophische Erkenntnissituation vor eine folgenschwere Entscheidung gestellt ist, die auf der Grenzschwelle zwischen dem Unbewußten und dem Bewußten erfolgt. Und zwar erfolgt sie gerade vor jener Urfrage, die sich aus dem Prinzip der universalen Seinsintelligibilität heraus vor dem Subjekt erhebt. Die von ihm in der philosophischen Erkenntnissituation geforderte *Seinsverwesentlichung* besteht darin, daß es in der dialektischen Spannung zwischen äußerster Selbsthingabe und äußerstem Selbsteinsatz jene natürliche Seinsunmittelbarkeit, die ihm den Zugang zum Objekt ermöglicht, gegen den Ur-Argwohn der Selbstsucht schützt, der es beständig vom eigenen Innern her bedroht und es schließlich in seiner Icheinsamkeit vollständig isoliert.

Zwar ist es richtig, daß gerade das Urprinzip der universalen Seinsintelligibilität nicht von vornherein in der Klarheit der objektiven Evidenz gegeben ist. Das Subjekt ist zunächst in geistiger Urtriebhaftigkeit von seinem unbewußten Seelengrunde her auf die universale Geltung dieses Urprinzips eingestellt, und dieses unbewußte Ethos der Objektivität äußert sich bei ihm als naturhafte Liebe zum Sein, als spontane Ehrfurcht vor der intelligiblen Rechtheit des Objektiven. Indem es dann diesem spontanen Grundzuge seines Herzens, diesem geheimnisvollen Vorwissen seines Seelengrundes sich willig überläßt, wird es auch befähigt, die apriorische Vernunftgültigkeit dieses Urprinzips klar zu *erkennen.* Und zwar bedeutet diese Erkenntnis die Einsicht in die prinzipielle Notwendigkeit der Konvertibilität von Sein und Vernunft.

Die eigentliche Schwierigkeit entsteht nun aber gerade für das Subjekt dadurch, daß es beim Übergang in die volle kritische Wachheit die äußerste Selbsthingabe an das Objektive zugleich mit dem äußersten Selbsteinsatz aufs engste verbinden muß. Dieser Selbsteinsatz des zum Richteramt über das Objektive berufenen Subjekts bedeutet einen gewagten Rekurs des Selbst auf seine eigene Innerlichkeit und damit eine Art Distanzierung gegenüber dem Sein, die möglicherweise die ursprüngliche Seinsunmittelbarkeit unterbricht. Eben deshalb kommt es an diesem Punkte unter Umständen zwischen dem vorreflexiven und dem zur Reflexion übergehenden Selbst zu einem Konflikt, der sich im Grenzbereich zwischen dem Unbewußten und dem Bewußten abspielt. Es ist der Konflikt zwischen dem metaphysischen Eros des unbewußten Seelengrundes, von dem her das Subjekt sich noch vor Eintritt der vollen Evidenz dumpf in die Richtung des Ideals der Vernunft gedrängt fühlt, und einem gewissen Ressentiment gegen diese ursprüngliche Hochgesinntheit, das aus dem dunklen Grunde der Selbstsucht des zu sich selbst erwachenden Ich heraufsteigen will. Damit steht auch hier wieder die „ratio", ähnlich wie auf der Fortunaebene, in der Ursituation der Entscheidung, vor der halb unbewußten, halb bewußten Wahl zwischen den beiden Möglichkeiten des prinzipiellen Ja und des prinzipiellen Nein. Der urtriebhafte Eros drängt sie in die Richtung jener ritterlich-idealistischen Hochgesinntheit, die sie noch vor aller Einsicht zum Wagnis auf das Vollkommene hin sollizitiert. Aus dem Grunde der Selbstsucht des zu sich selbst erwachenden Ich verlockt jedoch eine versucherische Gegenstimme zum Mißtrauen gegenüber diesem naturhaften Idealismus. Diese Gegenstimme stimuliert zu einem argwöhnischen „Realismus" der gemeinen „Welterfahrung", für den aller Glaube an die Vollkommenheit des Idealen nichts weiter ist als eine törichte Illusion, da ja nun einmal in der „Welt" das prinzipiell Alogische immer den Sieg davonzutragen scheint. „Das ist ja doch nur eine Idee!" Das ist der beständige Einwurf dieses argwöhnischen Ich der Selbstsucht, das sich auf die dauernde Niederlage der Idee in der Alltagserfahrung beruft. Sobald aber das Subjekt in diesem Selbstkonflikt, in den es immer beim Übergang in die volle Wachheit des reflektierenden Selbst verstrickt werden kann, dieser versucherischen Stimme sich zu erschließen beginnt, dann schlägt auch die natürliche Ehrfurcht vor dem Objektiven um in die Frivolität der Selbstanmaßung, die schließlich zur Vermessenheit führt. Die Entscheidung fällt damit nach der Richtung des Nein, das Subjekt bricht die Brücke ab, auf der es zum Objekt hinüberschreiten sollte, und nun tritt statt der Selbsterhellung des Geistesauges die Selbstverfinsterung ein. Der Weg zur Evidenz ist versperrt durch die Anmaßung des Subjekts gegenüber dem Sein, das sich nur bei äußerster Selbsthingabe erschließt.

Letzten Endes aber ist hier der Grund dafür zu suchen, warum die Philosophie nicht schlechthin Wissenschaft ist in dem Sinne, wie die Einzelwissenschaften es sind, sondern Wissenschaft in der geläuterten Gestalt der *Weisheit.* Die Philosophie verlangt unter Umständen einen so hohen Grad der reflexiven Wachheit, daß die gnostische Gefahr der Selbstvergötzung des zum kritischen Richteramt über das Objektive berufenen Subjekts sich ankündigt. Verfällt das Subjekt dieser Gefahr, dann tritt die unfromme Erkenntnishaltung der „curiositas" an die Stelle der seinsfrommen Haltung der „sapientia". Erst durch die Weisheit, die über den allem endlichen Wissen von Natur einwohnenden Dämon der Selbstsucht obgesiegt hat, erreicht die Philosophie jene aristokratische Hochfläche des Geistes, auf der sie alle übrigen Wissenschaften weit unter sich liegen sieht. Erst auf dieser Hochfläche der Weisheit gewinnt sie die letzte Klarheit, in der sie die Konvertibilität von Sein und Vernunft in ihrer zwingenden Notwendigkeit erkennt. Dann aber ist auch die apriorische Evidenz der einzelnen Prinzipien gesichert, die nur als Folgeprinzipien jenes eigentlichen Urprinzips der universalen Seinsintelligibilität anzusprechen sind. Aber diese Gesichertheit ist niemals eine endgültige im Sinne der „certitudo mathematica". Der „Insecuritas"-Abgrund unter der „ratio" kann sich nicht ein für allemal schließen. Aber die Philosophie als die Wissenschaft, die mit der Weisheit im Bunde ist, weiß auch um diese prinzipielle Gefährdetheit des höchsten Wissens, und eben als Weisheit ist sie jene „sobria ebrietas", die zwischen dem Überschwang des blinden Glaubens an das Ideal und dem Kleinmut einer radikal-skeptischen Glaubenslosigkeit die rechte Mitte zu finden vermag.

ACHTES KAPITEL

Die Ungesichertheit der menschlichen „ratio" im Hinblick auf das philosophische Gottesproblem

Schon beim Eintritt in die philosophische Erkenntnissituation, und zwar bei der Frage nach dem Ursinn des Seins, sieht sich der fragende und Antwort erwartende Menschengeist vor die Vernunft als eine *lebendige Macht* gestellt. Das naturhaft aus der Menschenseele hervorbrechende metaphysische Denken wirft ja die Frage nach dem letzten und tiefsten Sinn des Seins nicht etwa in einer neutral-indifferenten Wissenshaltung auf, sondern getrieben von einem metaphysischen Selbstinteresse, das nichts mit dem niederen Vitalegoismus zu tun hat. Dieses metaphysische Interesse des Menschen an der tiefsten Sinnfrage des Seins charakterisiert aber nicht nur ihn selbst, den Fragenden, als ein übervitales, überzeitliches, personales Wesen. Auch das befragte Gegenüber, auf das die intentionalen Akte des sinnsuchenden Geistes gerichtet sind, hebt sich, wenn auch noch so dunkel und unbestimmt, schon gleich hier als eine personale Macht heraus, der sich das nach letzter Wahrheit verlangende Subjekt sittlich verpflichtet fühlt. Die naturhaft dem Subjekt sich aufdrängende Ehrfurcht vor dem Sein und seiner objektiven Vernunftbestimmtheit, der innere Antrieb zur Objektivität, der spontane Wille zur Selbsthingabe, die ganz von selbst aufsteigende Dankesgesinnung beim Aufleuchten der Wahrheit im empfangenden Geiste, das alles sind personal-existentielle Akte des Persongrundes, die nur darin ihren letzten Sinn haben können, daß jene das Selbst transzendierende und zur tiefsten Sinnfrage stimulierende Vernunft mehr ist als ein bloß schattenhaftes Abstraktum. Dasjenige, was hier die metaphysische Sinnfrage auslöst, ist nicht bloß *das* Sein, *das* Wahre, *das* Gute, *das* Eine. Es ist vielmehr schon *der* Wahre, *der* Gute, *der* Eine und *der* Seiende als die lebendige Ur- und Absolutvernunft.

Wenn nun aber schon bei dieser metaphysischen Ursinnfrage der menschliche Geist unter Umständen den „Insecuritas"-Abgrund sichtet, über dem er dauernd schwebt, dann ist es nicht weiter verwunderlich, wenn diese metaphysische Denknot sich ins Ungemessene steigert, sobald der philosophierende Geist die letzte Höhe der Metaphysik ersteigt und sich ausschließlich mit der Frage nach der Realexistenz des Absoluten beschäftigt.

Von jeher hat die menschliche Vernunft auf die Frage nach der Existenz eines höchsten Wesens allen überhaupt erdenklichen Scharfsinn des strenglogischen Denkens verwendet. Seit Jahrhunderten sind die Gottesbeweise, einzeln genommen oder zu einer gewissen Einheit zusammengefaßt, immer wieder neu untersucht, in ihren einzelnen Denkschritten durchgeprüft, in ihren Formulierungen verfeinert worden. Läßt man diese mühsame, sorgfältige, unabsehbare Arbeit, an der das logische Denken ganzer Geschlechtergenerationen beteiligt gewesen ist, an sich vorüberziehen, dann muß man gestehen, daß hier, rein logisch betrachtet, kaum noch etwas zu tun übrig bleibt. Im ganzen ergibt sich ein so entscheidendes Beweisgewicht für die Existenz des höchsten Wesens, daß man bei kühler Überlegung fast glauben möchte, der Menschengeist müßte von dem Gewicht dieser Beweise förmlich erdrückt werden.

In Wirklichkeit aber hat alle diese logische Denkarbeit der Menschheit den Kampf um die Frage nach der Existenz eines höchsten Wesens nicht zur Entscheidung bringen können. Die Verfechter des Ja und die Anwälte des Nein stehen sich auf diesem geistigen Kampffelde noch mit der gleichen unversöhnlichen Gegnerschaft gegenüber wie vor Jahrtausenden. Platon und Aristoteles, Augustin und Thomas würden, wenn sie wiederkämen, auch heute noch ihre Denkarbeit in dieser Frage mit der gleichen Intensität wieder aufnehmen und fortführen können wie in ihrem eigenen Zeitalter.

Am erstaunlichsten ist nun aber, daß die Menschheit bei dieser Frage, sei es nun versteckt, sei es offen, immer wieder nach einer endgültigen Gesichertheit strebt, obwohl sie in dieser Hinsicht eine Niederlage nach der anderen erlitten hat. Der letzte Grund für die so oft erstrebte Mathematisierung der Metaphysik ist ja doch wohl darin zu suchen, daß man in erster Linie diese eine, für den Menschen so entscheidende Frage endlich einmal unter Dach und Fach bringen möchte. Man möchte mit ihr ein für allemal fertig werden, sei es nun in der Richtung des Ja oder sei es in der Richtung des Nein.

Sogar eine gewisse Art der christlichen Apologetik scheint es wenigstens als etwas Schmerzliches zu empfinden, daß alle ihre logisch exakten Bemühungen um diesen Punkt bisher die Menschheit nicht dahin geführt haben, wohin man sie seit langem geführt sehen möchte: nämlich zu der endgültigen Einsicht, daß die Existenz eines höchsten Wesens eine einwandfreie Tatsache sei. Zwar braucht diese Richtung der Apologetik nicht darüber belehrt zu werden, daß das „Deum certo cognosci posse“ des Vatikanums[58] keine „certitudo mathematica" bedeuten soll. Aber, obwohl man sich theoretisch darüber im klaren ist, stellt man sich praktisch doch vielfach so ein, als sei der immer wieder neu aufflammende Streit um das Ja oder das Nein in der Gottesexistenzfrage eine beinahe lästige Angelegenheit, die entweder nur auf die Torheit oder nur auf die Bosheit des Menschengeistes zurückzuführen sei.

Allen derartigen Gesichertheits-Bestrebungen gegenüber gilt es nun aber einmal allen Ernstes zu betonen, daß das menschliche Sekuritätsbedürfnis gerade an diesem Punkte, sosehr es auch verständlich sein mag, sich geradezu gegen die tiefe Weisheit richtet, die überall im Wesen der metaphysischen Daseinssituation des Menschen bei tieferem Nachdenken gefunden werden kann. Daß der Menschengeist *prinzipiell* durch den Einsatz seiner natürlichen „ratio" zu einer ausreichenden Evidenz in der Frage nach der Realexistenz eines höchsten Wesens, und zwar im Sinne eines entschiedenen Ja, gelangen kann, darüber braucht kein Wort verloren zu werden. Aber daß diese Evidenz bei aller objektiven Vernunftgültigkeit keine *bequeme Gesichertheit* der menschlichen Vernunft bringen kann, ja, daß sie diese so oft insgeheim oder offen erstrebte Gesichertheit nicht einmal bringen darf, solange wir noch unterwegs sind zu dem Ziel unserer höchsten Daseinsbestimmung, das muß einmal mit aller überhaupt möglichen Deutlichkeit herausgestellt werden.

Damit aber sind wir vor zwei höchst bedeutsame Fragen gestellt. Warum *kann*, so lautet die erste Frage, der menschlichen Vernunft die so heiß ersehnte Gesichertheit im Hinblick auf das Gottesproblem nicht zuteil werden? Und warum *darf* sie ihr nicht einmal zuteil werden? Das ist der Gegenstand der zweiten Frage.

Beide Fragen führen uns zu dem eigentlichen Kern der Gottesbeweise. Abgesehen nämlich vom ontologischen[59] und vielleicht auch vom ideologischen Gottesbeweis[60], haben alle Gottesbeweise insofern etwas Gemeinsames, als sie im großen und ganzen den gleichen Weg vom Bedingten zum Unbedingten beschreiten. Sie heben an bei dem Sein, das entweder wir selbst sind oder das wir in unserer Umwelt erfahren. Nun hat aber all dieses reale Sein unserer Selbst- wie unserer Umwelterfahrung insofern den gleichen Charakter, als es, wenigstens seinem Dasein nach, keinerlei Denknotwendigkeit in sich aufweist. Auch der Materie kommt, obwohl wir sie ebensowenig vernichten wie erschaffen können, nichts von einer solchen Vernunftnotwendigkeit zu. Außerdem aber ist auch all dieses reale Sein unserer Erfahrung dauernd dem Verfall preisgegeben, und wenn nicht dem wirklichen, dann wenigstens dem möglichen Verfall. Es hat in sich selbst keinen letzten Halt. Unsere Vernunft kann infolgedessen nicht daran vorbeikommen, diesem in sich selbst haltlosen Sein ein Sein zugrundezulegen, dessen Wesen die absolute Seinsnotwendigkeit ist. Die absolute Seinsnotwendigkeit aber ist nicht denkbar ohne die absolute Seinsvollkommenheit. Denn ein nicht absolut vollkommenes Sein bedürfte ja noch der Anlehnung an ein anderes Sein, bei dem es das suchen müßte, was ihm an seiner Autarkie fehlen würde. Es könnte nicht absolut notwendig sein, weil es nicht absolut von sich selbst („a se") wäre. So führt uns der spekulative Weg der Gottesbeweise von dem bedingten Sein unserer Selbst- und Umwelterfahrung vor die *Aseität* [61] des göttlichen Wesens, und zwar in der doppelten Gestalt der absoluten Seinsnotwendigkeit und der absoluten Vollkommenheit.

An und für sich ist nun dieser Weg der spekulativen Vernunft für jeden menschlichen Geist gangbar, ja, er ist vielleicht für den unkomplizierten, seinsunmittelbaren, schlicht-natürlichen Geist eher gangbar als für denjenigen Geist, der sich zu tief in das dornige Gestrüpp der Reflexivität hineinbegeben hat. Aber für jeden, auch den schlichtesten Geist müssen sofort besondere Schwierigkeiten entstehen, wenn er in ernstlichem Nachdenken bis zu diesem Punkt der absoluten Seinsnotwendigkeit und der höchsten Vollkommenheit vorgedrungen ist. Mit Recht hat Kant die göttliche Aseität, diesen theologischen Abgrund der Vernunft, als „*den* wahren Abgrund"[62] für unsere endliche Vernunft bezeichnet, als das „theologische Rätsel", das für uns bei weitem schwieriger zu begreifen ist als das kosmologische Rätsel. Die Frage: „Woher die Welt?" hat für uns längst nicht jene atemraubende Tiefe und Unergründlichkeit wie die Frage: „Woher Gott?" oder besser: „Warum ist Gott?" und „Warum ist Er der absolut Vollkommene?"

Natürlich enthält der Begriff der göttlichen Aseität zunächst etwas Negatives. In diesem negativen Moment des Begriffs kommt zum Ausdruck, daß Gott seinem Sosein und Dasein nach nicht „von einem anderen" („non ab alio") ist. Positiv gewendet, bedeutet das, daß er ganz und gar von sich selbst ist, als absolute Selbstmacht und Selbstautarkie. Daß er damit nicht als „causa sui" zu gelten hat, als ein Sein, das sich selbst erst aus dem Nichts zum Sein durchringen müßte, das versteht sich von selbst. Er ist das ungewordene, absolut geschichtslose Wesen, das zeitlos über aller Zeit steht. Man muß ihn also als die „ratio sui" bezeichnen, als das Wesen, das sein letztes und tiefstes „Warum" (und damit das „Warum" von allem „Warum" überhaupt) in sich selbst trägt und auch in sich selbst verborgen hält.

An diesem Punkte aber, wo die göttliche Aseität als die „ratio sui“ vor uns auftaucht, ist uns auch das Prinzip der Konvertibilität von Sein und Vernunft in seiner für uns erstaunlichsten Tiefe gegeben. Während dieses Prinzip der universalen Seinsintelligibilität uns nämlich im endlichen Seinsbereich bei jedem Seienden, das uns begegnet, die *Vernunftbestimmtheit* bis ins Letzte fordern heißt, fordert es auf dieser höchsten Höhe der „ratio sui“ die letzte *Seinsbestimmtheit* der absoluten Vernunft und damit die restlose Koinzidenz von Vernunft und Sein, die absolute Notwendigkeit des *Daseins* für diese oberste „ratio“. Das ist die erste große Schwierigkeit für unsere endliche Vernunft, sobald wir für die göttliche Aseität den Begriff der „causa sui“ als untragbar eingesehen und an seine Stelle den einzig zulässigen Begriff der „ratio sui“ gesetzt haben.

Aber nicht bloß von der Seite des Daseins her stellt uns dieser Begriff vor die größten Schwierigkeiten, sondern auch von der Seite des Soseins her. Nicht also bloß bei der Seinsbestimmtheit der „ratio sui“ kommen wir in Verlegenheit, sondern ebensosehr bei ihrer Denk- oder Vernunftbestimmtheit. Diese „ratio sui“ der göttlichen Aseität zwingt, als die absolut in sich selbst gründende Vernunft, unsere endliche „ratio“, vor ihr als der letzten Grenze unseres logischen Denkens endgültig haltzumachen. Ihrem Wesen nach kann zwar unsere „ratio“ sich keine Grenze setzen lassen für die Anwendung des Prinzips der universalen Seinsintelligibilität. Dieses Prinzip duldet schlechthin keine Ausnahme. Also muß auch die „ratio sui“ ihren letzten Grund dafür haben, daß sie ist und daß das schlechthin Alogische oder Grundlose nicht ist. Nun hat sie freilich diesen Grund in sich selbst, und sie ist sich auch selber bis auf ihren tiefsten Grund durchsichtig. Aber *für uns* ist die „ratio sui“ keineswegs ihrem letzten Vernunftgrunde nach durchsichtig. Im Gegenteil, unser Denken gerät vor ihr ins Grundlose der absoluten Vernunftfinsternis. Sie ist uns nur gegeben nach ihrem „Daß“ (nach ihrem „quia est“), als die *Urtatsache*, aber nicht nach ihrem tiefsten vernunftdurchleuchteten „Was“ („quid est“). Wenn man nun bedenkt, daß bloße Tatsachenwahrheiten unsere Vernunft niemals im Letzten befriedigen und zur Ruhe kommen lassen können, sondern daß unsere „ratio“ nur in den apriorischen Vernunftwahrheiten wirklich zur Ruhe kommt, dann ergibt sich im Hinblick auf die „ratio sui“ die in logischer Hinsicht erschütternde Tatsache, daß hier unsere „ratio“ vor die Notwendigkeit gestellt ist, ihren unendlichen Frageimpuls selbst zu begrenzen und vor dieser Urfaktizität schweigend und in Ehrfurcht stehen zu bleiben.

Damit gerät aber unsere „ratio" an diesem höchsten Punkt ihrer Logik in einen Konflikt auf Leben und Tod mit sich selbst. Einerseits entspricht es ihrem Wesen als kritische Vernunft, bis ins Unendliche nach dem „Warum" zu fragen, ja, nach dem „Warum des Warum". Andererseits aber soll sie auch wieder als *endliche* Vernunft vor dem Urgeheimnis des Seins und der Vernunft in Ehrfurcht zurücktreten und das Unerforschliche schweigend verehren. So meldet sich denn auch hier wieder der dialektische Widerstreit, den wir bereits auf der Fortunaebene kennen gelernt haben. Aber dieser Widerstreit führt hier in eine noch tiefere Dimension hinab. Nachdem die „ratio" mit Hilfe des Prinzips der universalen Seinsintelligibilität wirklich bis zur absoluten Vernunft in der Gestalt der „ratio sui" vorgedrungen ist, steht sie jetzt auf einmal gerade hier, mitten im Vernunftzentrum des Seins, vor der unerbittlichen Notwendigkeit, als *Vernunft* sich rein vertrauend in diesen für sie dunkel bleibenden Abgrund der „ratio sui" hinabzulassen. Denn sie darf nur *erwarten*, daß auch in dieser Tiefe das Prinzip der universalen Seinsintelligibilität gültig ist; aber sie kann von sich aus *nicht mehr erkennen*, daß es bis zum tiefsten Grunde des Seins hinab seine Geltung hat.

An diesem Punkte ist also die „ratio" auf eine geradezu entscheidende Probe gestellt. Die doppelte Forderung von äußerster Selbsthingabe und äußerstem Selbsteinsatz zwingt sie in die existentielle Ursituation der beiden Möglichkeiten von Liebe und Selbstsucht, von „humilitas" und „superbia". Sie kann dabei der Liebe Raum geben und auf das letzte „Warum des Warum" seinsfromm verzichten. Sie kann aber auch der Selbstsucht Raum geben und, ihrem ins Grenzenlose drängenden Frageimpuls folgend, noch gleichsam hinter die „ratio sui" hinausfragen wollen, wobei sie dann notwendig ins Leere gerät. Da sie das letzte „Warum" dieser Urtatsache nicht erreichen kann, hetzt sie sich im Unergründlichen der höchsten Vernunftregion zu Tode und stößt dabei erst recht auf das für sie Alogische, gegen das sich ihr innerstes Wesen nunmehr prometheisch auflehnt.

So erfährt denn unsere endliche „ratio" gerade vor dem Abgrund des theologischen Rätsels der göttlichen Aseität das unabwendbare Schicksal ihrer „Insecuritas"-Situation in einer geradezu beängstigenden Gestalt. Die großen Meister der philosophischen Spekulation, wie etwa ein Augustinus oder ein Nicolaus Cusanus, haben an diesem äußersten Grenzstein der Logik den Begriff der *„docta ignorantia"* aufgestellt, als eine Warnung für alle diejenigen, die das verwegene Wagnis unternehmen wollen, auch noch in diese „Wüste der Gottheit" vorzudringen. Denn an diesem Punkt ist die logische Maßlosigkeit unserer endlichen „ratio" notwendig zum Scheitern verurteilt. Und wenn sie dieses Scheitern nicht in frommer Hingabe an das Unergründliche auf sich nimmt, dann erfährt sie es trotzdem als die Nemesis, die das wesenhaft Begrenzte in seine Grenzen zurückschleudert und seine Denkfrechheit mit der geistigen Verblendung bestraft.

Eine nicht geringere Schwierigkeit entsteht nun aber für unsere endliche „ratio“, wenn sie von der absoluten Seinsnotwendigkeit der „ratio sui“ zu dem Moment der *absoluten Seinsvollkommenheit* übergeht. Wie Kant klar gesehen hat, kann das „ens absolute necessarium“ gar nicht gedacht werden, ohne daß wir es als das „ens perfectissimum“ näher bestimmen.[63] Denn der Felsen der Absolutnotwendigkeit wäre nicht fest gegründet, wenn er selbst noch in einer Art von leerem Raum schweben würde. Dieser leere Raum muß vollkommen ausgefüllt sein durch die absolute Seinsgenugsamkeit, wenn überhaupt kein Platz mehr sein soll für ein allerletztes Warum, das etwa jenes absolut notwendige Wesen an sich selbst richten könnte.

So ist also das absolut notwendige Wesen auf Grund innerer Wesensnotwendigkeit zugleich das absolut vollkommene Wesen. Hier aber richtet sich an unsere „ratio“ von neuem die Warumfrage in einer beinahe unheimlich anmutenden Verwegenheit. *Warum* ist gerade dieses eine, seinsgenugsame Wesen *oben*, am Kulminationspunkte der Seinsvollkommenheit, so kann die unbeherrschte „ratio“ fragen, und warum nicht irgendein anderes Wesen? Warum ist Gott oben, am Gipfel der Vollkommenheit, und warum nicht *wir*, die Fragenden, oder warum nicht wenigstens einer von uns? Und warum ist dieses eine höchste Wesen mühelos, kampflos oben, an der Spitze der Seinshierarchie, während wir alle uns mühen müssen im endlos zermürbenden Kampf und in qualvollster Daseinsunruhe? Warum sind denn *wir* in diese unselige „Insecuritas“-Situation versetzt, während dieses eine und höchste Wesen in ewiger Seligkeit das erhabene Glück einer absoluten, völlig unangefochtenen und wesensmäßig unanfechtbaren „securitas aeterna“ genießt?

Ein jeder versteht sofort, daß hier aus den Tiefen der Menschenbrust eine Frage aufsteigt, die alle Grenzen der uns von Natur einwohnenden Seinsfrömmigkeit kühn, ja, verwegen überrennt und selbst vor dem Gipfel der Frivolität nicht zurückschaudert. Und trotzdem, darf sich auch nur ein einziger Mensch, und wenn er der Heiligste wäre, erkühnen zu sagen, daß nicht wenigstens die *Möglichkeit* zu dieser in Wahrheit seinsverwegenen Frage in den Tiefen seiner Natur gegeben wäre? Darf jemand es wagen, von sich zu behaupten, daß er nicht wenigstens die verborgene Anlage zu diesem *diabolischen Existenzneid* in sich vorfände? Es ist zwar richtig, daß in unserer objektiven Natur, so, wie sie rein aus der Hand des Schöpfers aller Dinge hervorgegangen ist, die Liebe zu allem Hohen und Edlen, das wir selbst nicht sind, grundgelegt ist. Woher käme sonst jener hohe Idealismus, der immer aus dem Innersten unseres metaphysischen Seelengrundes hervorbricht? Aber ist es nicht auch ebenso richtig, daß es unter Umständen uns *schwer fällt*, diese naturhaft in uns angelegte idealistische Hochgemutetheit gegen jene potentiell uns einwohnende Selbstsucht zu behaupten, die nun einmal von Neid erfüllt ist gegen jenes Hohe, Edle, absolut Vollendete, das wir selbst nicht sind? Und *muß* nicht, wenigstens der *Möglichkeit* nach, dieser andere Abgrund der Selbstsucht auch in uns sein, wenn wir eben die Wesen jener besonderen Freiheit sein sollen, als die wir nun einmal zwischen die „dira necessitas naturae“ und die „beata necessitas gloriae“ gesetzt sind, als Wesen der Pilgerschaft, die erst halb frei sind in der Wahlsituation zwischen den Möglichkeiten von Liebe und Selbstsucht, um entweder ganz frei, selig frei zu werden in der völlig unangefochtenen Liebe oder ganz versklavt, unselig versklavt in der Knechtschaft der vollendeten Selbstsucht, je nach der Entscheidung, die wir selbst in diesem Kampf auf Tod und Leben zu fällen bereit sind?

So ist denn also gerade vor diesem zweiten Moment der „ratio sui“, vor der absoluten Seinsvollkommenheit, die aufs engste mit der absoluten Seinsnotwendigkeit verbunden gedacht werden muß, unsere philosophierende Vernunft noch einmal in die Ur- und Grenzsituation der höchsten Entscheidung gestellt. Der dunkle Abgrund des „theologischen Rätsels“ wird zum ethischen Abgrund der „bonitas absoluta“, dem der logische Abgrund der „veritas absoluta“ korrespondiert. Und vielfach muß unsere Vernunft es erst auf einem langen und mühseligen Umwege lernen, daß gerade an diesem Punkte die äußerste, die vorbehaltloseste, ja, die dankbarste Hingabe an das letzte Dunkel der Urtatsache des mühelos auf dem Gipfel des Seins thronenden „summum bonum“ den schlicht vertrauenden Menschen am meisten vollendet und am reichsten beschenkt. Das Wort der christlichen Liturgie „Gratias agimus Tibi propter magnam gloriam Tuam“[64] spricht diese tiefe Erkenntnis in einer so einfachen und zugleich so klassischen Form aus, daß man, wenn man einmal nach langem Nachdenken in diese letzten Zusammenhänge eingedrungen ist, nicht genug staunen kann über die tiefe Weisheit, die hier sichtbar wird und die das ganze menschliche Dasein gleichsam mit einem Lichtglanz übergießt, der schlechthin alle letzten Finsternisse der Irrationalität taghell durchleuchtet.

Nun aber dürfen wir auch an die zweite unserer beiden Hauptfragen herangehen, an die Frage: Warum *darf* die menschliche Vernunft in der philosophischen Gottesfrage, bei aller *prinzipiellen* Möglichkeit einer streng vernunftgültigen Evidenz im Hinblick auf die Realexistenz eines höchsten Wesens, doch nicht jene letzte *Gesichertheit* und innere Unanfechtbarkeit erreichen, die die „certitudo philosophica“ dieser Evidenz in eine „certitudo mathematica“ verwandeln würde? Warum *darf* die menschliche „ratio“ gerade in dieser Frage von ihrer letzten „Insecuritas“-Not nicht endgültig befreit werden?

Wenn man aber näher zusieht, dann läuft diese Frage auf jene andere Frage hinaus: Warum ist der Mensch überhaupt ein so merkwürdig indefinites Zwischenwesen? Warum hat er diese kentaurhafte Doppelgestalt, in der er vor uns immer wieder erscheint, halb Tier und halb Geist und doch weder Tier noch Engel, sondern einfach ein Mensch, der sowohl den Übermenschen wie den Unmenschen der Möglichkeit nach in sich trägt?

Setzen wir nun aber in unserer besonderen Frage nach der philosophischen Evidenzmöglichkeit bezüglich der Realexistenz eines höchsten Wesens den Fall, unserer „ratio“ wäre nicht jene „certitudo philosophica“ gegeben, die bei aller prinzipiellen Möglichkeit zu einer ausreichenden Einsicht der inneren Anfechtbarkeit und dem wirklichen Zweifel noch Raum ließe, sondern vielmehr die von uns so oft auf diesem Felde, bald insgeheim und unbewußt, bald offen und bewußt, erstrebte „certitudo mathematica“, was wäre dann wohl, so fragen wir, die notwendige Folge? Auf diese Frage hat schon Kant in der „Kritik der praktischen Vernunft“ die sehr nachdenklich stimmende Antwort gegeben, daß dann unsere ganze menschliche Daseinssituation von Grund auf verwandelt sein würde. In diesem Falle, so argumentiert Kant, „würden *Gott* und *Ewigkeit*, mit ihrer *furchtbaren Majestät*, uns unablässig *vor Augen* liegen“. Wir wären Gestalten wie im Marionettentheater, wo „alle gut *gestikulieren*, aber in den Figuren doch *kein Leben* anzutreffen sein würde“.[65] Es bliebe also, um mit anderen Worten Kants tiefgründigen Gedanken weiter auszuführen, kein Spielraum für jene *letzte Entscheidung*, die vom Menschen im Interesse seiner Seinsverwesentlichung gefordert ist. Zwar hat Kant an diesem Punkte das an sich, im Hinblick auf die großen Erkenntnisziele, so winzige Lichtfünkchen unserer endlichen „ratio“ *vollkommen* verlöschen lassen. Er hat, im Hinblick auf die philosophische Gottesfrage, das *Wissen* bis auf den Nullpunkt herabgesetzt, um dem *Glauben allein*, dem vernunftblinden Glauben, Platz zu schaffen.[66] Damit ist er ohne Zweifel in den, hier freilich manchmal naheliegenden, Irrtum des absoluten Entscheidungsirrationalismus abgeglitten.

Trotz alledem aber muß man zugestehen, daß Kant hier der metaphysischen Bedeutung jener „Insecuritas"-Situation, der unsere „ratio" gerade in den höchsten Fragen der Metaphysik beständig ausgeliefert bleibt, mit einer geradezu bewundernswerten Klarheit gerecht geworden ist. Das kommt besonders in den ergreifenden Schlußworten jenes Passus zum Ausdruck, den er diesem so entscheidenden Problem gewidmet hat. „Also möchte es auch hier wohl damit seine Richtigkeit haben", so lautet die wichtige Stelle, „was uns das Studium der Natur und des Menschen sonst hinreichend lehrt, daß die unerforschliche Weisheit, durch die wir existieren, nicht minder verehrungswürdig ist in dem, was sie uns versagte, als in dem, was sie uns zuteil werden ließ."[67] Es ist übrigens eine Stelle, die allen denjenigen unrecht gibt, die so ohne weiteres diesen größten deutschen Denker immer wieder als die Schutzwehr benützen zu dürfen glauben, hinter der sie ungestört ihre Zerstörungsarbeit an der Metaphysik betreiben zu können meinen.

Im Rückblick auf unsere Untersuchung dürfen wir nun aber auch vielleicht so weit gehen zu sagen, daß nicht bloß die *Möglichkeit* des menschlichen Irrtums und Zweifels in der Gottesfrage, sondern auch die *Wirklichkeit* beider mit ganz anderen Augen zu betrachten ist, als es so oft zu geschehen pflegt. Wohl können die immer wieder neu eintretenden Abstürze der Philosophie in dieser für das menschliche Leben so entscheidenden Frage manchmal tieftraurig stimmen und auch den einen oder anderen dahin führen, der Philosophie verzweifelt den Rücken zu kehren. Denn es offenbart sich hier bestimmt eine Tragik des menschlichen Erkenntnisstrebens, die viel schlimmer sein dürfte als diejenige Tragik, die wir überall sonst in dem weiten Raum menschlicher Schicksale beobachten können. Aber wenn irgendwo das Wort von der „felix culpa", das uns so verheißungsvoll aus der Karsamstagliturgie der Kirche entgegenklingt, einen ganz tiefen Sinn hat, dann hat es ihn hier, an der Stelle, wo die menschliche „ratio" seit Menschengedenken ihren äußersten logischen Scharfsinn eingesetzt hat, um dabei immer wieder die gleiche mystische Katastrophe der Vernunft zu erleben. Und manchmal möchte man geneigt sein zu sagen, daß eben *nicht die Siege* der menschlichen Vernunft an diesem entscheidenden Punkte der Metaphysik, sondern gerade ihre beständig wiederkehrenden Niederlagen die eindringlichste Sprache *für* die Realexistenz des höchsten Wesens zu reden imstande sind. Mehr noch als die positiven Ergebnisse der mit äußerster Akribie seit Jahrhunderten aufgebauten Gottesbeweise ist die Geschichte des menschlichen Irrtums und des menschlichen Zweifels in der philosophischen Gottesfrage ein überwältigendes Zeugnis für das Dasein Gottes. Gerade alle Niederlagen der menschlichen Logik an diesem Kulminationspunkte der Metaphysik sind nichts anderes als die Siege jener höchsten Vernunft, die ihre überwältigende Weisheit immer dann am klarsten hervortreten läßt, wenn sie sich am tiefsten verhüllt hinter der Torheit und Armseligkeit der natürlichen Vernunft.

NEUNTES KAPITEL

Die Ungesichertheit des „homo religiosus" auf der obersten Ebene des „Insecuritas"-Raumes

Die ganze bisherige Betrachtung der menschlichen „Insecuritas"-Situation, angefangen von dem Kampf des Menschen mit dem Schicksal auf der Fortunaebene bis hinauf zu den Schwierigkeiten der philosophierenden „ratio" im Bereich der Metaphysik, läßt eigentlich als Grundergebnis die Tatsache hervortreten, daß die Frage nach dem Wesen der „Insecuritas humana" letzten Endes nur als ein *religiöses* Problem gesehen werden kann. In gewissem Sinne ist der Mensch in allen seinen Lebenslagen, mögen sie auch zunächst noch so alltäglich erscheinen, als ein Wesen zu erkennen, das im tiefsten Grunde seiner Natur immer von der einen Frage bestimmt und bedrängt wird, die seine existentielle Erdennot betrifft, nämlich von der Frage nach seinem *religiösen Heil oder Unheil.* In all seinem Streben nach Gesichertheit ist schließlich diese seine religiöse Kontingenznot wiederzuerkennen, sei es nun, daß er in diesem Streben sich selbst ausweichen will durch die Flucht in niedere Wertbereiche, die ihm für Augenblicke das Wesentliche seiner Existenz verhüllen, sei es, daß er mit offenem Auge diese metaphysische Not vor sich sieht und sich mit ihr auseinandersetzt. Selbst sein Streben nach der vitalen Existenzsicherung verrät noch überall etwas von dem letzten Ewigkeitsdurst seiner Seele. Und erst recht ist sein grenzenloses Wissensstreben, seine nie stillstehende Intellektunruhe, ein deutliches Zeichen dafür, daß der tiefste Grund seiner Seele über das Endliche hinausdrängt, um in der wahrhaften Unendlichkeit Ruhe und Frieden zu finden. Der „homo faber" mit seiner ins Grenzenlose zielenden Zivilisationsunruhe und der „homo philosophus" mit seiner leidenschaftlichen, in immer tiefere Regionen hinabdrängenden Frageunruhe, sie deuten beide über sich hinaus auf den „homo religiosus" mit seinem unstillbaren Heimweh nach einer letzten Region überzeitlicher Vollendung. Und so weist denn das Problem der „Insecuritas humana" von den beiden niederen Ebenen her notwendig über sich hinaus auf jene oberste Ebene des religiösen Daseinsbereiches, wo wir den Menschen ausschließlich sich mit der entscheidenden Frage seiner letzten Heilsnot befassen sehen. Es ist jener Bereich, in dem er sich hoffend oder fürchtend, glaubend oder verzweifelnd, betend oder fluchend einer welttranszendenten Macht unmittelbar gegenüber sieht, die ihn in einer ganz anderen Weise anspricht als irgend sonst etwas in der Welt.

Nun haben wir aber bisher schon immer feststellen können, daß die Spannung der „Insecuritas humana" in dem Maße zunimmt, wie wir uns von der niederen Ebene der vitalen Existenz hinaufbewegen zu den höheren Wertebenen der geistigen Existenz. Es ist eine alte Lebenserfahrung, daß der Mensch innerlich um so gefährdeter ist, je wertvoller die Aufgabe ist, die ihm das Leben gestellt hat. Die höchste Aufgabe aber, die uns als Menschen gestellt ist, besteht in unserer Seinsverwesentlichung. In dem Maße also, wie wir tiefer in den inneren Schicksalsraum unserer höheren Selbstvollendung hineinschreiten, wächst auch die Gefahr, weil sich das Risiko des Selbsteinsatzes mitsteigert. In diesem Raum nimmt die Dunkelheit immer mehr zu, und mit der sich steigernden Dunkelheit wächst proportional das von uns geforderte Lebenswagnis.

Besonders deutlich wird das in dem Augenblick, wo der Mensch in die tiefste Dunkelheit seines Lebens hineinschreitet, in die abgründige Nacht seines Todes. Denn der Tod des Menschen ist ja nicht bloß ein Prozeß der blinden Naturnotwendigkeit wie beim Tier, sondern darüber hinaus eine metaphysische Aufgabe, bei der sein sittlicher Wille mitbeteiligt ist. Dabei ist es ganz gleich, ob er seinen Willen blind fatalistisch oder gottergeben gläubig einsetzt: immer ist eine Entscheidung sittlicher Art mit im Spiel, bei der das Wagnismoment des Daseins zugleich mit dem Risiko des Selbsteinsatzes den Kulminationspunkt erreicht.

Vielleicht aber wird gerade deshalb im Todeserlebnis des Menschen der Höhepunkt seiner „Insecuritas"-Situation sichtbar, weil eben der Tod die äußerste Grenzsituation für ihn als *religiöses* Wesen bedeutet.[68] Da nun aber der Tod als metaphysisch-religiöses Phänomen das Dasein des Menschen dauernd überschattet und nicht bloß in dem Augenblick, in dem er wirklich eintritt (denn in vielen Fällen wird ja der Mensch von ihm überrascht), so zeigt eben die Wagnissituation des Todes, als eines unablässig auf ihn zuschreitenden metaphysischen Schicksals, am deutlichsten, daß der Mensch sich gerade als *religiöses* Wesen notwendig im Kulminationspunkt der „Insecuritas"-Gesetzlichkeit befindet.

Nun darf man freilich den Begriff des „homo religiosus" nicht in dem engeren Sinne fassen, daß etwa nur der positiv-christliche Mensch damit gemeint ist. „Homo religiosus" ist vielmehr der Mensch als Mensch überhaupt. Die „religiositas" ist ein konsekutives Merkmal seiner „rationalitas", so ähnlich wie die innere Sprachfähigkeit mit zu seinem von der „ratio" bestimmten Wesen gehört. Damit soll keineswegs die Grenzlinie zwischen Natur und Übernatur, zwischen dem „debitum" des natürlich-menschlichen Bereiches und dem „indebitum" des übernatürlichen Gnadenbereichs, verwischt werden. Es wird vielmehr nur gesagt, daß zum Wesen des Selbst der menschlichen Person notwendig die ontische Beziehung zum göttlichen Du als „potentia oboedientialis" mit hinzugehört. Selbstverständlich kann der Mensch subjektiv sich dieser Anlage versagen. Er kann sie brachliegen, er kann sie verkümmern lassen. Aber damit wird er noch lange nicht zu einem objektiv-indifferenten Naturwesen, das etwa aus dem religiösen Bereich überhaupt ausscheiden könnte. Er mag noch so *irreligiös* leben, sei es nun im Sinne der Indifferenz gegenüber seiner religiösen Anlage, sei es im Sinne positiver Ablehnung dessen, was diese Anlage von ihm fordert, seine *Irreligiosität* sogar gehört dann noch in den Bereich des Religiösen hinein.

Für diesen „homo religiosus" im weitesten Sinne des Begriffs hat es nun zu gelten, daß er in allen Fragen seiner letzten Heilsnot die *tiefste Dunkelheit* und die *höchste Gefährdetheit* erfahren muß, die überhaupt in seiner „Insecuritas"-Situation möglich ist. Und zwar gilt diese Tatsache schlechthin für jeden Menschen, ganz gleich, in welcher Form von Gläubigkeit oder Frömmigkeit er jene Werte zu aktualisieren beginnt, die im Bereich des Religiösen vor ihm auftauchen. Daß freilich der christliche Mensch, der auf dem Boden der übernatürlichen Offenbarung in den zentralen Raum des Religiösen eintritt, diese Gesetzlichkeit unter Umständen in ihrer letzten Deutlichkeit erlebt, versteht sich von selbst. Denn erst in diesem zentralen Raum wird er ja vor die Maximalforderungen gestellt, die im Wesen des Religiösen, als des im letzten Sinne Übernatürlichen, liegen.

Man kann nun vielleicht im ganzen die „Insecuritas"-Situation des „homo religiosus" dahin charakterisieren, daß er in dem Totalzusammenhang alles dessen, was wir so einfachhin die „Welt" zu nennen gewohnt sind, als ein geradezu *deplaciertes* Wesen dasteht. Als *religiöses* Wesen reicht er in den Raum des *Übernatürlichen* hinein, und obwohl dieses Übernatürliche in der „Natur" gewissermaßen sein Fundament hat, so steht es doch auch wieder gleichsam *quer zur Natur* und zur „Welt". Es wirkt immer irgendwie skandalös in der Welt, als ein Fremdkörper, den die „Welt" so, wie sie nun einmal ist, nicht ertragen, nicht in ihre rein immanente Bezugssphäre aufnehmen kann. Von dem Übernatürlichen im Verhältnis zur „Welt" kann prinzipiell das gesagt werden, was im Johannesevangelium speziell von Christus gesagt wird: „Er kam in sein Eigentum, aber die Seinen nahmen ihn nicht auf."[69] Der Grundgedanke in der Spekulation Kierkegaards von dem Religiösen als dem *absoluten Paradox*[70] der natürlichen Vernunft hat, trotz seiner Überspitztheit, doch eine gewisse Berechtigung. Und auch der energische Gegenstoß Karl Barths gegen jegliche Form einer liberalistischen Theologie muß eigentlich von hier aus positiv gewertet werden, wenn man natürlich auch zu beachten haben wird, daß dem Wesen des „humanum" damit kein Abbruch geschehen darf, wie es in der Dialektischen Theologie tatsächlich geschieht.[71] Trotz aller Hinordnung der „Natur" auf das „Übernatürliche" gibt es doch an diesem Punkte nicht so etwas wie einen allmählichen Anstieg oder einen progressiven Übergang vom „Einen" zum „Andern", sondern es liegt hier wirklich so etwas vor wie ein Bruch, und dem religiösen Menschen wird eigentlich immer zugemutet, über einen *Graben* zu springen und damit etwas zu wagen, was in den Augen der Welt allemal lächerlich, widersinnig, kurz: eine „Torheit" ist.

Der Mensch als *religiöser* Mensch offenbart also das Besondere der Menschennatur erst in seiner ganzen Unheimlichkeit. Der Mensch selbst ist als „homo religiosus" geradezu ein Skandalon der natürlichen Vernunft und ein „Ärgernis" in den Augen der „Welt". Wenn es richtig ist, daß der Mensch ein Zwischenwesen ist und damit ein Fremdling in der bloßen Natur, dann kommt das erst eigentlich in seiner religiösen Situation mit aller Schärfe zum Ausdruck. Als der dem Religiösen und damit dem Übernatürlichen verhaftete Mensch ist er immer und kann er nichts anderes sein als ein Narr in den Augen der „Welt".

Das Merkwürdigste bei dieser Situation ist nun aber gerade darin zu suchen, daß die „Welt" für den Menschen als religiöses Wesen nicht nur und nicht einmal zuerst in seiner Umwelt liegt, sondern zunächst und sogar in besonders bedrückender Weise *in ihm selbst.* Als religiöser Mensch ist er, so paradox das auch klingen mag, sich selbst, insofern er selbst eben auch „Welt" ist, ein Ärgernis und ein dauerndes Hindernis auf dem Wege zu seiner höchsten Bestimmung.

Was damit gemeint ist, das läßt sich vielleicht am besten durch einen Hinweis auf den berühmten Don Quichote des spanischen Dichters Cervantes illustrieren.[72] Man liest vielfach über den tieferen Sinn dieses merkwürdigen Buches hinweg, indem man sich ausschließlich von der im Vordergrunde wirksamen Komik des „Ritters von der traurigen Gestalt", wie sich der Held des Buches selbst nennt, gefangennehmen läßt. Der phantastische Idealismus dieses abenteuerlichen Ritters wirkt unendlich erheiternd, zumal er sich noch auf der Folie jenes erdnahen und manchmal trivialen Realismus so phantastisch abhebt, den der nüchterne Stallknecht Sancho

Pansa vertritt. Für die meisten Leser ist also Don Quichote die lächerliche Figur, der Sancho Pansa dauernd den alltäglichen Ernst des gesunden Menschenverstandes korrigierend entgegenstellt.

Wenn man aber tiefer in den Sinn dieses Meisterwerkes eindringt, dann entdeckt man sehr bald, daß hier noch eine gewisse hintergründige Dialektik im Spiel ist, die schließlich die Rollen der beiden Gegenspieler zu vertauschen scheint. Dann übernimmt der Erzrealist Sancho Pansa plötzlich die Rolle der Lächerlichkeit, während dem phantastischen Ritter die Rolle des tiefsten Lebensernstes, ja der letzten Lebenstragik zufällt, so daß er sich nun mit Recht als „den Ritter von der traurigen Gestalt“ bezeichnen darf.

Der eigentliche Tiefsinn dieses Meisterwerkes wird uns aber erst dann bewußt, wenn wir erkennen, daß Don Quichote und Sancho Pansa im Grunde nur eine einzige Gestalt darstellen, daß sie nur ein einziges, in sich freilich zwiespältiges Wesen symbolisieren. Und dieses Wesen ist der *Mensch*, der ewige Mensch, so wie er immer war, immer ist und immer sein wird. Es ist der Mensch mit dem ewigen Zwiespalt in seiner Brust zwischen der Stimme der „Welt“ und der Stimme der „Überwelt“, zwischen der Stimme des nüchternen, trivialen Erdverstandes und der Stimme des der „Welt“ immer phantastisch erscheinenden Glaubens an das Ideal.

Nun kann man aber, ohne der Absicht des Dichters zu nahe zu treten, die hier angedeutete Symbolik noch konkreter fassen, indem man sie speziell auf den „homo religiosus“ und sein Verhältnis zur „Welt“ anwendet, wie sie ihn umgibt und wie sie in ihm selbst lebt. Dann ist der Mensch gerade in seiner Gottbestimmtheit jener „Ritter von der traurigen Gestalt“, wie ihn Cervantes uns so plastisch nahe gerückt hat. Er ist der Ritter mit dem phantastischen Glauben an das *Übernatürliche*, und dieser Glaube ist für den Erdverstand der „Welt“ (sei es nun die „Welt“ um uns her oder in uns selbst) immer eine Lächerlichkeit. Und Dulcinea von Toboso ist dann das Ideal des „homo religiosus“, das der Sancho Pansa des nüchternen Weltverstandes nur in seiner sinnfälligen Armseligkeit und Alltäglichkeit zu sehen vermag, während der phantastische Ritter des Glaubens durch diese triviale Äußerlichkeit hindurch zur Schönheit des Übersinnlichen, des Überweltlichen im Wagnis des Glaubens vorzustoßen vermag.

In dieser Situation ist nun aber der Mensch immer als religiöser Mensch. Wenn er sich indifferent verhält zu seiner Gottesanlage, dann steht er ganz im Banne der erdnahen Logik des Sancho Pansa und korrigiert den phantastischen Glaubensidealismus des Don Quichote in seiner Seele durch die Entkleidung und Entstellung des Übersinnlichen mit Hilfe seiner weltimmanenten Logik. Die Stimme des Übernatürlichen spricht zwar noch in ihm. Aber er überhört ihren Anruf. Oder aber, wenn er ihn hört, dann mißdeutet er ihn. Sein Verstand stellt ihm das Religiöse dar als das Absurde der immer zu phantastischen Illusionen geneigten Vernunft, die so leicht den Boden der nüchternen Erfahrung unter sich verliert und sich in die grenzenlosen Weiten einer übersinnlichen Traumwelt verirrt.

Derjenige Mensch aber, der sich wirklich an dieses Absurde des Religiösen wagt, indem er mit dem Wagemut eines höheren Realismus das Risiko der Lächerlichkeit vor der „Welt“ auf sich nimmt, muß erst recht erfahren, daß die Stimme des Sancho Pansa so leicht nicht zum Schweigen zu bringen ist. Wenn er auch noch so entschlossen die Brücken abgebrochen hat, die ihn mit der „Welt“ draußen verbunden haben, dann fängt die derb realistische Stimme des Sancho Pansa plötzlich in ihm selbst an zu reden, und ihre Argumente sind so verführerisch, daß nun auf einmal der ganze Bereich jenes Übersinnlichen, in den er sich mit dem Mut des Glaubens hineingewagt hat, in einem merkwürdigen Zwielicht erscheint. Alles wird jetzt für ihn hier doppeldeutig. Eine eigenartige Ambiguität macht sich bemerkbar, so daß das Recht auf zwei Seiten zu liegen scheint, auf der Seite des Glaubens und auch auf der Seite des Unglaubens, auf der Seite des phantastischen Junkers Don Quichote und auch auf der Seite des so nüchtern die Welt betrachtenden Sancho Pansa.

Aber diese Dunkelheit einer alles überschattenden Ambiguität ist nicht das einzige Moment, das die „Insecuritas“-Situation des religiösen Menschen charakterisiert. Als ein zweites Moment kommt noch die besondere *Gefährdetheit* hinzu, die der „homo religiosus“ bei seinem Glaubenswagnis an sich selbst erfahren muß. Und diese besondere Gefährdetheit liegt darin, daß gerade im religiösen Bereich der Mensch so leicht in den Abgrund der eigenen Selbstsucht hineinstürzen kann, wenn er nicht bereit ist, sich in diesem so ganz andersartigen Daseinsraum des Übernatürlichen willig von jener höheren Macht führen zu lassen, der er sich im Akt des Glaubens überantwortet hat.

Der religiöse Mensch begibt sich ja doch in diesen so ganz anderen Raum des Übernatürlichen hinein, um in ihm jenen Frieden der Seele zu finden, den ihm die „Welt“ nun einmal nicht schenken konnte, wenn sie auch noch so viele irdische Werte vor ihm aufhäufte. Die Absage an die „Welt“ entspricht also zunächst seinem höheren Sicherungsbedürfnisse, das ganz aus jenem Urglücksdrang erklärlich wird, der den Menschen bis in sein Innerstes hinein erfüllt. Der Mensch muß nun einmal diesen höheren Frieden seiner Seele suchen, wenn er nicht an den Klippen der Endlichkeit zerschellen will.

Sofort aber entsteht hier für ihn eine eigenartige Dialektik. Denn gerade indem er diesen höheren Frieden zu gewinnen sucht, kann dieses ihm von seiner Natur aufgedrängte Streben nach der Gesichertheit im religiösen Raum umschlagen in ein rein egoistisches Gesichertheitsstreben, das viel gefährlicher ist als jenes rein vitale Glückstreben des Menschen, dem wir auf der Fortunaebene begegnet sind. Sobald die Flucht des religiösen Menschen vor der „Welt" sich entlarvt als eine feige Flucht aus der „Insecuritas mundi" in eine „sacra securitas" des Glaubens, dann ist der Sinn des Glaubenswagnisses bereits völlig entstellt.

In diesem Augenblick erfährt aber auch der religiöse Mensch sofort die sonderbare Tatsache, daß in diesem übernatürlichen Raum eine ganz neue Wertordnung herrscht. In der Heilsregion[73] entdeckt er plötzlich eine Gesetzlichkeit, die aller irdischen Logik förmlich widerstreitet. Wenn schon auf der Fortunaebene der Mensch vor einer gewissen Unstimmigkeit und Unbeständigkeit des Daseins steht, vor der er unter Umständen erschrickt, dann muß er hier, in diesem so ganz anderen Lebensraum des Übernatürlichen, in den hinein er vor der Unbeständigkeit der „Welt" geflüchtet ist, die neue Erfahrung machen, daß von einer Sekurität in dem Sinne, wie er sie sich vielleicht erhofft hatte, in diesem Bereich erst recht nicht die Rede sein kann. Vielmehr scheinen gerade hier Unstimmigkeit und Unbeständigkeit so sehr zum Prinzip der ganzen Lebensordnung erhoben zu sein, daß jede kalkulatorische Logik schlechthin versagt. In diesem Lebensraum des Übernatürlichen scheint sogar alle Logik völlig auf den Kopf gestellt zu sein. So erreicht z.B. die Unstimmigkeit hier einen solchen Grad der Undurchsichtigkeit, daß die natürliche Sancho-Pansa-Vernunft einfach vor lauter Rätseln steht. In diesem Bereich sieht es so aus, als werde überhaupt nicht nach Billigkeit und Gerechtigkeit verfahren, sondern gleichsam nach souveräner Willkür geschenkt oder verweigert, erhöht oder erniedrigt, gefördert oder zurückgeschleudert. Es gilt eben hier jene paradoxe Zuteilungsordnung, wie sie uns in der Parabel von den Arbeitern im Weinberge symbolisch vor Augen gestellt wird: „Die Ersten werden die Letzten und die Letzten werden die Ersten sein."[74]

Zu dieser Unstimmigkeit kommt dann aber noch eine geradezu unbegreifliche Unbeständigkeit des scheinbar schon Erreichten. Je intensiver sich der religiöse Mensch in diesem Bereich um die Gesichertheit seines Seelenfriedens bemüht, um so mehr muß er erfahren, daß er sich mit einem solchen Bestreben hier völlig verrechnet hat. Kaum hat er sich, nachdem er den Bruch mit der „Welt“ vollzogen hat, in diesem neuen Lebensraum an dem jungen Glück des inneren Friedens berauscht, dann stellt sich meistens das Gegenteil von dem ein, was er sich erhofft und erträumt hatte. Diese ganze neue Welt erscheint ihm plötzlich schal und langweilig. Statt des anfänglichen Friedens erfährt er eine unsagbare Trostlosigkeit und innere Dunkelheit. Alles Hohe und Erhabene, was er hier anfänglich zu gewinnen gehofft hatte, verwandelt sich ihm in erbärmliche Trivialität, und die realistische Stimme Sancho Pansas in ihm erhält nun auf einmal wieder einen neuen verlockenden Klang.

Aber die „Insecuritas“-Not des religiösen Menschen kann noch höher steigen. Gerade dann, wenn die Flitterwochen des jungen Eheglücks mit dem Übernatürlichen vorüber sind und die tiefe Trostlosigkeit der enttäuschten Seele sich einstellt, öffnet sich auch sehr leicht für sie der dunkle Abgrund der Menschennatur. Und dann kommen plötzlich alle jene dämonischen Plagegeister aus diesem Abgrund wieder hervor, die der Mensch bereits für immer bezwungen zu haben glaubte. Sie fesseln ihn von neuem und stürzen ihn schließlich vielleicht sogar in neue Schuld, in tiefe, vor der „Welt“ beschämende Schuld. Denn die „Welt“ hat für nichts so scharfe Augen wie für das Negative, das im sakralen Lebensraum des Übernatürlichen sichtbar wird. Gegen dieses Negative erhebt Sancho Pansa seine Stimme am lautesten, und nun ist er, der religiöse Mensch, der der „Welt“ ins Heiligtum des Übernatürlichen entfliehen wollte, erst recht der „Welt“ ausgeliefert, und zwar so sehr, daß er sich überhaupt nicht mehr verteidigen kann.

In diesem Augenblick aber, wo der religiöse Mensch zugleich der „Welt“ und sich selbst zum Skandalon geworden ist, wird die „Insecuritas“-Gesetzlichkeit im Bereich der übernatürlichen Lebensordnung in ihrer ganzen Schärfe und Tragik sichtbar. Es ist der Augenblick der höchsten Gefährdetheit des religiösen Menschen. Denn jetzt erst steht er vor dem letzten Wagnis und vor der folgenschwersten Entscheidung. Er ist in die tiefste Dunkelheit des übernatürlichen Lebensbereiches hineingeraten. Er hatte die Gesichertheit seines inneren Seelenfriedens gesucht. Aber er hat dabei den furchtbarsten Absturz erlebt: den Absturz seiner selbst. Und dieser Absturz hat ihn nicht bloß vor sich selbst, sondern auch vor der „Welt“ in die Situation der Lächerlichkeit gebracht.

In diesem Augenblick seiner höchsten Gefährdetheit steht der religiöse Mensch wieder vor der Wahl zwischen Trotz und Hingabe. Die ganze

Dunkelheit, in die er hineingeraten ist, kann ihn zu einer solchen Verzweiflung am Übernatürlichen überhaupt führen, daß er sich nunmehr mit aller Entschiedenheit wieder zur „Welt" zurückwendet, um sein mißglücktes Glaubensabenteuer zu vergessen. Die anfängliche Liebe zu jenem Übernatürlichen, bei dem er seinen Frieden zu finden gehofft hatte, verwandelt sich nun in kühle Indifferenz oder vielleicht gar in boshafte Ablehnung, in Haß und Trotz.

Aber die Entscheidung des religiösen Menschen kann auch im Zustande seiner höchsten Gefährdetheit anders fallen. Sobald er nämlich diese ganze Dunkelheit, in die er im Raum des Übernatürlichen geraten ist, mit der Gelassenheit hinnimmt, die aus dem Geiste der Liebe stammt, dann wird gerade die Situation seiner höchsten Gefährdetheit in eine Situation der größten Fruchtbarkeit verwandelt. So offenbart sich im Bereich des Religiösen am deutlichsten die tiefe Weisheit, die in der „Insecuritas"-Situation des irrenden, ringenden, fragenden, heimverlangenden Menschen verborgen liegt.

Im wesentlichen aber sind es drei Hauptfragen des religiösen Lebensbereiches, vor denen der Mensch in seinem Heilsstreben diese Ungesichertheit am meisten erfährt, nämlich die drei Fragen der religiösen Gottesgewißheit, der Offenbarungsgewißheit und der persönlichen Heilsgewißheit. Vor jeder dieser drei Fragen gerät er in jenes eigenartige Halbdunkel, in dem der Zweifelnde Grund genug finden kann für seinen Zweifel und der Glaubende ebenso Grund genug finden kann für seinen Glauben. Jedesmal ist es die gleiche Doppeldeutigkeit, die gleiche Ambiguität, mit der diese Fragen sich vor dem sein Heil suchenden Menschen darstellen. Und immer ist es die gleiche Situation höchster Gefährdetheit, in die der religiöse Mensch vor diesen Fragen geführt wird. Die drei Fragen der religiösen Gottesgewißheit, der Offenbarungsgewißheit, der persönlichen Heilsgewißheit sind für ihn jedesmal von einer so entscheidenden Bedeutung, daß sie ihn in die äußerste menschliche Grenzsituation stellen können, in der er entweder in trotziger Selbstsucht sich selbst zerbricht oder in liebender Hingabe an die undurchschaubare transzendente Macht, die sich ihm in dieser Dunkelheit genähert hat, geläutert wird für den weiteren Empfang der Gnade. An der Grenzschwelle dieses übernatürlichen Lebensraumes gilt nur das eine unerbittliche Prinzip, an dem alle vernünftelnde Sancho-Pansa-Logik der „Welt" immer wieder scheitern muß. Es ist das Prinzip der religiösen Alogik, das in der Bergpredigt Christi steht: „Selig sind die Armen im Geiste, denn ihrer ist das Himmelreich."[75]

ZEHNTES KAPITEL

Der „homo religiosus" im Halbdunkel der religiösen Gottesgewißheit

Die Ambiguität, die für die religiöse Wertsphäre so charakteristisch ist, begegnet uns gleich bei der ersten von den eben genannten drei Hauptfragen, nämlich bei der Frage nach der *religiösen* Gottesgewißheit. Dieses Gottesbewußtsein des „homo religiosus" darf natürlich nicht verwechselt werden mit der bereits früher behandelten *philosophischen* Gottesgewißheit. Bei der letzteren handelt es sich um eine rein begrifflich-abstrakte Gotteserkenntnis der philosophierenden Vernunft.

Der natürliche Spielraum der spekulativen Vernunft ist von der spezifisch religiösen Seins-, Wert- und Lebenssphäre, in der sich das Heilsdrama des Menschen abspielt, sorgfältig zu unterscheiden. Man darf freilich bei dieser Unterscheidung nicht so weit gehen, daß man den Menschen gleichsam in zwei absolut heterogene Bestandteile zerreißt. In Wirklichkeit sind ja der „homo philosophus" und der „homo religiosus" der *eine* Mensch, der seiner Natur nach hingeordnet ist auf das Übernatürliche, wenn auch das „humanum" als das „debitum naturae" von dem Übernatürlichen als dem „indebitum" sich begrifflich abheben läßt. Zwischen dem „homo philosophus" und dem „homo religiosus" bestehen also gewisse Wechselbeziehungen in dem Sinne, daß im ersteren immer auch schon der letztere mit in Tätigkeit tritt und daß umgekehrt auch der „homo religiosus" auf die natürliche Denktätigkeit des „homo philosophus" angewiesen ist. Deshalb ist auch eine so völlige Auseinanderreißung der beiden Sphären von Metaphysik und Religion, wie sie Max Scheler in seinem Werk „Vom Ewigen im Menschen"[76] durchzuführen versucht hat, nicht angängig. Zwischen diesen beiden Sphären besteht eine gewisse Zuordnung zueinander, die nicht außer acht gelassen werden darf. Allerdings darf auch wieder die Beachtung dieser Konvergenz nicht dahin führen, daß man darüber die wesenhafte Verschiedenheit von Metaphysik und Religion vergißt und das Übernatürliche des religiösen Heilsbereichs naturalistisch verfälscht. An diesem Punkte ist Karl Barths Kampf gegen die Säkularisierung des Religiösen sehr ernst zu nehmen, ohne daß mit diesem Hinweis jener Verstümmelung des „humanum" ein Zugeständnis gemacht werden soll, wie sie in der Dialektischen Theologie erfolgt ist.

So schwierig nun aber auch alle Grenzbestimmungen sein mögen, die hier in Frage kommen, das eine ist jedenfalls klar, daß die philosophische Gottesgewißheit der Metaphysik etwas wesentlich Anderes ist als die religiöse Gottesgewißheit. Der „Gott der Philosophen" ist in seiner kalten Begrifflichkeit ohne Wärme und ohne Leben. Er ist ein Abstraktum der bloßen Reflexion und Spekulation.

Die religiöse Gottesgewißheit dagegen ist das praktisch-lebendige Verhältnis des in seiner Heilsnot stehenden Menschen zum *lebendigen* Gott. Aber dieses reale Verhältnis könnte nun sofort so verstanden werden, als sei es etwa nur ein rein sittliches Verhältnis zu den obersten sittlichen Normen und ihrem „kategorischen Imperativ"[77]. Daß ein derartiges rein sittliches Verhältnis schon ein in gewissem Sinne existentiell-lebendiges Verhältnis ist, kann nicht bestritten werden. Aber es ist dies noch nicht das eigentlich religiöse Verhältnis des Menschen zum lebendigen Gott. Wohl ist die Religion ohne dieses sittliche Verhältnis nicht zu denken. Aber auch der Gott der reinen Ethik ist noch ein unpersönliches Abstraktum der praktischen Vernunft.

Der lebendige Gott der Religion ist der Gott des Glaubens, der Liebe und der Gnade. Durch das Medium des Gewissens im tiefsten Innern der Seele wird der Mensch von diesem lebendigen Gott *angesprochen*, und zwar wird er von ihm in einer Weise angesprochen, wie sonst nichts in der ganzen Welt ihn ansprechen kann. In diesem inneren Angesprochenwerden erfährt der Mensch ein personal-lebendiges Gegenüber, ein „Du", mit dem er sich als „Selbst" in geheimnisvoller Kommunikation weiß. Aber es ist kein „Du", das dem „Du" der mitseienden Gemeinschaftswesen so ohne weiteres gleichgesetzt werden kann. Es ist ein „Du" auf einem ganz anderen Seinsniveau, ein „Du", das gleichsam von oben her spricht, ein *ewiges* „Du".

Die Reaktion des Menschen auf den inneren Anspruch dieses ewigen „Du" kann natürlich sehr verschieden sein. Es gibt dabei drei Möglichkeiten. Und entsprechend diesen drei Möglichkeiten können wir drei Gruppen von Menschen im religiösen Bereich unterscheiden. Die erste Gruppe bilden die Menschen, die in einer gewissen Herzenstaubheit den inneren Anruf überhören. Sie sind so sehr mit sich selbst beschäftigt oder in den Lärm der „Welt" hineingezogen, daß sie den inneren Anruf zeitweilig oder dauernd überhaupt nicht vernehmen. Sie leben dumpf vegetierend dahin, beinahe an der Grenze animalischer Unmittelbarkeit. Eine zweite Gruppe bilden die Menschen, die diesen inneren Anruf zwar hören, die sich aber zugleich gegen ihn auflehnen. Und diese innere Auflehnung kann in den verschiedensten Stärkegraden erfolgen, vom bloßen Unmut über diese innere Ruhestörung von seiten des Ewigen bis zum vollendeten Trotz und Haß, bis zur prometheischen Empörung. Die dritte Gruppe von Menschen bilden diejenigen, die diesen Ruf hören und ihn zugleich ernstlich anhören. Sie wissen sich diesem Anruf gegenüber zur Antwort aufgerufen, und zwar im Sinne der positiven Verantwortung und Entscheidung.

In allen diesen Fällen haben wir das existentiell-lebendige Verhältnis des religiösen Menschen zum *lebendigen* Gott, der als der Gott des Glaubens, der Liebe, der Gnade im Heilsdrama der Seele Ausgangspunkt und Zielpunkt des gesamten innerseelischen Geschehens ist, „terminus a quo" und „terminus ad quem". Bei den beiden letzten Menschengruppen ist das ganz deutlich erkennbar. Bei der ersten Gruppe könnte es zweifelhaft sein, ob hier überhaupt noch von einem religiösen Bezugsverhältnis gesprochen werden kann. Man wird aber sagen dürfen, daß auch das Überhören der inneren Stimme bei dieser ersten Gruppe noch eine Art Hören ist. Denn die Naturunmittelbarkeit des Tieres ist ja dem Menschen auf Grund seiner Natur versagt. Eine absolute Indifferenz gegenüber dieser inneren Stimme des ewigen „Du" ist bei normaler Anlage des Menschen überhaupt nicht denkbar.

Die religiöse Gottesgewißheit in diesem existentiell-lebendigen Verhältnis des „homo religiosus" zum lebendigen Gott bedeutet demnach eigentlich das Bewußtsein einer gewissen personal-lebendigen *Gottesnähe.* Natürlich gibt es für dieses Bewußtsein der Gottesnähe die verschiedensten Gradmöglichkeiten. Sie haben ihren Grund auf beiden Seiten dieses realen Lebensverhältnisses, auf der Seite Gottes und auf der Seite des Menschen.

Prinzipiell ist Gott zwar allen Menschen unmittelbar nahe im Innern der Seele, näher sogar als wir selbst uns selbst nahe sind, wie Augustinus betont.[78] Aber es gibt doch bei den einzelnen Menschen ein ganz verschiedenes Gottesgewicht. Gott lastet nicht auf jeder Seele gleich schwer. Er ruft zwar alle Menschen an. Aber der Anruf ist sehr verschieden, je nach der Dynamik der inneren Stimme. Nicht jeder Mensch wird von Gott mit jener Eindringlichkeit und Unerbittlichkeit angerufen wie Paulus vor Damaskus oder wie Augustinus beim Erlebnis des „Tolle, lege".[79]

Von dieser von Gott her begründeten Gottesnähe der Seele ist die vom Menschen her begründete zu unterscheiden. Die vom Menschen her begründete Gottesnähe liegt in der Art der Antwort, die von der Seele beim Gottesanruf erfolgt.

In dieser verschiedenartigen Gradabstufung der Gottesnähe, wie sie im religiösen Gottesverhältnis der Seele bald von Gott her, bald vom Menschen her begründet wird, treffen wir nun aber auch auf die Erscheinung der *Gottesferne*. Sie ist grundsätzlich begründet in den mannigfaltigen Formen der Flucht des Menschen vor Gott. Gott ist dann zwar nahe, aber der Mensch versucht sich dieser Gottesnähe zu entziehen, indem er in irgend einen endlichen Wertbereich entflieht und sich fremde Götzenbilder schnitzt. Zuweilen erhält dann die Jagd Gottes nach der entfliehenden Seele etwas spannend Dramatisches. Manche Seelen werden von Gott geradezu gejagt wie ein edles Wild. Je mehr sie zu entfliehen versuchen, um so mehr setzt Gott ihnen zu, bis sie schließlich, vom Pfeil der Gnade zu Tode getroffen, sich in Gott hinein verbluten oder auch, in furchtbarem und qualvollem Widerstand, sich an Gott verbluten.

Aber diese Erscheinung der Gottesferne muß auch von Gott her betrachtet werden. Sie liegt dann zunächst schon darin begründet, daß die Dynamik der inneren Stimme des Gottesanrufes bei den verschiedenen Menschen verschieden ist. Aber es gibt auch beim zeitlichen Verlauf des Heilsdramas für den einzelnen Menschen so etwas wie eine Periodizität von Gottesnähe und Gottesferne. Gott nähert sich der Seele, und er entfernt sich auch wieder von ihr nach einer gewissen Gesetzlichkeit, die ihren Grund hat in einer für uns undurchsichtigen und erhabenen Erziehungsweisheit. Auch die Weltgeschichte scheint von dieser Periodizität der Gottesnähe und der Gottesferne geheimnisvoll durchwaltet zu werden. Die Parabel vom verlorenen Sohn enthält auch in dieser Hinsicht einen tief verborgenen Sinn. Es scheint so, daß manchmal erst in der Gottesferne der Mensch fähig wird, die Gottesnähe in ihrer eigentlichen Bedeutung zu werten und zu verstehen. Sogar die Schuld wird in diesem Sinne zu einem positiven Faktor im ewigen Heilsdrama der Menschheit. Die „felix culpa" führt oft den verlorenen Sohn ins Vaterhaus, dem er entfliehen wollte, zurück, während die Werk- und Selbstgerechtigkeit den daheimgebliebenen Sohn zuweilen in der Geborgenheit des Vaterhauses die furchtbare Not und Einsamkeit der Gottentfremdung erfahren läßt.

Neben allen derartigen Erscheinungen der Gottesnähe und der Gottesferne gibt es aber im religiösen Lebensraum noch eine gewisse Dialektik der religiösen Gottesgewißheit in dem Sinne, daß Gott sich *zugleich* enthüllt und verhüllt. Er enthüllt sich zwar, aber er enthüllt sich, um sich als enthüllter Gott zugleich auch wieder zu verhüllen. Und er verhüllt sich, um sich auf diese Weise zugleich auch wieder zu enthüllen. So entsteht im Heilsraum des Übernatürlichen ein gewisses Halbdunkel, ein eigenartiges „clair-obscur". Gott ist im religiösen Gottesbewußtsein für die Seele zugleich da und nicht da. Dadurch entsteht für sie ein gewisser Schwebezustand zwischen Gewißheit und Ungewißheit. Und gerade dieser Schwebezustand gibt der religiösen Gottesgewißheit ihr ganz besonderes Gepräge. Die Seele wird nie von der religiösen Gottesgewißheit so absolut bezwungen, daß ihr kein Raum mehr bleiben würde für ihre Selbstentscheidung. Gewißheit und Ungewißheit erscheinen in einer ganz engen Verbindung, so daß immer Glaube und Unglaube zugleich die Möglichkeit haben für ihren Einsatz und ihre Entfaltung. Im religiösen Raum enthüllt sich so die geheimnisvolle Dialektik zwischen dem „Deus revelatus" und dem „Deus absconditus". Die Verborgenheit Gottes im religiösen Daseinsraum ist manchmal bei weitem unheimlicher und aufreizender für die Menschenseele auf ihrem Heilswege als die Tatsache der Offenbarkeit und der Nähe Gottes. Das *Schweigen Gottes* ist zuweilen in der religiösen Sphäre der Modus seines vernehmlichsten Anrufs. Und die Ferne Gottes ist manchmal seine wunderbarste oder erschreckendste Nähe.

Diese Dialektik zwischen dem offenbaren und dem verborgenen Gott verwandelt den religiösen Gesamtraum der Menschheit in ein einziges Kampffeld, auf dem Glaube und Unglaube sich beständig als die feindlichen Gegenspieler so gegenüberstehen, daß sie eben in ihrer Gegnerschaft gemeinsam das ewige Heilsdrama der Menschheit bewirken helfen. Es wird zwar oft genug darauf hingewiesen, daß der Unglaube ohne sein Wollen und Wissen geradezu im Dienste des Glaubens stehe. Aber der Unglaube wird trotzdem selten in jener eminent positiven Bedeutung aufgefaßt, die ihm notwendig als einem geradezu integrierenden Moment im gesamtmenschlichen Heilsdrama zukommt. In der Möglichkeit des Unglaubens liegt nicht nur eine verborgene Tragik der Menschheitsgeschichte, sondern auch die tiefe Sinnhaftigkeit, die der „Insecuritas humana" gerade bei der religiösen Gottesgewißheit zukommt. Ja, der Unglaube ist nicht nur eine Folge dieser „Insecuritas", sondern er übernimmt sogar die Funktion dieser Ungesichertheit, indem er dazu beiträgt, daß der Glaube sich niemals einer bequemen Sekurität überlassen kann. Der Unglaube ist das nie aufhörende Stimulans des Glaubens, den er stets zu neuer Vergeistigung und zu lebendiger Verjüngung antreibt. Vielleicht sind deshalb die Zeitalter eines starken Glaubens so oft auch die Zeitalter eines ebenso starken Unglaubens. In dem Maße, wie der Gegendruck des Unglaubens nachläßt, pflegt sehr oft auch die jugendliche Beschwingtheit des Glaubens zu erlahmen. Das ist wohl der tiefere Sinn des vielzitierten Wortes: „Sanguis martyrum semen christianorum."[80]

Die Ambiguität, in der der lebendige Gott der religiösen Sphäre steht, gibt daher auch dem Unglauben eine stark positive Chance. Gott ist zwar soviel enthüllt, daß der Gläubige bei gutem Willen die Möglichkeit hat, klar zu sehen. Aber er ist dabei doch auch wieder so rätselhaft verhüllt und verschleiert, daß auch der Ungläubige Grund genug hat, sich auf die Vernunftberechtigung seiner negativen Entscheidung zu berufen. Unglaube wie Glaube haben eben beide in gleicher Weise Raum nebeneinander in dem universalen Bereich, in dem sich das menschheitliche Heilsdrama abspielt.

Klarheit und Dunkelheit stehen dabei stets in einem dialektischen Wechselverhältnis für die beiden hier auftretenden Gegenspieler. Es gibt gegenüber der religiösen Gottesgewißheit neben der Dunkelheit, die dem Ungläubigen einen Anschein von Recht zukommen läßt für seinen Unglauben, doch auch immer noch so viel Klarheit, daß er niemals zu einer bequemen „securitas dubii" gelangt. Bei aller angemaßten Sicherheit in seinem positiven Gotteszweifel wird er das Unbehagen einer gewissen Unsicherheit, eines wenn auch noch so verborgenen Zweifels am Zweifel, nicht los. Und dieses Unbehagen ist es gerade, was ihn dauernd zum Kampf gegen den Glauben inzitiert. Aus einem ihm selbst verborgen bleibenden Glauben heraus tritt der Unglaube gegen den Glauben in Aktion. Und der Kampf wird oft um so erbitterter, je stärker sich im Unglauben dieser ihm selbst verborgen bleibende Glaube regt. Der Unglaube kämpft im Kampf gegen den Glauben sehr oft mehr gegen den ihm unbequemen Gegner in der eigenen Brust als gegen den ihm sichtbar gegenüberstehenden Verteidiger des Glaubens. Der oft so furchtbar zutage tretende Fanatismus des Unglaubens kann in gewissem Sinne sogar als eine positiv religiöse Erscheinung betrachtet werden.

Umgekehrt wird nun aber auch dem Glauben nicht jene Klarheit zuteil, daß er sich pharisäisch über den Unglauben erheben dürfte. Es bleibt bei aller möglichen Klarheit noch soviel Dunkelheit bei der religiösen Gottesgewißheit zurück, daß der vollen Siegesgewißheit des Glaubens ein genügendes Hemmnis im Wege steht. Die Klarheit der religiösen Gotteserkenntnis ist nie so groß, daß dem Intellekt überhaupt nicht mehr die Möglichkeit bliebe, entweder gegen den Stachel des Glaubens auszuschlagen oder sich vor dem Mysterium des Glaubens zu verdemütigen. Die natürlich-rationalen Argumente des Unglaubens gegen den Glauben erhalten zeitweilig ein solches Übergewicht, daß in den Augen der „Welt" der Sieg der natürlichen Vernunft über den Glauben als eine vollendete Tatsache erscheint. Denn das Universum als Ganzes und das Leben in seiner Totalität sind ja doch so geartet, daß der derbe Erdrealismus der Sancho-Pansa-Logik mit seiner natürlichen Erklärung des Seins scheinbar im Recht ist und daß er dem Glauben die Rolle der Lächerlichkeit aufdrängen kann. Deshalb ist denn auch der Fanatismus des Glaubens eine Art dialektisches Gegenspiel zum Fanatismus des Unglaubens. Während der Fanatismus des Unglaubens oft aus einem ihm selbst unbewußten Glauben stammt, der ihn beständig zum Kampf reizt, stammt der Fanatismus des Glaubens nicht selten aus einem ihm selbst verborgen bleibenden Unglauben, der die scheinbar oder manchmal auch wirklich überlegene Logik der „Welt" als eine tatsächliche Gefahr für seine Sache betrachtet, ohne sich selbst freilich dieses Minoritätsbewußtsein offen einzugestehen. Deshalb ist der wirklich tief in der Liebe und der Demut gegründete Glaube immer in etwa jener unendlichen Langmut und jener großzügigen Geduld verwandt, die Gott in seiner erhabenen Weisheit gegenüber dem Irrenden zeigt. In dieser edlen, hochherzigen Geduld ist die eigentliche Überlegenheit des Glaubens über den Unglauben zu suchen, wie es umgekehrt notwendig zum Wesen des Unglaubens gehört, ungeduldig und unduldsam zu sein. Das Prinzip „In patientia possidebitis animas"[81] ist das eigentliche Leitmotiv des wahren Glaubens, der von seinem erhabenen, überzeitlichen Standort aus aller zeitlichen Ungeduld des Unglaubens wesensmäßig immer so weit voraus ist, daß er nie eingeholt werden kann.

Aber nicht bloß auf der Gesamtbühne des menschlichen Heilsdramas, auf der sich die großen Gegenspieler des Glaubens und des Unglaubens beständig gegenüberstehen, kommt diese Dialektik zwischen dem verborgenen und dem offenbaren Gott zur Geltung. Sie hat auch eine tiefe Bedeutung für die einzelne gläubige Seele, die auf ihrem Heilsweg bald von der Finsternis ins Licht, bald vom Licht in die Finsternis geführt wird. Gerade hier offenbart sich dann aber der in Geduld auf ihrem Glaubensweg dahinschreitenden Seele mit der Zeit die tiefe Weisheit, die darin liegt, daß unsere religiöse Gottesgewißheit immer in dem Spielraum der „Insecuritas humana" verbleibt, im Halbdunkel der Dialektik zwischen dem teilweise enthüllten und teilweise verhüllten Gott des Glaubens. Die Fortschrittsgesetzlichkeit des religiösen Weges besteht gerade darin, daß Gott sich oft scheinbar verbirgt und entfernt, um in Wirklichkeit die Seele näher an sich heranzuziehen und sich ihr deutlicher zu enthüllen. Freilich braucht der Mensch zuweilen eine gewisse Zeit, um die verborgene Weisheit dieser „theologia crucis" zu erkennen und dabei jene tiefste Gelassenheit in der äußersten Verlassenheit zu gewinnen, die Tauler einmal als den Gipfel der religiösen Vollkommenheit bezeichnet hat.

Würde dieser beständige Wechsel zwischen Gottesnähe und Gottesferne, zwischen „Deus absconditus" und „Deus revelatus", auf dem Heilswege der Seele nicht erfolgen, dann käme sie bald in die Gefahr, das Gottesbild des Glaubens mit den falschen Bildern ihrer Selbstsucht zu umstellen und sich hinter einer pharisäerhaften Werkgerechtigkeit in das trügerische Bewußtsein ihrer bereits erfolgten Vollendung einzuwiegen. Die „Insecuritas", in der die religiöse Gottesgewißheit beständig verbleibt, verringert die Gefahr der seelischen Erstarrung in falscher Subjektivität und der Vermenschlichung des Gottesbildes durch tote Bilder und Buchstaben. Erst die zeitweilige Gottesferne kann die Seele allmählich so weit entsubjektivieren, daß sie reif wird für eine wahrhaft vergeistigte Erfahrung der religiösen Gottesgewißheit.

Von solcher Betrachtung her ergibt sich nun aber, daß die „Insecuritas"-Situation des „homo religiosus" im Hinblick auf die Gottesfrage nicht einfach als ein Defekt der menschlichen Natur betrachtet werden darf. Eine solche Erklärung dieser Erscheinung, wie sie teilweise auf philosophischer, teilweise auf theologischer Grundlage versucht wird, geht an der bedeutsamen Tatsache vorbei, daß die „Insecuritas"-Situation des Menschen gerade im Bereich der gläubigen Gotteserfahrung zum Wesen des Menschen gehört und daß sie vor allem nicht, wie es der Agnostizismus wahrhaben will, eine stiefmütterliche Behandlung des Menschen von seiten der Natur bedeuten kann. Es ist auf philosophischer Grundlage insbesondere der Irrtum Kants, der hier abgewiesen werden muß. Wenn Kant betont, daß die menschliche Vernunft die Gottesfrage zwar notwendig immer wieder aufwerfen müsse, um aber vor ihr ebenso notwendig immer wieder zu scheitern, dann hat er tatsächlich einen ontischen Wesensdefekt der menschlichen Natur damit angenommen, und das ist eine Annahme, die der tiefen Weisheit der Schöpfung in keiner Weise gerecht wird.

Nicht weniger verfehlt ist es aber, wenn von theologischer Seite her die Erscheinung des „Deus absconditus" einzig und allein auf die völlige Korruptheit des „humanum" seit dem Fall Adams zurückgeführt wird. Bei dieser Theorie handelt es sich zwar nicht um einen primär ontischen Defekt der Menschennatur und damit um eine primäre Fehlanlage in der Seinsordnung, sondern um einen von der menschlichen Gattung selbst verschuldeten Defekt. Daß das tiefe Geheimnis des „Deus absconditus" freilich auch mit diesem selbstverschuldeten Defekt des Menschen in einem gewissen Zusammenhang steht, soll gewiß nicht bestritten werden. Aber daß die „Insecuritas"-Situation des Menschen gerade in der Frage der religiösen Gottesgewißheit nur von dieser Seite her gedeutet werden dürfe, ist schon deshalb unbegreiflich, weil ja auch der erste Mensch bereits in dieser „Insecuritas"-Situation gestanden haben muß, wenn die *Möglichkeit* seines Falles verständlich werden soll. Mag auch unsere Gottesgewißheit im „status naturae lapsae" noch so wenig vergleichbar sein mit jener lebendigen Gottesgewißheit, wie sie der auf höchster Vollkommenheitsstufe stehende erste Mensch tatsächlich besaß, soviel ist jedenfalls gewiß, daß auch der erste Mensch keine Gottesgewißheit „sine insecuritate" besitzen konnte.

Man wird aber sagen dürfen, daß auch für den Menschen des „status naturae lapsae" die Erscheinung des teilweise tief verhüllten Gottes, bei gleichzeitiger teilweiser Enthülltheit, nicht nur eine Folge seiner strafenden Gerechtigkeit ist, sondern auch und vielleicht sogar am meisten eine Folge seiner Liebe und ein Zeichen seiner erhabenen Erziehungsweisheit. Gerade in der religiösen Sphäre offenbart sich ja die höchste Endbestimmung der menschlichen Natur. Sehr tief ist, was in dieser Hinsicht Pascal in den „Pensées" sagt: „Gottes Zweck ist mehr den Willen zu vervollkommnen als den Intellekt. Eine völlige Klarheit aber würde nur dem Intellekt dienen, dem Willen dagegen schaden."[82]

Wenn schon auf der philosophischen Ebene vor der Gottesfrage die „ratio" eine tiefe Demütigung erfahren muß, dann ist es ganz gewiß begreiflich, daß sie auf der religiösen Ebene zwar *nicht völlig ausgeschaltet*, aber doch so erniedrigt wird in ihrer prinzipiellen Bedeutung für das Leben, wie es auf keinem anderen Gebiete des menschlichen Daseins der Fall ist. Der lebendige Gott der Liebe und der Gnade wendet sich mit seinem ewigen Anruf gar nicht in erster Linie an den Intellekt, sondern vor allem an das „*Herz*", als die Wesensmitte der menschlichen Person. Er wendet sich an jenes zentrale „intimum mentis", in dem auf der Grenze zwischen dem Unbewußten und dem Bewußten allemal die eigentlichen Lebensentscheidungen fallen, jene existentiellen Entscheidungen, die aus der Totalität der Menschennatur geboren werden. Und so ist es tief sinnvoll, wenn gerade im Bereich der religiösen Gottesgewißheit der Intellekt, der so leicht gegen den Stachel der Liebe auszuschlagen pflegt, in die tiefste Dunkelheit versetzt wird, die überhaupt in einer Daseinssituation erfahren werden kann.

Von daher erklärt es sich, daß der lebendige Gott des Glaubens, der Liebe und der Gnade sich nicht in erster Linie den Weisen dieser Welt offenbart, nicht den scharfsinnigen Genies der Spekulation, sondern den Kindern und Unmündigen, denen, die sich die Einfalt des Herzens bewahrt haben. Nicht die am meisten Wissenden, sondern die am meisten zur Liebe fähigen Seelen empfangen am ersten das Gnadengeschenk des Glaubens.

Die „Insecuritas"-Situation des „homo religiosus" bei der Frage der religiösen Gottesgewißheit bedeutet also nicht bloß den für den Eingriff der Gnade nötigen Spielraum, sondern sie offenbart zugleich den höchsten Triumph der Gnade und ihrer weltüberlegenen Weisheit über allen unweisen Vorwitz und Wissensdünkel der „Welt"-Logik. Die „Welt" möchte immer erst *wissen*: sie scheut das Existenzwagnis der großen Liebe. In kluger Kalkulation will sie das wesenhaft Höhere in ihre niedere Sphäre herabziehen. Hier setzt die Gnade dem niederen Erdverstand ihre wesenhaft andere Ordnung der Gratuität entgegen. Diese höhere Ordnung der Unberechenbarkeit ist das eigentliche Ärgernis für den Verstand, die Grenze, an der er sich zu Tode spekuliert. Die Herzenseinfalt der „Unverständigen" erfährt dieses Ärgernis überhaupt nicht. Denn für die große Liebe ist alles möglich.

Deshalb ist es denn auch so bezeichnend (und zugleich so beschämend für die „Welt"), daß Christus bei seinem Erscheinen sich nicht zuerst den Großen dieser Erde offenbarte, sondern den Hirten auf dem Felde, und daß diese ihn auch sofort erkannten. Aber damit stehen wir bereits vor der zweiten unserer drei Hauptfragen, nämlich vor der Frage der Offenbarungsgewißheit.

ELFTES KAPITEL

Der „homo religiosus" im Halbdunkel der Offenbarungsgewißheit

Der Weg zur religiösen Gottesgewißheit führt über die unmittelbare Offenbarung Gottes im Inneren des Herzens, wo jede Menschenseele den gerade ihr zugedachten Ewigkeitsanruf vernimmt und damit vor die Wahl gestellt wird, sich für Gott oder gegen Gott zu entscheiden. Neben dieser unmittelbaren Herzensoffenbarung Gottes, die für die einzelne Seele bestimmt ist, gibt es eine Gesamtoffenbarung, die an die ganze Menschheit gerichtet ist und die in die innerseelische Einzeloffenbarung immer mit hineinspielt.

Bei dieser an das gesamte Menschengeschlecht gerichteten Offenbarung haben wir eine zweifache Gestalt zu unterscheiden. Denn in zweifacher Weise hat sich Gott dem Menschengeschlechte kundgetan: einmal in *natürlicher* Weise durch das Werk der Schöpfung und durch ihre Erhaltung und Leitung, dann aber auch in *übernatürlicher* Weise durch die Mitteilung seiner innergöttlichen Mysterien und ewigen Ratschlüsse. Die letztere Offenbarung ist das, was wir eigentlich als *die* Offenbarung im streng religiösen Sinne des Wortes verstehen. Sie enthält das zwar in menschlicher Sprache verkündete, aber über diesen Literalsinn hinaus mit dem tieferen geistlichen Sinn erfüllte Ewige Wort Gottes an die Menschheit. Diese Heilige Offenbarung erfolgt in zwei Etappen. Sie beginnt mit der *prophetischen* Offenbarung des Alten Testamentes, die sich auf dem Wege über die Inspiration einer kleinen Schar eigens von Gott gesandter Männer vollzieht. Sie setzt sich fort und vollendet sich in der *christlichen* Offenbarung des Neuen Testamentes, in der Offenbarung durch Christus und die von ihm für sein Werk ausgewählten Apostel. Insofern sie durch das Medium des Menschen Christus und der von ihm gesprochenen Sprache geschieht, ist sie der alttestamentlichen Offenbarung verwandt. Wesenhaft verschieden aber ist sie auch wieder von ihr, insofern sie aus dem *gottmenschlichen* Selbstbewußtsein Christi erfließt, der sich in diesem Selbstbewußtsein *eins* weiß mit Gott, als der ewige Logos, als der eingeborene und Gott wesensgleiche Sohn des ewigen Vaters, und der sich als Gottmensch vor der Welt durch seine Lehre, sein Leiden und seinen Tod bekundet und bezeugt. In Christus ist also das Ewige Wort Gottes leibhaft in die Welt eingetreten. Ihren endgültigen Abschluß findet diese christliche Offenbarung (und damit die Offenbarung überhaupt) in dem, was die von Christus ausgewählten Apostel, insbesondere Paulus, nicht bloß unter dem Beistand, sondern durch die Inspiration des Heiligen Geistes, als der dritten Person der dreieinigen Gottheit, als offizielle Lehre Christi sowohl schriftlich wie mündlich mitgeteilt haben. Diese übernatürliche Gesamtoffenbarung des Alten wie des Neuen Testamentes tritt in der Gestalt der Heiligen Schrift und der mündlichen Überlieferung, über deren beider Reinerhaltung die von Christus gestiftete Kirche unter dem Beistand des Heiligen Geistes zu wachen hat, an die Menschheit heran. Und diese *übernatürliche* Offenbarung allein haben wir im Auge, wenn wir von dem eigentümlichen Halbdunkel der Offenbarungsgewißheit sprechen, in das sich der „homo religiosus" versetzt sieht, mag er nun dieser Offenbarung gläubig bejahend oder ungläubig ablehnend gegenübertreten.

In der Hauptsache sind es drei Fragen, die im Bereich der Offenbarungsgewißheit dem „homo religiosus" immer wieder große und größte Schwierigkeiten bereiten. Die erste Frage lautet: Ist es wirklich das Ewige Wort Gottes selbst, das in dieser Ganzheit der Offenbarung die Menschheit anspricht, oder ist dieses Wort letzten Endes doch nur ein rein menschliches und demnach also weltimmanentes Wort? Muß diese erste Frage im Sinne einer wirklich welttranszendenten Herkunft bejaht werden, dann erhebt sich sofort eine zweite, nicht weniger schwierige Frage. Sie lautet: Welches ist die einzig zulässige Deutung dieses in vieler Hinsicht so dunkeln Wortes, und zwar nicht nach seinem Buchstaben, sondern nach seinem Geist, und welches ist die einzig berechtigte Instanz in der Welt, auf die wir uns für die Deutung dieses Wortes nach seinem abgründigen Spiritualsinn berufen können? An diese zwei Fragen schließt sich noch eine dritte Frage, die dahin lautet: Ist dieses an die Menschheit vor Jahrtausenden ergangene Ewige Wort durch die langen Zeiträume der menschlichen Geistesgeschichte bis in unsere Gegenwart hinein rein und unverfälscht von menschlichen Zutaten und Entstellungen auf uns gekommen? Vor diesen drei Fragen nun, die die göttliche Autorität, die wahre geistliche Sinndeutung und die unverfälschte Echtheit des Ewigen Wortes der Offenbarung betreffen, erfährt der „homo religiosus" aufs neue und in verschärfter Gestalt die Spannung jener „Insecuritas"-Gesetzlichkeit, die wir bereits im Bereich der religiösen Gottesgewißheit kennen gelernt haben.

Eine der ersten Schwierigkeiten besteht nun darin, daß dieses Ewige Wort der Offenbarung sich mit einer geradezu unerhörten Autorität und Souveränität mitten in die natürliche „Welt" hineinstellt. Sein Anspruch, gehört zu werden, ist eine so unerbittliche und irritierende Zumutung an den Erdverstand der „Welt“, daß es etwas Ähnliches in der ganzen Geistesgeschichte der Menschheit überhaupt nicht gibt. Hier spricht nicht etwa ein großer Weiser wie Platon oder Lao-tse. Hier spricht auch nicht etwa ein großer Welteremit wie Buddha. Hier spricht ein „Etwas“ oder vielmehr ein „Jemand“, der überhaupt nicht mehr nach den Gesetzen des Weltverstandes mit sich reden läßt. Hier spricht eine überhaupt aus dem Rahmen alles menschlich Gewohnten sich einmalig und absolut heraushebende Geistesmacht, die mit ihrer nach Form und Gehalt tief mysteriösen und unheimlich diktatorischen Botschaft die Menschheit in ihrer Gesamtheit aufs äußerste beunruhigt, in atemlose Bewegung versetzt und sie herausfordert bis zum absoluten Ärgernis der natürlichen Vernunft.

Man braucht nur beiläufig auf das eine oder andere hinzuweisen, um sich die absolute Ausnahmesituation zu vergegenwärtigen, in der die Offenbarung in der „Welt“ dasteht. Man schlägt beispielsweise das dritte Kapitel im zweiten Buche Mosis auf, jene Stelle, an der Moses seinen göttlichen Auftraggeber fragt, auf welchen Namen er sich vor seinen Stammesgenossen berufen solle, um seine göttliche Sendung zu beglaubigen. Gott antwortet dem Moses auf diese Frage mit dem in der Geistesgeschichte schlechthin einmalig dastehenden Wort: „*Ich bin, der Ich bin.*“ („Dixit Deus ad Moysen: Ego Sum Qui Sum. Ait: dices filiis Israel: Qui Est, misit me ad vos.“)[83] Wenn man nun im Hinblick auf dieses Offenbarungswort in Betracht zieht, daß Jahrtausende später die angestrengteste Seinsspekulation der Griechen nötig ist, von Parmenides über Platon bis zu Aristoteles, um auch nur annähernd, auf philosophischem Wege, wie es im 12. Buch der „Metaphysik“ des Stagiriten[84] der Fall ist, den tief verborgenen Sinngehalt dieses Offenbarungswortes zu erreichen, dann wird man förmlich erdrückt von der rätselhaften und doch so einfachen Gestalt dieses Wortes in seiner absoluten Einmaligkeit und Unvergleichbarkeit.

Ebenso überraschend aber ist es, wenn man, vom Alten zum Neuen Testament übergehend, den gleichen Sinngehalt in der gleichen souveränen Formgebung in einem Worte von Christus entdeckt. Bei Johannes (8,58) lesen wir, wie Christus den Juden das Wort entgegenschleudert: „Wahrlich, wahrlich, ich sage euch, ehe Abraham ward, *bin* ich.“ Und hinzufügen kann man zu diesem Ausspruch die schlechthin unbegreifliche Selbstbezeugung Christi vor dem Hohen Rat in Jerusalem, als er auf die feierlich beschwörende Frage des Hohenpriesters Kaiphas, ob er wirklich der Sohn Gottes sei, die kategorische Antwort gibt: „Ja, ich bin es.“[85]

Aber diese Einmaligkeit und Absolutheit des Gotteswortes der Offenbarung ist nun doch auch wieder überall so tief verhüllt, daß der „homo religiosus" der Offenbarung gegenüber in die nämliche Dialektik hineingestellt wird, wie wir sie bereits im Bereich der religiösen Gottesgewißheit als die Dialektik zwischen dem „Deus absconditus" und dem „Deus revelatus" kennen gelernt haben. Auch das Ewige Wort der Offenbarung ist für den Menschen ein zugleich enthülltes und verhülltes, ein zugleich enthüllendes und verhüllendes Wort. Es bleibt immer im Dämmer- und Zwielicht des Geheimnisses stehen, so daß auch ihm gegenüber der Glaube wie der Unglaube in gleicher Weise Raum haben. Der eigentliche Spiritualsinn ist hinter und unter dem Literalsinn mit seinen Bildern und Gleichnissen so tief versteckt, daß er zwar für den Menschen, der aus dem „Geiste" stammt und lebt, auffindbar und durchsichtig ist, für denjenigen aber, der nur aus dem „Fleische" lebt und mit den niederen Kategorien des Weltverstandes an ihn herangeht, zum größten Teil verborgen bleibt. Die liberale Bibelkritik ist erst dann möglich gewesen, als man dieses Ewige Wort zuvor mit dem ehrfurchtslosen Blick der niederen Weltvernunft entweiht hatte.

Deshalb vollzieht sich denn auch dauernd vor diesem Ewigen Wort der Offenbarung die Scheidung der Geister. Dieses Wort ist wie ein scharf geschliffenes Schwert, das die Menschheit von oben bis unten in zwei Teile aufspaltet. Und doch gehören die durch das Schwert dieses Wortes so scharf voneinander geschiedenen Geister notwendig zusammen. Sie sind, obwohl voneinander geschieden, in Wirklichkeit doch durch dieses zwischen sie gestellte Wort zu einer Lebens- und Kampfeinheit verbunden, in der sie als Spieler und Gegenspieler Zeugnis ablegen müssen für die Absolutheit dieses Offenbarungswortes. Der Kampf der „Welt" um dieses überweltliche „corpus mysticum" der Offenbarung hat nie aufgehört und wird niemals aufhören, bis die Scheidung der Geister endgültig vollendet sein wird. Und man darf allen Ernstes sagen, daß gerade dieser nie aussetzende Kampf der Geister für und gegen die Offenbarung eines der auffälligsten Zeichen dafür ist, daß es sich hier um etwas handelt, was in seiner Art völlig einmalig ist.

Was nun aber so für die Offenbarung als Ganzes gilt, das gilt erst recht, wenn man sich dem personalen Zentrum dieser Offenbarungswelt zuwendet, nämlich der *gottmenschlichen Gestalt Christi.* Es liegt schon im gottmenschlichen Wesen dieser Zentralgestalt der Offenbarung eingeschlossen, daß sie der „Welt" bald die unendliche Hoheit ihrer göttlichen Natur, bald die Armseligkeit der menschlichen Knechtsgestalt zukehrt. Aber das Göttliche und das Menschliche sind in dieser Christusgestalt in so geheimnisvoller Weise ineinandergeschlungen und zur hypostatischen Einheit verbunden, daß beide Naturen sich zugleich wechselseitig enthüllen und verhüllen. Die Gottheit ist so geheimnisvoll in die menschliche Niedrigkeit verkleidet, daß sie sich fast ganz verbirgt. Aber die Menschheit ist auch wieder so ganz von der göttlichen Natur durchdrungen, daß zuweilen der Mensch Christus mit einer erschreckenden Hoheit vor seinen Gegnern dasteht. Und so erscheint diese Gestalt immer in einem rätselhaften Zwielicht, als ein Wesen, vor dem die natürliche Psychologie ihre absolute Grenze der Verstehensmöglichkeit eingestehen muß.

Die absolute Einmaligkeit, Hoheit und Reinheit der Gestalt Christi wird durch den ganzen Raum der Offenbarung hindurch sichtbar, und sie wirkt nach Christi Tod auch durch den ganzen Raum der Weltgeschichte hindurch, bis auf den heutigen Tag. Christus ist der personale Mittelpunkt der Offenbarung. Vom Beginn der Offenbarung an deuten schon die ersten Zeichen hinaus auf sein Erscheinen in ferner Zukunft. Und diese Zeichen mehren sich und werden deutlicher und deutlicher, je näher die Stunde seiner Parusie heranrückt. In der neutestamentlichen Offenbarung aber steht er dann plötzlich im hellsten Lichte vor uns. Er steht da als die Erfüllung alles dessen, was die alttestamentliche Offenbarung in jahrtausendelanger Entwicklung angebahnt, vorbereitet, verheißen hatte. Nach seinem Abschied von der Welt aber deutet wieder alles auf ihn zurück. Er ist der Eckstein der Geschichte. Ob der Kampf gegen ihn geht oder für ihn, die Weltgeschichte ist nun einmal von seinem Wesen erfüllt. Der Streit um ihn kommt nie zur Ruhe.

Das Hoheitliche und überweltlich Reine im Wesen dieser Gestalt wie im Wesen ihrer Lehre müssen selbst diejenigen immer wieder zugestehen, die Christus nur als einen Weisen unter den Weisheitslehrern der Welt gelten lassen wollen und seine göttliche Natur nicht anerkennen. Man spürt es aus ihren säkularisierenden Deutungsversuchen noch heraus, daß sie dabei auf das absolut Einmalige dieser Gestalt stoßen und vor dieser Einmaligkeit mit ihren natürlichen Denkkategorien in eine ernstliche Verlegenheit kommen. Und selbst diejenigen, die von Haß erfüllt sind gegen diese Christusgestalt, bekunden noch durch die besondere Art ihres Hasses, daß sie bei dieser Gestalt etwas ganz Einzigartiges verspüren. Man mag eine Gestalt wie Sokrates oder Buddha ablehnen. Aber man wird sie kaum in der Art zu hassen vermögen, wie zuweilen die Gestalt dieses Nazareners gehaßt worden ist und immer noch gehaßt wird.

Wie stark zuweilen dieses Hoheitliche der christlichen Gestalt auch für die Zeitgenossen durch die menschliche Hülle hindurch sichtbar wurde, davon geben die Evangelien genügend Berichte. Um so merkwürdiger aber ist die Tatsache, daß trotzdem nur wenige ihn in seinem eigentlichen Wesen erkannten und anerkannten. Obwohl vor Jahrtausenden ersehnt und angekündigt, ging er eigentlich wie ein Unbekannter durch sein Zeitalter hindurch.

Die Hülle des Menschlichen lag eben so dicht über seiner göttlichen Hoheit, daß nur derjenige diese Hülle durchdringen konnte, der, mit dem Gnadenblick der Liebe beschenkt, sich ihm nähern durfte. Das Menschliche war so in den Vordergrund gerückt, daß die natürliche Logik geradezu herausgefordert zu sein schien, ihr rein kritisches Denkvermögen auf die irdische Erscheinungsweise dieser Gestalt zu konzentrieren. Alles scheint hier geradezu darauf angelegt zu sein, eher zu verhüllen als zu enthüllen.

Nachdem Jahrtausende auf das Erscheinen dieses Weltheilands hingedeutet hatten, vollzieht sich sein Eintritt in die Welt und in den weltgeschichtlichen Raum unter den seltsamsten Umständen, in der tiefsten Stille und Verborgenheit. Einer völlig Unbekannten fällt die Rolle der Mutterschaft dieser von den Völkern so heiß ersehnten Gestalt zu. In den denkbar ärmlichsten Verhältnissen wird Christus geboren. In einem armseligen Häuschen in Nazareth wächst er heran, „eines Zimmermanns Sohn“[86]. Dreißig Jahre lang lebt er hier ganz in der Stille. Und dann beginnt die dreijährige Wanderschaft in Palästina. Aber alles das endigt dann schließlich mit einer für die „Welt“ beinahe lächerlichen Katastrophe. Zwischen zwei Verbrechern stirbt dieser Wanderprediger den schimpflichen Tod am Kreuze. Und selbst seine Getreuesten, die Mutter und einige andere ausgenommen, werden irre an ihm in dieser Stunde der Entscheidung. Ja, muß es nicht fast so klingen, als sei er in der letzten Stunde bis in sein eigenes Inneres hinein in die tiefste Verlassenheit geschleudert worden, in die furchtbarste Gottverlassenheit der Seele, wenn wir vom Kreuze herab den tiefen Klageruf vernehmen: „Mein Gott, mein Gott, warum hast Du mich verlassen?“[87]

Dieses Menschliche aber verhüllt auch nach seinem Tode noch sein geistiges Erbe. Nicht die Großen dieser Erde, nicht die Weisen der Philosophie seiner Zeit sind berufen, seine Lehre auszubreiten. Arme, ungebildete Menschen sollen diese große Mission erfüllen. Alles ist geradezu angelegt auf das Ärgernis und den Skandal der natürlichen Vernunft. Alles steht hier so sehr im Zwielicht, daß man eigentlich darüber erstaunt sein muß, warum die Welt nicht überhaupt über diese ganze Angelegenheit von vornherein zur Tagesordnung übergegangen ist.

Sie hat es freilich nicht getan, weil sie es nicht tun konnte. Denn die göttliche Hoheit dieser Gestalt brach schließlich doch durch die menschliche Hülle hindurch, und das überirdische Licht leuchtete grell und blendend in die Finsternis dieser Welt hinein. Am ersten Pfingsttag steht in der kleinen Schar der Elfe, die sich bei und nach dem Tode ihres Meisters, zitternd und fröstelnd vor Einsamkeit, Schwachheit und Verzagtheit, hierhin und dorthin verlaufen hatten, plötzlich die *junge Kirche* da, für die Christus noch zu seinen Lebzeiten den armen Fischer Petrus zum Führer bestimmt hatte.

Und nun wiederholt sich noch einmal an dieser Kirche die gleiche Dialektik von Hoheit und Armseligkeit, wie wir sie an ihrem Begründer bereits kennen gelernt haben. Nach den Erfahrungsgesetzlichkeiten der „Welt" ist bei dieser jungen Kirche schon von vornherein alles in Frage gestellt. Nach der kalkulatorischen Logik der natürlichen Vernunft bedeutet diese kleine Schar von ungebildeten Menschen geradezu eine Lächerlichkeit, wenn man heute auf den Riesenbau der „Una Sancta Ecclesia" hinschaut, der ihrer Arbeit seine Grundlegung verdankt. Aber der erste Pfingsttag zeigt bereits, daß auch hier wieder hinter der armseligen Menschenkraft sich etwas anderes verbirgt, das von weltüberlegener Hoheit und Dynamik zeugt. Am deutlichsten aber tritt diese Hoheit hervor in der Gestalt des Völkerapostels Paulus und in der Riesenarbeit, die er in wenigen Jahren für diese junge Kirche geleistet hat. Man mag dem Damaskuserlebnis des fanatischen Christusverfolgers Saulus, der sich von da ab in den feurigsten Anwalt Christi umgewandelt hat, noch so sehr mit den Mitteln einer natürlichen Deutung beizukommen versuchen, man wird sich trotzdem hier immer vor ein absolutes Rätsel gestellt sehen. Denn dieses Damaskuserlebnis erhält gerade aus dem, was ihm folgt, eine immer deutlicher werdende magische Verklärung. Aber auch abgesehen von der geradezu übermenschlichen Missionsarbeit, die Paulus, auch er, wie er selbst gesteht, ein Mensch der Schwachheit, in einer ganz kurzen Zeitspanne geleistet hat, wie sollte man sich jene beinahe erdrückende Glaubensdynamik seiner Briefe rein natürlich erklären, die uns noch heute, nach zweitausend Jahren, wie mit Keulenschlägen trifft, wenn wir etwa seinen Römerbrief, die beiden Korintherbriefe, den Galaterbrief aufschlagen? In diesen geistigen Dokumenten schimmert deutlich die Hoheit desjenigen durch, der ihm, seinem anfänglich fanatischsten Verfolger, vor Damaskus den Stachel der Gnade tief in die Seele hineingebohrt und ihm dabei zugerufen hatte: „Saulus, es ist hart für dich, gegen den Stachel auszuschlagen.“[88]

Mit den fortschreitenden Jahrhunderten offenbart dann aber die junge christliche Kirche immer sieghafter die Hoheit ihres geistlichen Imperiums vor den staunenden Augen der Welt. Im vierten nachchristlichen Jahrhundert tritt sie uns bereits dominierend entgegen in der Säkulargestalt eines *Augustin*. Die allmähliche Entwicklung dieses Genies des Geistes wie der Gnade von der niederen Leidenschaft der „Welt“ bis zur höchsten Stufe christlicher Vollendung ist ebensowenig wie die Umkehr des Völkerapostels Paulus mit rein natürlichen Mitteln zu erklären. Die „Bekenntnisse“ Augustins sind ein klassisches Dokument dafür, was die übernatürliche Kraft der Evangelien vermag, wenn sie das Licht ihrer Reinheit und Schönheit in eine große Seele hineinstrahlen läßt.

Immer mehr aber steigert sich dann von Augustin ab die übernatürliche Leuchtkraft, die von der Kirche auf das gesamte Abendland ausgeht. Die ganze abendländische Kultur wird allmählich von dieser Kraft durchformt. Der Raum des vormals heidnischen „Imperium Romanum“ wird von ihr in den Raum des „Sacrum Imperium Christi“ verwandelt. Das Werk des armen Nazareners und seiner, abgesehen von Paulus, ungebildeten Jüngerschaft entwickelt sich zur geistigen Weltmacht und bestimmt die Bildungsgeschichte des Abendlandes, das die geheimnisvollen Kräfte der christlichen Botschaft allmählich nach allen übrigen Erdteilen hinüberwirken läßt. Das 13. Jahrhundert bedeutet den glanzvollen Kulminationspunkt dieser Entwicklung. Scholastik und Mystik verbinden sich zu einer wunderbaren Einheit, in der Intellekt und Gemüt sich gegenseitig befruchten und vom Glauben her Wissenschaft und Kunst zu einer Höhe führen, um die wir, die Erben des Aufklärungszeitalters, heute jenes große Jahrhundert beneiden. In Dantes unsterblichem Weltgedicht[89] aber sammeln sich wie in dem Brennpunkt einer Linse alle Lichtstrahlen jener vom christlichen Glauben durchdrungenen Kultur des Abendlandes und brechen sich in einem wunderbaren Farbenspiel, das noch heute unsere Augen entzückt.

Trotz alledem jedoch, es wäre falsch, wenn wir darüber vergessen wollten, daß auch der überweltliche Glanz dieser Hoheit der Kirche in allen diesen Jahrhunderten ihres allmählichen Aufstiegs zur abendländischen Welt- und Geistesmacht immer wieder überschattet wird durch das tiefe Dunkel des Menschlichen, allzu Menschlichen. Wir dürfen an der Kirche nicht bloß das Verklärende und Lichthafte sehen, das sie aus der Reinheit der Evangelien empfängt, sondern wir müssen auch das Dunkle, Unbegreifliche, Armselige betrachten, das ihre Hoheit dauernd verdunkelt und ihre übernatürliche Sendung für rein menschliche Augen zuweilen äußerst fraglich erscheinen läßt.

Der Periode des wunderbarsten Glaubens der Kirche im 13. Jahrhundert folgt sehr bald die Periode ihrer größten Katastrophe im 16. Jahrhundert. Die christliche Einheit des Abendlandes löst sich im Zeitalter der Glaubensspaltung auf in das Chaos der nunmehr in endlosem Kampf gegeneinanderstehenden christlichen Bekenntnisse. Aber die Katastrophe gewinnt erst größere Dimensionen, als dem immerhin noch christlich gebliebenen Menschen der in eine Vielheit aufgesprengten Kirche der glaubensindifferente moderne Mensch der Aufklärung gegenübertritt. Von da ab sinkt der Einfluß und das Ansehen der Kirche immer mehr. Sie tritt ein in das Zeitalter ihrer tiefsten Erniedrigung. Mögen demgegenüber die einen oder die anderen auch immer wieder darauf hinweisen, daß auch in dieser Dunkelheit der einstmalig so wunderbar hervorleuchtende Glanz ihrer Hoheit noch sichtbar sei, so kann das doch nur für diejenigen gelten, die in dieses Dunkel der erniedrigten Kirche mit den Augen des rein bewahrten Glaubens hineinzuschauen vermögen. Für den modernen Menschen aber, der ganz aus dem Geiste der Aufklärung zu schauen und zu werten gewohnt ist, bleibt die Tatsache bestehen, daß die Kirche, wie sie heute vor ihm steht als die „Ecclesia depopulata“, ihn in die gleiche Situation versetzt, in der sich die Zeitgenossen ihres Gründers befanden, als sie diesen so lange ersehnten Weltheiland in der tragischen Stunde seiner furchtbarsten Katastrophe sehen mußten, damals, als er zum Spott für die Welt am Kreuz erhöht war.

Was demnach für die Offenbarung als Ganzes gesagt werden mußte, was insbesondere für die Gestalt Christi in Erwägung zu ziehen war, das gilt heute im gleichen Sinne für die *Kirche Christi*, seitdem der ursprüngliche Glanz ihrer Hoheit sich immer mehr verhüllt hat unter der Knechtsgestalt dessen, was an ihr irdisch und menschlich ist. Gerade in dieser ihrer tiefsten Erniedrigung wird die Kirche heute für die „Welt“ zu einem Ärgernis, vor dem die Geister dieses Äons zur Entscheidung aufgerufen sind. Und diese Entscheidung mit ihrer scharfen Scheidung der Geister ist gerade das größte Erlebnis der bedeutsamen Weltstunde, in die wir offenbar in unseren Tagen eingetreten sind, wo der Alarmruf des bolschewistischen Christushasses bereits beängstigend den Erdkreis erfüllt. Daß aber auf Grund dieser Erscheinungen überall von seiten der Gläubigen in der Welt ängstliche Wehe- und Klagerufe vernehmbar werden, mag zwar menschlich verständlich sein. Aber für denjenigen, der das Wesen der Offenbarungsgewißheit im Zusammenhang mit der zu ihr gehörigen höheren „Insecuritas“-Gesetzlichkeit betrachtet, ist nicht im mindesten ein Grund zur Verzweiflung gegeben. Im Gegenteil, gerade jetzt offenbart es sich deutlich, daß die Kirche Christi mit ihrem Stifter immer wieder das gleiche Schicksal teilen muß. Sie muß in die Dunkelheit des Menschlichen zuweilen verhüllt werden, damit auf diesem düsteren Hintergrunde die übernatürliche Hoheit, die ihr von Christus her innewohnt, um so leuchtender eines Tages wieder hervortreten kann. Die Dialektik zwischen der „Theologia crucis“ und der „Theologia gloriae“ bestimmt das Entwicklungsgesetz ihrer Geschichte durch die Jahrtausende hindurch.

Wie aber so die Gesamtoffenbarung, zugleich mit Christus und der Kirche, immer für die „Welt“ in diesem sonderbaren Zwielicht dasteht, in dem sich die Scheidung der Geister vollzieht, die Scheidung zwischen den beiden Reichen des Glaubens und des Unglaubens, so verbleibt auch die einzelne gläubige Seele im sakralen Raum der Offenbarungsgewißheit immer „in statu insecuritatis“. Der lebendige Glaube an das Ewige Wort, an Christus und die Kirche mag noch so felsenfest sein, er wird trotzdem niemals die Seele auf ihrem inneren Wege zu Gott von den Anfechtungsmöglichkeiten befreien, die nun einmal zum Schicksal der irdischen Pilgerschaft gehören. Die irdische Hülle kann für niemand hinweggenommen werden. Ja, gerade die Verhülltheit der Offenbarung bei ihrer Enthülltheit ermöglicht erst jene Fruchtbarkeit des Glaubens, die ihn so unendlich über alle Weisheit dieser „Welt“ emporhebt.

Für alle diejenigen aber, die in diesem Halbdunkel der Offenbarungsgewißheit zuweilen verzagen möchten, hat der Völkerapostel Paulus im ersten Korintherbrief (1,18-29) den Inbegriff der „Theologia crucis“ niedergelegt in dem trostreichen Passus:

„Denn das Wort vom Kreuze ist denen, die verloren gehen, Torheit, uns aber, die gerettet werden, Gotteskraft. Es steht ja geschrieben: ‚Vernichten will ich die Weisheit der Weisen, den Verstand der Verständigen zuschanden machen.‘ Wo bleibt der Weise, wo der Schriftgelehrte, wo der Forscher dieser Welt? Hat Gott nicht die Weisheit der Welt für Torheit erklärt? Denn da die Welt mit ihrer Weisheit Gott in seiner göttlichen Weisheit nicht erkannte, gefiel es Gott, durch die Torheit der Predigt die zu retten, die da glauben wollen... Denn das Törichte auf seiten Gottes ist weiser als die Menschen, und das Schwache auf seiten Gottes ist stärker als die Menschen... So soll kein Mensch sich vor Gott rühmen können.“

ZWÖLFTES KAPITEL

Der „homo religiosus" im Halbdunkel der Heilsgewißheit

Von den drei Hauptfragen, die in der „Insecuritas"-Situation des „homo religiosus" eine entscheidende Bedeutung gewinnen, ist die Frage nach der Heilsgewißheit diejenige, die den suchenden, ringenden, heimverlangenden Menschen wohl in das denkbar tiefste Dunkel des Daseins überhaupt versetzt. Sie hängt aufs engste mit der metaphysischen Natur des Menschen zusammen. Spontan bricht sie aus dem Inneren des menschlichen Herzens hervor, als der naturhafte Ausdruck des tiefsten Urglücksdranges, von dem es erfüllt ist. Denn dasjenige, was der Mensch auf alle Fälle im Dasein gewinnen will, ist sein Glück. Aber damit ist nicht ohne weiteres jene peripherische Lustbefriedigung gemeint, die der Mensch so oft „hic et nunc" fälschlich als sein Glück betrachten mag. Der tiefste Urglücksdrang des Menschen erstrebt, dem Menschen selbst meist unbewußt bleibend, keine bloße Augenblicksbefriedigung, sondern jenes ganz tiefe, letzte Glück, das dem Ewigkeitsgewicht seiner Natur allein gemäß ist. Denn „alle Lust will Ewigkeit, will tiefe, tiefe Ewigkeit", wie Nietzsche, dessen Leben selbst ein Zeugnis für diese Tatsache ist, es beinahe mit augustinischer Färbung formuliert hat.[90]

Vor die Frage nach der Heilsgewißheit wird demnach ein jeder Mensch gestellt. Und gerade diese spontan aus der Natur des Menschen hervorbrechende Frage charakterisiert ihn als den „homo naturaliter religiosus". Denn es ist nicht bloß ein naturhaftes Grüblertum philosophischer Art, was ihn zu dieser Frage treibt. Es handelt sich bei ihr nicht um ein kühles Wissenwollen allgemeiner Art, nicht um eine Befriedigung der reinen Wissensneugier, sondern um ein Wissenwollen, das von dem unabwendbaren Drange des Menschenherzens bedingt ist, in irgendeiner tieferen Seins-, Sinn- und Wertregion erlöst zu werden von jener Unendlichkeitsunruhe, die im bloßen „hic et nunc" des ewig wechselnden Lebens nicht überwunden werden kann.

Nun ist freilich die Stellungnahme der Menschen zu dieser letzten Heilssicherheitsfrage sehr verschieden. Es gibt eine Gruppe von Menschen, die diese Frage scheinbar mit einer gewissen Gleichgültigkeit beiseite schieben. Sie leben nur so dahin, aber sie fragen nicht, woher sie leben und wozu sie leben. Wenn man sie aufzuschrecken versucht aus diesem Indifferenzzustande, dann zucken sie vielleicht die Achseln, und das soll dann etwa bedeuten: Wer kann es denn wissen, ob „Etwas“ oder „Nichts“ hinter diesem Ganzen steht, das wir das Leben nennen oder die Natur oder das All? Aber so kühl und unbehelligt diese Menschen auch der großen Alternative „Etwas“ oder „Nichts“, Endlichkeit oder Unendlichkeit, alles verschlingende Zeit oder alles überdauernde Ewigkeit gegenüber zu stehen scheinen, das Leben selbst ist es trotzdem, das auch in ihnen die tiefste Glücksfrage aufwirft. Denn zum mindesten wollen sie *leben* und dem Tod, so lange es eben geht, auszuweichen versuchen. Sollten sie aber auch das Leben selbst nicht mehr für lebenswert halten und es am Ende gleichgültig wegwerfen, dann liegt selbst darin noch eine Manifestation des tiefsten Glückstriebes. Denn nun ist es eben die *Ruhe im Nichtsein*, in der sie ihr letztes, allerletztes Glück zu finden hoffen. Und in dieser Nirwanasehnsucht liegt, trotz all ihres scheinbaren Nihilismus, im Grunde doch noch eine religiöse Erlösungssehnsucht des ewigkeitsbestimmten Seelengrundes. Der Nirwana-Nihilismus Buddhas hat nicht ohne Grund eine gewisse Verwandtschaft mit dem positiv-mystischen Nihilismus der großen Gottsucher, die um jeden Preis ihren Eigenwillen vernichten wollen, um in absoluter Gelassenheit dem göttlichen Willen gleichförmig zu werden.

Neben dieser Menschengruppe nun, die der Heilsgewißheitsfrage scheinbar kühl und indifferent gegenübersteht, gibt es eine andere Gruppe von Menschen, die diese Frage wirklich mit letztem Ernst aufwerfen und sich verzweifelt um eine Antwort abquälen. Aber sie können vor der äußersten Lebensalternative, vor die sie durch diese Frage gestellt sind, zu keiner Entscheidung kommen, weder zu einer Entscheidung im Sinne des Ja, noch zu einer Entscheidung im Sinne des Nein. Die Menschen dieser Art erleben daher die tiefste Not der Heilsungewißheit. Für sie ist ja nicht bloß die persönliche Heilsgewißheit in Frage gestellt, sondern die Heilsgewißheit überhaupt. Das Sein, das Leben, die Natur, das All als solches werden für sie fraglich bis zum tiefsten Grunde, und so wird für sie schlechthin alles zweifelhaft. Es ist die Heilsungewißheit des prinzipiellen Seinszweifels und Seinsunglaubens, in der diese Menschen sich mehr und mehr zermürben, um dann am Ende in die *absolute Verzweiflung* zu versinken oder aber auch vielleicht in den *Liebesabgrund der Gnade* hineingezogen zu werden.

So sehen wir denn, wie die Heilsgewißheitsfrage zunächst für den Menschen überhaupt charakteristisch ist und ihn, ob er es sich nun selbst eingestehen mag oder nicht, von Natur dazu zwingt, sich als „homo religiosus“

zu manifestieren. Als Sucherwesen überhaupt, als Pilgerwesen schlechthin, steht er prinzipiell in dem tiefen Dunkel der beiden Möglichkeiten von „Infini“ und „Rien“, wie Pascal sie in seinem „Argument der Wette“[91] genannt hat. Diese *allgemeine* Heilsgewißheitsfrage aber, die hier freilich mit der *persönlichen* in engster Weise verknüpft ist, scheidet die Menschen von vornherein in zwei Lager. Wie vor den beiden Fragen nach der religiösen Gottesgewißheit und nach der Offenbarungsgewißheit, so erleben wir auch hier wieder die *Scheidung der Geister* in die beiden Bereiche des Glaubens und des Unglaubens, die, wie wir bereits gesehen haben, auf der Heilsebene des „Insecuritas“-Raumes deutlich ihre innerliche Zusammengehörigkeit erkennen lassen. Und zwar ist es gerade die allgemeine Heilsgewißheitsfrage, die am intensivsten sowohl die *religiöse Einheit* des Menschengeschlechtes als auch seine *tragische Gespaltenheit* bestimmt. Denn die beiden Fragen nach der religiösen Gottesgewißheit und nach der Offenbarungsgewißheit werden von dieser dritten Frage nach der Alternative von letztem Heil oder Unheil eigentlich erst ausgelöst.

Dabei darf man übrigens den Sinn dieser Frage zunächst nicht so sehr in dem subjektiven Moment der menschlichen Seligkeitssehnsucht erblicken wollen als in dem objektiven Moment der menschlichen Vollendungssehnsucht. Der unbewußt objektive Urglücksdrang der Menschennatur zielt ja in erster Linie auf jene *Seinsverwesentlichung* ab, in der sie ihre personale Vollendung erreicht, ihr Heil in dem Sinne der Verganzheitlichung ihres Wesens. Die dem Menschen im tiefsten Grunde vorschwebende Eudämonie ist also zunächst seine seinswesentliche Gestaltvollendung und erst in zweiter Linie das mit diesem objektiven Moment der Eudämonie verbundene subjektive Moment der Beseligung, der Beglückung, der endgültigen Seelenruhe und Seelenharmonie.

Erst dann, wenn vor dieser *allgemeinen* Heilsgewißheitsfrage die Scheidung der Geister nach den beiden Bereichen des Unglaubens und des Glaubens erfolgt ist, gewinnt das Problem seinen religiösen Aspekt in dem engeren und spezifischen Sinne, der es dem Raum der Offenbarungsgewißheit eingliedert. Und damit stehen wir dann vor jener dritten Gruppe von Menschen, die sich im Glauben für die *allgemeine* Heilsgewißheit entschieden haben. Für diese Menschen des Glaubens an die prinzipielle Möglichkeit des menschlichen Heils und an die Universalität des göttlichen Heilswillens entsteht nun aber eine neue Dunkelheit, die sich auf die *persönliche* Heilssicherheit erstreckt. Zwei Fragen sind es vor allem, die sie in dieser Dunkelheit in die äußerste Unruhe und Bedrängnis führen können. Die erste Frage ist die, ob sie überhaupt einmal ihr persönliches Heil erreichen oder nicht erreichen werden. Die zweite Frage aber bezieht sich auf den jeweiligen Stand ihrer persönlichen Entwicklung zu diesem letzten Heilsziele hin.

In diesen beiden Fragen jedoch kommt der Mensch niemals über eine moralische und eine annähernde Wahrscheinlichkeits-Gewißheit hinaus. Obwohl die allgemeine Heilsgewißheit als eine „certitudo fidei" gegeben ist, die für den unbeirrt gläubigen Menschen sogar als eine „certitudo super omnia" gelten darf, so ist doch für die *persönliche* Heilsgewißheit eine solche absolute Gewißheit als „certitudo fidei" prinzipiell ausgeschlossen. Der einzelne auf seinem Heilswege begriffene Mensch mag noch so ernst und gewissenhaft alles das tun, was von ihm zur Erlangung seines Heils gefordert wird, er kann doch trotz alledem nicht mit absoluter Gewißheit wissen, ob er am Ende seines irdischen Weges sein endgültiges Heilsziel erreichen oder nicht erreichen wird. Ja, er darf nicht einmal über diese Frage mit unbeherrschter Wissensneugier nachgrübeln, da in einer solchen Reflexionshaltung bereits eine freche Entweihung alles desjenigen liegen würde, was Gott in seiner hohen pädagogischen Weisheit für uns mit dem absolut undurchsichtigen Schleier des Geheimnisses verhüllt hat.

Ebensowenig aber kann der gläubige Mensch mit absoluter Gewißheit wissen, ob er sich „hic et nunc" wirklich auf dem Wege zu seinem Heil befindet. Und noch weniger kann er wissen, bis zu welchem Grade der Vollkommenheit er sich auf seinem Heilswege fortentwickelt hat. Ja, er darf nicht einmal nachgrübeln über solche Fragen, da eine Grübelei dieser Art sofort jener feinen „humilitas" abträglich sein würde, die gerade hier gefordert ist, wo der Mensch zwar mitwirken soll mit jener übernatürlichen Liebe, die ihn unsichtbar leitet auf seinem Wege der Pilgerschaft, wo er aber im übrigen alles, bis zum Letzten und Äußersten, der ungeschuldeten Gnade anheimstellen muß. Mit Recht hat Möhler in seiner „Symbolik"[92] (Seite 196) über die falsche Grübelei im Hinblick auf alle derartigen Fragen erklärt: „Die Unschuld, die sich selbst ins Bewußtsein aufnimmt, geht gewöhnlich in eben diesem Akte verloren, und die Reflexion, ob das Werk, das man zu verrichten im Begriffe steht, wirklich ein reines sei, macht es nicht selten unrein; daher denn auch der Heiland sagt: Deine Rechte wisse nicht, was deine Linke tut. Freudvoll und leidvoll, in sich selbst ruhig, stille und ohne alle Hast[93] entwickelt sich das Leben der wahren Heiligen; sie preisen sich darum nicht selbst selig, sondern überlassen es Gott." Und mit Bezug auf die ganze Frage nach der persönlichen Heilsgewißheit fügt er (Seite 197) ergänzend hinzu: „Ich glaube, daß es mir in der Nähe eines

Menschen, der seiner Seligkeit ohne alle Umstände gewiß zu sein erklärte, im höchsten Grade unheimlich würde, und des Gedankens, daß etwas Diabolisches dabei unterlaufe, wüßte ich mich wahrscheinlich nicht zu erwehren."

Das einzig Mögliche, was dem gläubigen Menschen in allen diesen dunklen Fragen der persönlichen Heilsgewißheit übrig bleibt, das ist die auf dem felsenfesten Glauben an die *allgemeine* Heilssicherheit gegründete *Hoffnung*, daß er auch persönlich mit Gottes Gnadenhilfe sein ewiges Endziel erreichen werde. Diese auf dem Glauben gegründete Hoffnung bildet dann die rechte Mitte zwischen den beiden auf dem Heilswege möglichen seelischen Fehlhaltungen von absoluter Gewißheit und absoluter Ungewißheit. Die absolute Gewißheit würde hier eine Verwegenheit, ja eine Vermessenheit bedeuten, da er es wagen würde, dem absoluten Herrn im Reiche der Seelenschicksale vorzugreifen. Und die absolute Ungewißheit wäre ein strafwürdiges Mißtrauen gegenüber der Ewigen Liebe, die immer bereit ist, alles an sich zu ziehen. Gegenüber dem Abgrund der Vermessenheit bedeutet die Haltung der absoluten Ungewißheit den Abgrund der Verzweiflung.

Diese beiden seelischen Grenzmöglichkeiten der Vermessenheit und der Verzweiflung deuten übrigens auf das tiefe Geheimnis hin, das sich hier im Hinblick auf das Ineinanderwirken von göttlicher Gnade und menschlicher Freiheit beim Heilswerke vor uns erhebt. Wir können nur soviel wissen, daß diese „concordia liberi arbitrii cum gratiae donis"[94] tatsächlich besteht und bestehen muß, wenn wir das reine Gottesbild nicht zu einer scheußlichen Fratze verzerren wollen. Wie aber in Wirklichkeit diese „concordia" sich vollzieht, und zwar so vollzieht, daß sowohl Gott der absolute Herr der Gnade und ihrer Gratuität bleibt, als auch der Mensch die Würde seiner Freiheit bewahrt, darüber bleibt unser menschlicher Geist im Dunkeln. Die beiden theologischen Systeme, die sich an diesem „mysterium profundum" der Theologie versucht haben, das eine von der göttlichen Gnade, das andere von der menschlichen Freiheit her, haben am Ende doch das Geheimnis in seiner ganzen Verhülltheit zwischen sich stehen lassen müssen.

Diejenigen nun, die sich in den Fragen der persönlichen Heilsgewißheit in die absolute Sicherheit einzuwiegen versuchen, vergehen sich nach zwei Seiten hin an dem Geheimnis, das für uns hinsichtlich des Ineinanderwirkens von göttlicher Gnade und menschlicher Freiheit gegeben ist. Wenn sie die absolute Sicherheit auf Grund des in seiner Freiheit mit der Gnade mitwirkenden Menschen zu gewinnen versuchen, dann stürzen sie in den Abgrund des pelagianistischen Naturalismus.[95] Einerseits unterschätzen sie dabei die Schwäche der menschlichen Natur, sei es nun, wie sie an sich ist, als ursprüngliche Natur, sei es, wie sie geworden ist, als gefallene Natur. Und in beiden Fällen werden sie ungerecht gegenüber der allgemein menschlichen Erfahrung, die uns doch hinreichend darüber belehrt, wie armselig der Mensch ist bei all seiner geistigen Erhabenheit über die ungeistige Kreatur. Auf der anderen Seite aber verfehlen sie sich gegen das Prinzip der Gratuität des Übernatürlichen. Sie verfallen der pharisäischen Werkgerechtigkeit, die mit ihrer kalkulatorischen Erdenlogik dem Himmel gleichsam die Rechnung der irdischen Gerechtigkeit präsentieren möchte. Die höhere Ordnung der Gnade ist zwar ganz gewiß weit entfernt von einer brutalen Willkür und Unberechenbarkeit. Aber ebenso gewiß ist sie über die niedere Ordnung einer irdischen Gerechtigkeitskalkulatorik unendlich erhaben und eben deshalb ein absolutes Ärgernis für unsere natürliche, nicht durch den Glauben erhellte Vernunft. Die Gratuitätsordnung der Gnade ist aber jener höhere „ordo amoris“, der für unsere irdischen Augen immer ein letztes Geheimnis bleiben wird.

Wird nun aber die absolute Sicherheit in den Fragen der persönlichen Heilsgewißheit von seiten der Gnade her zu gewinnen versucht, dann eröffnet sich sofort der Abgrund des Pseudo-Augustinismus[96]. Die Folgen dieser falschen theologischen Sicherheit sind nicht weniger unheilvoll als die Folgen des pelagianistischen Naturalismus. Auf der einen Seite wird zunächst das Fundament der Gnadenwirksamkeit völlig zerstört, sei es nun in dem Sinne, daß die ursprüngliche menschliche Natur als prinzipiell nicht ansprechbar für die Gnade betrachtet wird, oder sei es, daß die gefallene menschliche Natur als in Grund und Boden vernichtet erscheint. In diesem Falle entsteht ein vermessener Heilsquietismus, der das einfach nicht abzuweisende Geheimnis der tatsächlichen „concordia liberi arbitrii cum gratiae donis“ schlechterdings aufhebt und an seine Stelle das absolute Paradoxon der Alleinwirksamkeit der Gnade setzt. Damit ist aber auch dem Wesen der Gnadengratuität keineswegs gedient. Denn wo bliebe das Wunder der so erhabenen göttlichen Erziehungsweisheit, wo bliebe die tiefe „sapientia cordis“ des ewigen Lenkers der Seelen, wenn die Ordnung der Gnade nichts anderes sein sollte als ein höheres Marionettenspiel, in dem freie Wesen nur dazu verurteilt wären, wie armselige Drahtpuppen zu gestikulieren?

Der Vermessenheitshaltung der absoluten Gewißheit korrespondiert nun in diesem Bereich die Verzweiflungshaltung der *absoluten Ungewißheit*. Die Vermessenheit kennt überhaupt keine Furcht vor dem Geheimnis des

„Deus absconditus". Die Verzweiflung aber läßt den Menschen ganz in der Furcht versinken, und zwar in jener falschen Furcht, die ein Urmißtrauen gegen die göttliche Liebe bedeutet. Zwar mag die Verzweiflung zunächst, wie Kierkegaard[97] es dargestellt hat, in der Form der Schwachheit und der Verzagtheit auftreten. Aber es liegt in ihrem Wesen, daß sie schließlich umschlägt in die diabolische Verzweiflung des Trotzes. Wer an der absoluten Wirkkraft und Universalität der göttlichen Liebe zu zweifeln beginnt, formt ja damit das reine Gottesbild des Glaubens um in ein verzerrtes Gottesbild der Ohnmacht oder der absoluten Willkür. Verzweifelt er an der Möglichkeit der göttlichen Liebe mit Rücksicht auf seine eigene Schwachheit oder die Größe seiner Schuld, dann vergöttlicht er, vielleicht ohne sich davon Rechenschaft zu geben, die Macht des Bösen und verfehlt sich damit gegen die absolute Souveränität Gottes über die Welt der Bosheit. Verzweifelt er aber an der göttlichen Liebe im Hinblick auf Gottes absolute Souveränität in der Gratuitätsordnung des Gnadenbereichs, dann verwandelt er den Gott der Liebe in einen blinden Tyrannen, der mit absoluter Willkür die einen verwirft und die anderen beruft.

An diesem Punkte soll freilich zugestanden werden, daß in der Frage der persönlichen Heilsgewißheit das Mysterium der göttlichen Gnadenwahl unsere endliche Vernunft in Regionen der Dunkelheit hinabweist, vor denen wir unter Umständen den furchtbarsten Schauer der metaphysischen Irrationalität erleben. Es wäre sicherlich verfehlt, wenn man das „tremendum" dieses Mysteriums[98] mit einer spießbürgerlichen Logik verharmlosen wollte. Aber es wäre ebenso verfehlt, wenn man vor diesem Mysterium jene „certitudo fidei" vergessen wollte, mit der uns die *allgemeine* Heilsgewißheit gegeben ist.

So deutet denn eben hier alles darauf hinaus, daß gerade in dieser existentiellsten von allen Existenzfragen des Menschen, nämlich in der Frage nach der persönlichen Heilsgewißheit, das überall für die menschliche Daseinssituation geltende „Insecuritas"-Gesetz seine markanteste Bestätigung findet. Als das Wesen zwischen zwei Absolutsituationen der Gesichertheit, zwischen der Gesichertheit des Tieres und der Gesichertheit des reinen Geistes, muß der Mensch gerade in dieser Frage seiner persönlichen Heilsgewißheit den Kulminationspunkt seiner „Insecuritas"-Gesetzlichkeit erreichen. Er muß sich erfahren als ein Wesen, das ungesichert ist bei prinzipieller oder allgemeiner Gesichertheit, als „insecurus in securitate" und als „securus in insecuritate".

Als Mittelwesen muß er gerade in dieser seiner äußersten Existenzsituation sich zu jenem Habitus durchringen, der seiner Daseinssituation der einzig angemessene ist, nämlich zum Habitus der *hoffenden Gelassenheit.* Seine eigene Schwachheit und das tiefe Mysterium der Gnadengratuität treiben ihn zwar immer wieder in die Richtung einer abgründigen Furcht. Aber seine Freiheitswürde und die „certitudo fidei" der universalen göttlichen Heilsliebe wirken dieser Furcht auch wieder entgegen und geben ihm jene freudige Gewißheit, die der persönlichen Heilsungewißheit die Waage halten kann.

Betrachtet man aber von daher noch einmal genauer die Tatsache, daß dem Menschen auf dem Wege zu seinem letzten Ziel sowohl das endgültige Ergebnis wie auch der jeweilige „status perfectionis" mit dem Schleier des Geheimnisses verhüllt bleibt, dann liegt gerade in diesem Nichtwissenkönnen und Nichtwissendürfen die sicherste Bürgschaft dafür, daß eine Macht höchster Weisheit und eben nicht eine Macht brutaler Willkür ihn auf diesem Lebenswege unsichtbar an der Hand führt. Die tiefe Verborgenheit dessen, was wir gerade in dieser persönlichsten aller Lebensfragen mit unbeherrschter Neugier wissen möchten, ist nicht ein Fluch unserer Daseinssituation, sondern das größte Geschenk jener Liebe, die mit tiefster Weisheit liebt. Was wir so oft auf dem Wege der bisherigen Untersuchungen über den Sinn der „Insecuritas"-Situation des menschlichen Daseins feststellen konnten, daß nämlich der Intellekt, der uns so leicht in den Abgrund der Selbstsucht abstürzen läßt, allemal vor der tiefen Irrationalität des Lebens seine äußerste Demütigung erfahren muß, das können wir gerade in dieser absoluten Grenzsituation des Menschen am meisten bestätigt finden.

Menschlich ist es ja doch so ganz begreiflich, daß wir mit unserem immer vorwitzigen Intellekt alles dasjenige mit absoluter Gewißheit vorwegnehmen möchten, was uns erst nach dem Durchgang durch die Kampfphase unserer Bewährung enthüllt werden kann. Alle Formen der Superstition und des Okkultismus sind ja doch von dieser unfrommen Wissensneugier des unbeherrschten Intellekts bestimmt. Ganz tief in unserer geistigen Natur ist ein titanischer Zug zur gnostischen Magie verborgen. Der vorwitzige Intellekt in uns ist von Natur jener verwegene Magier, der ohne Unterlaß an den für uns verschlossenen Geheimnispforten des Übernatürlichen rütteln möchte. Und je stärker sich der Unglaube entfaltet, um so verwegener gebärdet sich auch allemal diese unfromme Magie des Intellekts, die den Schleier vom Bilde von Sais[99] ein für allemal hinwegreißen möchte.

Die tiefe Verborgenheit unseres persönlichen Endschicksals gehört also letzten Endes notwendig zu unserem Wesen. Sie bedeutet den wohltätigen Schutz unserer Seinsgrenzen gegen uns selbst, gegen die Intellekthybris, die immer als unsere größte menschliche Gefährdetheit bezeichnet werden kann.

So mag es sich denn auch erklären, warum gerade die Menschen, die auf dem Wege der inneren Vollendung am weitesten vorangeschritten sind, am wenigsten sich ihres inneren Zustandes bewußt sind und sich am meisten vor ihrer subjektiven Unbeständigkeit fürchten. Je näher sie dem ersehnten Ziele kommen, um so dichter wird für sie der Schleier, hinter dem sich ihnen ihr persönliches Endschicksal verbirgt. Gerade an diesen Menschen können wir die tiefe Weisheit am meisten erfahren, die den Gesetzlichkeiten des mystischen Weges zugrundeliegt. Es ist jene Weisheit des Lebens, die uns in Oliver Cromwells Wort entgegentritt: „Niemand steigt so hoch als derjenige, der nicht weiß, wohin er geht."

Diese halbe Unwissenheit, in der sich der Mensch auf seinem Heilswege gegenüber seinem persönlichen Endschicksal dauernd befindet, ist ein wunderbares Gegenstück zu jener „docta ignorantia", die wir auf dem Höhepunkte der Metaphysik gegenüber der Gottesfrage kennen gelernt haben. Sie ist eine „sacra ignorantia" unseres Heilszustandes, die uns in der Ehrfurcht vor uns selbst und vor den Geheimnissen des Seins bewahrt, so lange wir selbst uns in schönster Gelassenheit in ihr Halbdunkel willig fügen.

An den großen Seelen der Liebe aber können wir es lernen, daß dieses Halbdunkel des persönlichen Heilsweges keineswegs eine verdüsterte Lebensstimmung herbeizuführen braucht. Zwar beobachten wir bei ihnen immer auch jene hohe Trauer, die allem, was groß genannt werden darf in dieser Welt, immer in geheimnisvoller Weise anhaftet. Aber aus dem tiefsten Seelengrund dieser großen „homines religiosi" kommt uns auch jene letzte Heiterkeit entgegen, die nur der Mensch ausströmen kann, dessen Augen durch alles Weltdunkel hindurch ein letztes unverlöschbares Licht geschaut haben. Es ist in dieser Heiterkeit jener halbe Siegesjubel, der uns so ganz eigenartig aus der Karsamstagliturgie der Kirche entgegenklingt, wenn die Leiden des Karfreitags vorüber sind und der volle, brausende Siegesjubel des Ostermorgens noch nicht da ist. Das Herz der Kirche schluchzt dann zwar noch einmal auf von dem tiefen Weh der erlebten Todestragik. Aber ganz leise klingt schon das Alleluja des Ostermorgens herein, und ergriffen lauscht man dann plötzlich dem fast unbegreiflich klingenden Wort: „O felix culpa, quae talem ac tantum meruit habere Redemptorem!“[100]

DREIZEHNTES KAPITEL

Der „homo religiosus“ im Halbdunkel des mystischen Weges

Mit der Beantwortung der drei Fragen nach der religiösen Gottesgewißheit, der Offenbarungsgewißheit und der Heilsgewißheit haben wir nun auch die oberste Ebene des „Insecuritas“-Raumes durchschritten. Immer deutlicher hat sich bei allen unseren Untersuchungen die Tatsache bestätigt, daß die Spannung der „Insecuritas humana“ sich von der untersten bis zur obersten Ebene hin zusehends verschärft, bis sie im Bereich des „homo religiosus“ vor der Frage nach der persönlichen Heilsgewißheit ihren denkbar höchsten Intensitätsgrad erreicht.

Nun hat sich aber bei der Frage nach der persönlichen Heilsgewißheit bereits gezeigt, daß auch der einzelne auf seinem Heilswege begriffene Mensch in dem Maße tiefer in das Halbdunkel des übernatürlichen Bereiches hineingelangt, je näher er an das Ziel seiner inneren Vollendung herankommt. Diese Tatsache wird in geradezu klassischer Weise illustriert durch jene Gesetzlichkeiten, die der „homo religiosus“ auf dem besonders gefahrumdrohten Wege des *mystischen Lebens* erfährt.

Im Grunde ist nun zwar das Heilserlebnis einer jeden Seele als ein übernatürliches Geschehen in das Halbdunkel des mystischen Raumes hineingestellt. Aber wir pflegen doch nur dort von der Mystik im eigentlichen und engeren Sinne zu sprechen, wo es sich um den *außergewöhnlichen* Weg einer Seele zum höchsten Ziele ihrer inneren Gestaltvollendung handelt, und zwar in der Weise, daß in dem geheimnisvollen Ineinanderspielen von menschlicher Freiheit und göttlicher Gnadenwirksamkeit die Seele bei weitem mehr Objekt als Subjekt ist, also fast nur noch passives Opfer jenes übernatürlichen Liebeswillens, der sie gleichsam wie eine edle Jagdbeute ergreift und mit sich fortreißt bis in sein innerstes Heiligtum hinein.

Die geheimnisvolle Fortschrittsgesetzlichkeit aber, die für diesen mystischen Weg charakteristisch ist und die trotz noch so vieler Verschiedenheiten im einzelnen doch bei allen Mystikern im Wesentlichen gewisse übereinstimmende Züge aufweist, ist ganz und gar bedingt von jenem menschlichen „Insecuritas“-Schicksal, das wir bisher von den mannigfaltigsten Gesichtspunkten her zu beleuchten versucht haben. Insbesondere können wir auf dem steil ansteigenden Wege der Mystik die Periodizität von Gottesnähe und Gottesferne verfolgen, durch die die Seele in einem fort das Wechselspiel von Auferstehungsjubel und Karfreitagstragik, von beglückender Erhöhung und qualvoller Erniedrigung erfahren muß, bis sie es allmählich gelernt hat, ganz auf ihren Eigenwillen zu verzichten und sich in kindlicher Gelassenheit jenem höheren Liebeswillen hinzugeben, dem sie durch das Gnadenwunder zum Opfer gefallen ist. Am schönsten hat Augustin in seiner immer so ganz eigenen Ausdrucksweise dieses „Insecuritas"-Gesetz der mystischen Erfahrung in dem Ausruf seiner „Confessiones" formuliert: „Rapiebar ad Te decore Tuo moxque diripiebar abs Te pondere meo et ruebam in ista cum gemitu" (VII, 17)[101]. „Hingerissen wurde ich zu Dir durch Deine Schönheit, aber bald auch wieder hinweggerissen von Dir durch mein eigenes Schwergewicht, und seufzend stürzte ich dann hinab in die sinnliche Welt." Der Jubel der Begegnung mit dem Übernatürlichen und der bittere Schmerz der Trennung fließen hier unmittelbar ineinander über, und so deuten diese Worte Augustins in einzigartiger Weise jene Dialektik an, die die Seele auf dem mystischen Wege fast wie ein grausames Spiel der übernatürlichen Macht erfahren muß, obwohl doch im Grunde die höchste Weisheit der Liebe sich hinter diesem mystischen Gesetz von Attraktion und Repulsion verbirgt. Bei den großen Mystikern wird diese Dialektik des sich enthüllenden und gleich wieder verhüllenden Gottes ausdrücklich als der „Ludus Amoris" bezeichnet. Die spanische Mystikerin Theresia nennt dieses Liebesspiel im „Weg zur Vollkommenheit" sogar einmal das „Schachspiel, worin die Demut die Königin ist, ohne die niemand den göttlichen König schachmatt setzen kann".[102]

Wir müssen nun zunächst einmal den mystischen Weg in seinen verschiedenen Phasen überschauen, um dann hinterher mehr im einzelnen zu sehen, wie sich in seiner Gesetzlichkeit die menschliche „Insecuritas"-Situation bestätigt findet. In der Geschichte und Systematik der mystischen Erfahrung unterscheidet man im allgemeinen die drei Hauptphasen der „via purgativa", der „via illuminativa" und der „via unitiva". Reinigung, Erleuchtung und Einung sind die drei Aktionen, in denen das Selbst des Mystikers die Abkehr von der „Welt", die Einkehr in das eigene Innere und die Gleichförmigwerdung seines Eigenwillens mit dem göttlichen Willen erlebt.

Vielleicht ist es aber vorteilhafter, mit Evelyn Underhill[103], einer feinen Kennerin der Mystik, anstatt der klassischen „drei Wege" fünf Phasen zu unterscheiden, die sich auf einen niederen und einen höheren Weg verteilen. Der sogenannte niedere Weg umfaßt dann die drei Phasen des Erwachens der Seele zu sich selbst, sowie der Reinigung und der Erleuchtung ihres

Inneren. Der höhere Weg beginnt mit der Phase der „Dunklen Nacht“, wie sie der spanische Mystiker Johannes vom Kreuz[104] genannt hat, und endet mit der Phase der „Einung“, in der die Seele nach langen Kämpfen mit sich selbst endlich die vollkommene Gelassenheit ihres Eigenwillens erreicht. Natürlich wird man sich an die Aufeinanderfolge dieser Phasen nicht mit pedantischer Ängstlichkeit festklammern dürfen. Sie bedeuten nur ungefähre Meilensteine auf dem wechselreichen Wege des mystischen Vollendungsprozesses.

Schon gleich beim Betreten dieses Weges erfährt der Mystiker die ganz tiefe Not seiner seelischen Ungesichertheit. Wohl erleben viele von den großen „homines religiosi“ das Erwachen des Selbst aus dem Alltagsschlummer der sinnlichen Welt als einen urplötzlichen Umbruch ihres bisherigen Lebenswillens, als eine erschütternde übernatürliche Umbesinnung oder „Metanoia“, durch die das Steuer ihres Lebensschiffes ruckhaft in die Richtung der höheren Wertdimension herumgeworfen wird. Meistens aber geht dieser ruckhaften Umwälzung im Innern der Seele ein langer und qualvoller Zustand der Ungewißheit voraus, eine schmerzliche Dialektik zwischen dem niederen und dem höheren Willen des Selbst, das wie eine Beute hin- und hergerissen wird zwischen den Lockungen der Welt und dem beglückenden Frieden des übernatürlichen Wertbereiches. Einerseits wird der Mensch in eine tiefe Traurigkeit mitten in allem Reichtum der sinnlichen Güter versenkt, die nun auf einmal ihre Schalheit und Trivialität offenbaren im Vergleich mit jener anderen Welt, zu der das höhere Verlangen das Selbst hindrängt. Auf der anderen Seite aber wird das Selbst auch immer wieder zurückgeworfen in die niedere Region. Es entsteht ein furchtbarer Selbstwiderstreit, bei dem der Mensch sich zeitweilig wie im Halbschlaf gefesselt fühlt, jeden Augenblick im Begriff zu erwachen und doch auch wieder noch so schlaftrunken, daß er immer wieder müde und traurig zurücksinkt in den Zustand der bisherigen Lebensgewohnheiten. Im 8. Buch seiner „Confessiones“ (5. Kapitel) hat Augustinus diesen Widerstreit der zu sich selbst erwachenden Seele mit ergreifenden Worten geschildert: „Ita duae voluntates meae“, so schreibt er dort, „una vetus, alia nova, illa carnalis, alia spiritalis, confligebant inter se atque discordando dissipabant animam meam.“ „So stritten zwei Willen in mir, der alte und der neue Wille, der Wille des Fleisches und der Wille des Geistes, und in ihrem Streit rissen sie meine Seele auseinander.“

Sobald nun aber die Seele wirklich zu dem neuen Leben durchgebrochen ist und das erste Glück der übernatürlichen Welt verkostet hat, erfolgt wieder ein Rückschlag von anderer Art. Denn das aus den Fesseln der Weltlust befreite höhere Wertbewußtsein des erwachten Selbst erkennt nun auf einmal ganz klar die ungeheure Distanz zwischen seinem bisherigen Dasein und dem noch in weiter Ferne vor ihm liegenden Ziel, dem es auf dem mystischen Weg entgegengeführt werden soll. Es erschrickt förmlich über sich selbst, sobald es sich einmal im Spiegel dieses übernatürlichen Vollkommenheitsideals erblickt. Und so verwandelt sich denn jetzt die ursprünglich als ein so großes neues Glück empfundene göttliche Nähe in eine Gottesferne, die vernichtend wirkt. Das Selbst erkennt seine wirkliche Armut, indem es das „tremendum" der göttlichen Reinheit vor sich sieht. Dabei ist es nicht so, wie wenn Gott unmittelbar den Zorn seiner Gerechtigkeit ihm entgegenschleuderte. Gerade der schweigende Vorwurf dieser unendlichen Vollkommenheit wird von der Seele als das eigentlich Bedrückende empfunden. Indem sie ganz tief in dieses schweigende Auge des absolut reinen Wesens schaut, empfindet sie in sich den Schauer ihrer Nichtigkeit, ja, ihrer Beflecktheit. Sie erlebt jenes niederschmetternde Schuldgefühl, das den Psalmisten im 50. Psalm in den Klageruf ausbrechen läßt: „Et peccatum meum contra me est semper."[105]

Aber dieser Rückschlag des zu sich erwachten Selbst in die äußerste Ungesichertheit seiner irdischen Kontingenznot ist von tiefster Sinnhaftigkeit. Denn die Phase der Reinigung des Selbst hat ja die Bedeutung, den ersten verschärften Angriff auf den niederen Eigenwillen der Seele zu richten, der im Übertritt in die übernatürliche Realität sofort auf dem Sprunge liegt, in dieser neuen Welt des Friedens nicht in erster Linie das Objektive zu suchen, sondern die Subjektivität seiner eigenen Beglückung. Durch die Zurückschleuderung des Ich in die äußerste Distanz zwischen seiner schuldhaften Armseligkeit und der unendlichen Erhabenheit des Übernatürlichen wird diesem genießerischen Egoismus des Eigenwillens sofort eine Grenze gezogen.

Nach der ersten Reinigung und Läuterung des Selbst beginnt die Phase der inneren Erleuchtung. Das mystische Selbst findet im Rückzug auf den Seelengrund, der die eigentliche Begegnungsstätte zwischen Gott und der Seele ist, zum ersten Male den ganz tiefen Frieden und die große Stille, die ihm alle Verluste irdischer Güter so reichlich ersetzen, daß allmählich der Kampf aufhört und eine gewisse Kontinuität des neuen Lebenswillens entsteht.

Aber dieser Glückszustand der „via illumativa" ist noch lange nicht das Ende des mystischen Weges. Mit der dritten Phase der Erleuchtung ist vielmehr erst der niedere Weg beendet. Dieser Weg führt nur bis an das Tor der mystischen Beschauung und Einung. Der höhere Weg muß erst durch einen neuen Anstieg erklommen werden. Jeder Anstieg zu einer neuen Höhe führt aber in der Mystik über neue Leiden und durch neue Dunkelheiten. Die Finsternis nun, die die Seele beim Betreten des höheren Weges zu erwarten hat, ist von ganz besonderer Art. Die großen Mystiker pflegen sie den „mystischen Tod“ zu nennen oder die „Dunkle Nacht“ der Seele.

Psychologisch kann man dieses mystische Todeserlebnis der „Dunklen Nacht“ zunächst als eine vitale Reaktion verstehen, die sich ganz natürlich als eine Folge allzu gesteigerter seelischer Konzentration erklärt. Trotzdem reicht eine derartige rein natürliche Erklärung hier nicht aus. Die „Dunkle Nacht“ des Mystikers mag zwar eine gewisse Verwandtschaft haben mit jenen depressiven Abspannungsreaktionen, wie sie zuweilen bei gesteigerter schöpferischer Tätigkeit des Geistes auftreten. Aber das Übernatürliche bedient sich im Falle des Mystikers nur der niederen Naturgesetzlichkeit, um seine eigenen höheren Ziele zu verwirklichen. Die „Dunkle Nacht“ des mystischen Weges mag zwar als ein Phänomen tiefster seelischer Niedergeschlagenheit gedeutet werden. Aber diese Niedergeschlagenheit ist dann doch als eine Erscheinung „sui generis“ zu werten. In der „Dunklen Nacht“ des Mystikers haben wir nämlich die qualvollste „Insecuritas“-Situation vor uns, in die nicht nur der Mensch überhaupt, sondern vor allem der Mensch als „homo religiosus“ versetzt werden kann. Sie bedeutet eine ganz neue Phase der inneren Reinigung des mystischen Selbst, ehe es in die letzte Phase der Einung eintreten kann.

Besonders überraschend ist vor allem das Erlebnis einer völlig neuartigen subjektiven Ungesichertheit, das die Seele in der Phase der „Dunklen Nacht“ erfahren muß. In den drei ersten Phasen der Erweckung, der Reinigung und der Erleuchtung war sie glücklich so weit gekommen, daß sie sich endgültig im gesicherten Hafen des übernatürlichen Friedens zu befinden glauben durfte. Gegen die unbeständigen Werte und Güter der „Welt“ hatte sie endlich etwas eingetauscht, was ihr nicht bloß flüchtigen Vorübergang, sondern wahre Dauer versprach. Nun aber muß sie auf einmal erleben, daß ihr aller Grund und Boden überhaupt unter den Füßen weggezogen zu werden scheint und daß sie sich völlig im Leeren und Grundlosen zu befinden meint.

Das frühere Sein, dessen innere Haltlosigkeit sie erkannt hat, kann sie nicht mehr befriedigen. Die „Welt“ mit ihrer irdischen Lust und die Menschen in ihr, die sie verlassen hat, können ihr das nicht mehr bieten, was sie allein noch beruhigen kann. Um die irdische Unruhe zu überwinden, hat sie ja eines Tages die Brücken zur Welt hinter sich abgebrochen und sich in den innersten Winkel ihres Seelengrundes zurückgezogen, um dort, in der Stille des Herzens, dem Ewigen und Übernatürlichen zu lauschen, dessen geheimnisvolle Stimme bisher bei ihr der Lärm des Alltags übertönt hatte. Eine Weile hatte dann auch tatsächlich diese Stimme zu ihr gesprochen. Und sie hatte ein unbeschreibliches Glück erlebt, solange diese übernatürliche Stimme sie ansprach. Aber nun auf einmal ist etwas ganz Besonderes geschehen: diese übernatürliche Stimme im Innern des Herzens ist für die Seele völlig verstummt. Sie mag noch so angespannt in sich hinablauschen: der innere Trost dieser Stimme bleibt aus. Und so ist denn nun, wie es scheint, die Seele völlig allein mit sich selbst, allein mit ihrer eigenen Armseligkeit und Gebrechlichkeit. Es ist ihr so, wie wenn Gott seine gütige Hand vollkommen von ihr zurückgezogen hätte, so daß sie, wie einstmals Petrus auf dem Meere, ins Grundlose versinken zu müssen fürchten muß. Sie muß das *Schweigen Gottes* erleben, jenes übernatürliche Schweigen, das eine gläubige Seele bei weitem mehr beängstigen kann, als das allgewaltige Schweigen der Natur um uns her oder das Schweigen des unendlichen Raumes.

So entsteht nun für die Seele in diesem Gefühl der äußersten Gottverlassenheit eine namenlose Traurigkeit und Trostlosigkeit. Es ist nicht etwa eine Melancholie von alltäglicher Art, was sie erfaßt hat. Denn sie erlebt eine Einsamkeit, wie man sie sonst in der Welt überhaupt nicht erleben kann. Scheinbar ist sie jetzt wirklich ganz auf sich allein angewiesen. Und sie hatte doch den Weg in dieses Neue Leben angetreten, weil sie sich allein nicht genug sein konnte mit ihrem der Endlichkeit preisgegebenen Sein. Sie bedurfte notwendig einer Anlehnung an ein Sein von absolutem Bestand, und dieses Sein hatte sie gefunden, als sie sich in ihr wesenhaftes Inneres zurückgezogen hatte. Dieses Sein aber, in dem sie sich eine Weile so wunderbar geborgen gefühlt hatte, hat sich ihr jetzt verhüllt. Es hat sich ganz von ihr zurückgezogen, wie es ihr scheinen muß. Und so erfährt sie denn jetzt in diesem Gefühl der äußersten Gottverlassenheit eine „Insecuritas"-Not, die mit keinem anderen Ungesichertheitserlebnis in der Welt auch nur im entferntesten verglichen werden kann.

Aber sie wird noch tiefer in diese mystische „Insecuritas"-Not der „Dunklen Nacht" hinabgestoßen. Im Anfang des Neuen Lebens war eine Fülle von Kräften in ihr lebendig geworden, die sie bisher gar nicht gekannt hatte. Tag für Tag hatte sich ihre innere seelische Aktivität gesteigert. Es war wie ein junger Frühling in ihr gewesen: überall keimte, sproßte, blühte es von neuem Leben. Beglückt hatte sie das Wachstum dieser übernatürlichen Keimkräfte in sich verspürt. Jetzt auf einmal ist es, wie wenn ein eisiger Winter in ihr Inneres eingebrochen wäre. Das ganze blühende Leben von früher ist erstarrt. Alle Aktivität in ihr ist erlahmt. Keine höhere Sehnsucht will sich mehr in ihr regen. Sie ist wie von einem Todesschlaf befangen. Sie ist wie gefesselt an allen Gliedern. Ja, sie kommt sich zuweilen vor wie ein Stein, verhärtet bis in ihr innerstes Gemüt hinein. Sie ringt vergebens danach, sich zu irgendeiner Aktivität aufzuraffen. Der edle Wille von einst scheint völlig erstorben zu sein. Manchmal glaubt sie freilich noch zu erschrecken über diese innere Lähmung ihres ganzen Wesens. Aber selbst dazu langt am Ende ihre Kraft nicht mehr aus. Nur noch wie aus weiter, ganz weiter Ferne grüßt sie zuweilen zu Gott hinüber, weil sie sich schämt vor ihm, so arm und elend geworden zu sein. Und schließlich versinkt sie in eine ganz tiefe Ratlosigkeit über diesen ihren inneren Zustand.

Aber mit dieser inneren seelischen Erstarrung ist es noch nicht genug. Die mystische Not steigt noch weiter an. Die über die Seele hereingebrochene Gottesnacht wird noch dunkler, noch undurchsichtiger. Denn sehr bald meldet sich sogar ein unerklärlicher Ekel an allem, was sie bisher so beglückt hatte. Es meldet sich das furchtbare Gefühl des „ennui spirituel“[106], der geistlichen Leere und Langeweile. Das ganze übernatürliche Leben, in dem sie bisher so viel inneren Trost, soviel Glück und Frieden gefunden hatte, beginnt ihr schal und öde zu erscheinen. Und so gerät sie bereits in die Gefahr, irre zu werden an allem, was sie bisher auf dem neuen Wege mit so viel Eifer zu tun versucht hatte.

Plötzlich aber kommen auch noch allerhand Mißhelligkeiten von außen hinzu. Unvorhergesehene Schicksalsschläge treffen sie. Sie muß Unrecht von der Welt erleiden. Unverschuldet gerät sie in Situationen, in denen sie Kränkungen aller Art erfährt oder gar ihre Ehre, ihr Ansehen aufs Spiel gesetzt sehen muß.

Aber selbst jetzt ist noch nicht der Höhepunkt dieser mystischen „Insecuritas“-Not erreicht. Eines Tages muß sie sogar verspüren, wie dunkle, dämonische Mächte sich tief in ihrem Innern gegen sie erheben, deren Zugriff sie zum Opfer zu fallen fürchtet. Gerade in jener Stille des Herzens, in der sie früher Zwiesprache mit dem Ewigen halten durfte, vernimmt sie jetzt Zuflüsterungen der furchtbarsten Art, Zuflüsterungen, die sie früher nie vernommen hatte, selbst damals nicht, als sie noch oberflächlich im Alltag dahinlebte. Es sind versucherische Stimmen, die sie aufreizen zum Trotz gegen Gott, der sie treulos in diese Einsamkeit hinausgestoßen habe.

Mit Erschrecken verspürt sie so auf einmal eine Gefährdetheit, die sie früher nicht im mindesten geahnt hatte.

Es ist die Gefahr der äußersten Verzweiflung, der Verzweiflung zum Tode, von der sie sich wie von einem kalten Ungeheuer umklammert fühlt. Im tiefsten Grunde ihres Herzens liebt sie zwar immer noch Gott als ihren Vater und Führer mitten in all dieser Dunkelheit. Aber manchmal wird sie unsicher darüber, ob die bösen Gedanken, die in ihr aufgestiegen sind, wirklich nur fremde Zuflüsterungen sind oder ob sie nicht doch von ihr selber stammen. Und dann möchte sie ein noch schlimmerer Gedanke beschleichen, der furchtbare Gedanke nämlich, ob sie nicht von Gott verworfen sei kraft seines ewigen Ratschlusses. Das tiefe Dunkel des Mysteriums der Prädestination droht über ihr zusammenzuschlagen, und dann erbebt sie darüber, daß dieser Gedanke sie in den tiefsten Abgrund der Vernichtung hinabstürzen könnte. Aber sie wehrt sich mit äußerster Aufbietung ihrer letzten Kräfte gegen diese furchtbare Anfechtung, die sie zum prometheischen Trotz gegen Gott zu verführen droht. Sie hofft auf ihr Heil, gegen alle Hoffnung.

Damit sehen wir die Seele des Mystikers in der Phase der „Dunklen Nacht" an jenem Punkte angelangt, der ihre höchste Gefährdetheit bedeutet. Von diesem Kulminationspunkte ihrer Entwicklung kann sie plötzlich ganz tief abstürzen in den äußersten Abgrund der Schuld. Aber Gott prüft keine Seele über ihre Kraft. Gerade dieser Augenblick der dichtesten Finsternis ist auch der fruchtbarste Augenblick in diesem inneren Drama des Mystikers. Er mußte die ganze Not dieser passiven Reinigung erleiden, um die völlige Abtötung des Eigenwillens an sich zu erfahren.

In Wirklichkeit ist denn auch die Ungesichertheit der Seele in der Phase der „Dunklen Nacht" ein Erlebnis, das nicht bis in den tiefsten Grund ihres Wesens hinabzittert. So tief auch die Not ist, die sie in dieser Einsamkeit durchkosten muß, in ihrem Innersten weiß sie sich trotz allem geborgen, gesichert, behütet. Und deshalb glaubt sie, hofft sie, liebt sie weiter, obwohl zuweilen alles sich gegen sie verschworen zu haben scheint. Wenn sie aber in dieser äußersten Bedrohung standgehalten hat, dann tritt plötzlich die Erlösung ein. Die abgründige Finsternis der „Dunklen Nacht" beginnt zu weichen. Neues Licht strömt auf einmal von allen Seiten in ihr Inneres herein. Und dieses Licht ist von einer viel intensiveren Leuchtkraft als dasjenige, das sie in der dritten Phase der Erleuchtung in sich einströmen fühlte. Sie hat sich jetzt der letzten Phase der Einung genähert. Auf die Gethsemanenacht ist die Verklärung auf dem Berge Tabor gefolgt.

Diesen Höhepunkt der mystischen Entwicklung der Seele hat Albrecht Dürer in seinem Kunstblatt von „Hieronymus im Gehäus" symbolisch darzustellen versucht. Wir sehen, wie die Zelle des Einsiedlers ganz in ein überirdisches Licht getaucht ist. Dieses Licht quillt förmlich aus den Wänden hervor und durchrieselt die winzigsten Dinge in der Umgebung des Klausners. Im Vordergrunde liegt der Löwe ganz zahm und friedlich – der Dämon der Selbstsucht ist bezwungen. Der Einsiedler ist ganz in Andacht vertieft in das Heilige Wort der Schrift: seine erlöste Seele ist ganz Hingabe geworden. Die Sabbatstille des siebenten Tages erfüllt ihn selbst wie den ganzen Raum um ihn her. Alles atmet hier jenen Frieden, den die Welt nicht geben kann. Der „sopor mysticus", der mystische Schlaf der „Einung", hat die Seele ganz umfangen. Nicht sie selbst wirkt jetzt mehr, sondern Gott ist es, der noch allein in ihr wirkt.

Mit dieser typisierenden Darstellung der Hauptstadien des mystischen Weges und insbesondere der „Dunklen Nacht" der Seele haben wir die verschiedenen Gestalten der „Insecuritas humana" von der Fortunaebene bis hinauf zur religiösen Ebene kennen gelernt. Und bis zuletzt haben wir die Tatsache bestätigt gefunden, daß in allen diesen so verschiedenartigen Erscheinungen der menschlichen Ungesichertheit sich eine tiefe Weisheit verbirgt, die Weisheit jener Liebe, die den Menschen immer wieder durch Dunkelheiten führt, um ihn an der Bewährung seines Willens reif werden zu lassen für seine letzte und höchste Bestimmung.

VIERZEHNTES KAPITEL

Die „Insecuritas humana" und das Wagnis des Entscheidungsirrationalismus

In allen bisherigen Untersuchungen über die verschiedenen Erscheinungsformen der menschlichen „Insecuritas" sind wir schließlich immer wieder auf das Wagnismoment des Lebens gestoßen. In ihm nämlich, so sahen wir mehrfach, erhalten alle diese verschiedenen Formen der „Insecuritas"-Not, so etwa die Fortunanot, die Wissensnot, die Heilsnot, ihren letzten Sinn. Um zum Wagnis herausgefordert zu werden, wird der Mensch in das Halbdunkel der Ungewißheit versetzt.

Dieses Wagnismoment des Lebens müssen wir nun noch einmal unter einem besonderen Gesichtspunkt näher betrachten. Denn das metaphysische Problem der „Insecuritas humana" kann sehr leicht eine Deutung erfahren, die in eine ganz falsche Richtung weist, wenn man nicht den Wagnisbegriff selbst vor einer Mißdeutung sichert, die bei ihm sehr naheliegt. Schon an einer früheren Stelle haben wir darauf hingewiesen, daß der Wagnisbegriff in einem doppelten Sinne gefaßt werden kann und daß je nach der einen oder anderen Fassung dieses doppelsinnigen Begriffs zwei Weltanschauungen entstehen, die ihrem ganzen Wesen nach fundamental voneinander verschieden sind. Eigentlich aber liegt der Unterschied auch schon in dem Begriff der Ungewißheit, dem der Wagnisbegriff zugeordnet ist. Faßt man nämlich den Begriff der Ungewißheit so, daß mit ihm auf eine *absolute* Dunkelheit unserer Vernunft in gewissen letzten Fragen abgezielt ist, dann korrespondiert diesem Ungewißheitsbegriff ein *absolut blindes* Wagnis, ein Wagnis also, das einen Sprung ins absolute Ungefähr bedeuten soll. Faßt man aber den Begriff der Ungewißheit so, daß der Vernunft wenigstens noch ein Minimum von Sehfähigkeit zuerkannt wird, dann korrespondiert diesem Begriff der Ungewißheit ein Wagnisbegriff, bei dem jeder Sprung in den Zufall oder in das blinde Ungefähr ausgeschlossen wird. Die Weltanschauung des blinden Wagnisses ist der *vernunftblinde Entscheidungsirrationalismus*. Der andere Wagnisbegriff aber – vielleicht können wir ihn als den Wagnisbegriff der Weisheit bezeichnen – ist der Oberbegriff für jene Weltanschauung, die selbst noch im tiefsten Dunkel der menschlichen „Insecuritas"-Not den trostvollen Gedanken an eine allweise und allwaltende *göttliche Vorsehung* aufrecht erhält.

Mit dem Hinweis auf diese beiden Möglichkeiten des Wagnisbegriffs und der beiden ihnen zugeordneten Weltanschauungen münden unsere Untersuchungen über das Problem der „Insecuritas humana“ in jene große Diskussion ein, die in unserer unmittelbaren Gegenwart sowohl von philosophischer wie von theologischer Seite her um dieses Problem in Gang gekommen ist. Diese Diskussion ist aber nur deshalb so lebhaft entbrannt, weil unser heutiges Zeitalter unter einem solchen Druck der „Insecuritas“-Not steht, daß manche Menschen geradezu von einer eschatologischen Weltangst befallen sind. In seiner kleinen Studie über „Die geistige Situation unserer Zeit“ (Seite 12) sagt Karl Jaspers[107]: „Die *Stimmung der Gefahr* geht durch das letzte Jahrhundert: der Mensch fühlt sich bedroht.“ Und Seite 6[108]: „Der Stolz heutigen universellen Begreifens und der Übermut (des Menschen), als Herr der Welt sie nach eigenem Willen als die wahre und beste einrichten zu können, schlagen an allen Grenzen, die sich auftun, um in ein Bewußtsein der Ohnmacht, das erdrückend ist. Wie der Mensch sich darin finde und daraus sich erhebe, ist eine Grundfrage der gegenwärtigen Situation.“

Das oberflächliche Sekuritätsbewußtsein des Aufklärungsmenschen von ehedem ist demnach in das absolute Gegenteil umgeschlagen. Und unter dem gewaltigen Druck der eschatologischen Weltangst unserer Zeit ist die neu entstandene Diskussion über das Problem der menschlichen Insekurität mehr und mehr in die Richtung jenes absoluten Entscheidungsirrationalismus abgeglitten, für den es nur ein vernunftblindes Wagnis geben kann. Von zwei großen Denkergestalten des 19. Jahrhunderts aber ist diese neue Problematik des heutigen Menschen entscheidend beeinflußt, von *Kierkegaard* und von *Nietzsche*. Sie haben beide nicht bloß in ungewöhnlichem Maße persönlich unter der „Insecuritas“-Not ihres Menschentums gelitten, sondern sind auch beide, man darf es wohl sagen, jeder freilich auf seine eigene Weise, an dieser Problematik gescheitert. Unter dem Einfluß dieser beiden Denker stehen denn im wesentlichen auch die beiden Hauptrichtungen im Denken der Gegenwart, die, jede auf ihre besondere Art, den Entscheidungsirrationalismus beim Problem der „Insecuritas humana“ vertreten, nämlich die *Existenzphilosophie* und die *Dialektische Theologie*.

Wir müssen nun zunächst auf das Wesen der Existenzphilosophie eingehen, wie sie bei ihrem Begründer Kierkegaard aussah, um den vernunftblinden Wagnisbegriff im Entscheidungsirrationalismus der heutigen Existenzphilosophie in etwa verständlich zu machen. Wenn heute Karl Jaspers das Grundproblem der Existenzphilosophie in der unaufhebbaren Dialektik von *Vernunft* und *Existenz*[109] sehen möchte, dann kann das in gewissem Sinne auch schon für die Existenzphilosophie Kierkegaards gelten. Dem großen dänischen Denker des 19. Jahrhunderts geht es in erster Linie darum, der unpersönlichen Harmlosigkeit des neuzeitlichen Bewußtseinsidealismus das *konkrete* Denken des *Einzelnen* entgegenzusetzen, der aus seiner ganz persönlichen Denk- und Heilsnot heraus das Philosophieren wieder als ein Wagnis betrachtet, bei dem der menschliche Geist zu einer existentiellen Entscheidung aufgerufen ist. Dieses konkrete Denken des „Einzelnen" ist nicht auf ein durch Abstraktion entleertes „Bewußtsein überhaupt"[110] bezogen, sondern es ist als ein Denken zu betrachten, bei dem der *einzelne Mensch* als *metaphysisches Selbst* sich in den Urfragen der menschlichen Daseinssituation Aug' in Auge sieht mit jenem *Ewigen Bewußtsein*, dem er sich von seinem Innern her in strengster Form verantwortlich fühlt. Kierkegaard faßt also das cartesianische „Cogito ergo sum"[111], das als das Leitprinzip des modernen Bewußtseinsidealismus gelten kann, so unerbittlich konkret auf, daß es nun auf einmal einen ganz neuen Sinn erhält, jenen Sinn, den bereits Baader diesem Prinzip geben wollte, als er es durch seine metaphysische Formel des „cogitor ergo sum"[112] zu ersetzen versuchte. All unser letztes Fragen nach dem Sinn des Seins, so sah es Kierkegaard, ist nur die Folge jener metaphysischen Bindung, die durch die Schöpfung zwischen dem *existenten „Einzelnen"* und dem *existenten „Ewigen Bewußtsein"* besteht. Es ist die Bindung zwischen Vernunft und Existenz in jenem augustinischen Sinne, daß sich das Denkdrama im Innern der von Gott angesprochenen Seele geradezu als ein Heilsdrama abspielt zwischen *Gott* als der „Ewigen Vernunft" und der *Seele*, als dem zur metaphysischen Existenz herausgeforderten Menschen.

Zunächst ist nun bei dieser metaphysischen Auffassung der Urkorrelation von Vernunft und Existenz noch keineswegs etwas von der Gefahr eines vernunftblinden Entscheidungsirrationalismus zu merken. Denn Kierkegaard legt gerade Wert darauf, den Menschen als ein Wesen zu betrachten, das in seiner *Vernunftanlage* über das Tier erhaben ist, weil es als *geistige Potenz* von Gott her im Innern jenen Ewigkeitsanspruch erfährt, der an das Tier nicht ergangen ist. Man kann zwar manchmal darüber im Zweifel sein, ob Kierkegaard nicht die substantiale Geistanlage der Seele einem gewissen seelischen Aktualismus zum Opfer fallen lasse. Aber von einem vernunftblinden Entscheidungsirrationalismus kann in der Grundstruktur seiner metaphysischen Anthropologie zunächst keine Rede sein.

Die Gefahr eines solchen Irrationalismus tritt für Kierkegaard überall erst dort in seiner Existenzproblematik hervor, wo er die philosophische Spekulation als solche dem existentiellen Ernst des positiv-christlichen Offenbarungsglaubens entgegenstellt und dabei die natürliche Vernunft ohnmächtig an dem „absoluten Paradox" des Übernatürlichen zerschellen läßt oder wenigstens zerschellen zu lassen scheint. In den „Philosophischen Brocken" (Kapitel 3) steht z.B. die bedenkliche Stelle: „Jeder Leidenschaft höchste Potenz ist aber, daß sie ihren eigenen Untergang will; und so ist es auch des Verstandes höchste Leidenschaft, daß er den Anstoß will, obgleich der Anstoß auf die eine oder andere Weise sein Untergang werden muß. Dies ist also das höchste Paradox des Denkens, etwas zu entdecken, was es selbst nicht denken kann."[113] Hier scheint wirklich der große dänische Denker einem blind-fideistischen Entscheidungsirrationalismus zum Opfer gefallen zu sein.

Sei dem nun aber wie ihm wolle, jedenfalls wird man sagen dürfen, daß der Entscheidungsirrationalismus der heutigen Existenzphilosophie, insbesondere in jener Gestalt, in der sie von Karl Jaspers vertreten wird, von wesentlich anderem Charakter ist als derjenige Kierkegaards. Was die heutige Existenzphilosophie von Heidegger und Jaspers mit derjenigen Kierkegaards zunächst noch gemeinsam hat, das ist die Problemstellung im ganzen. Es ist das „Insecuritas"-Problem, das die neue wie die alte Existenzphilosophie entscheidend beherrscht. Und darin liegt denn auch das positive Verdienst, das man der heutigen Existenzphilosophie zubilligen muß: durch sie ist an die Stelle der naturalistischen Anthropologie[114] mit ihrem oberflächlichen Sekuritätsoptimismus jene neue Anthropologie gesetzt worden, die vom menschlichen Insekuritätsproblem her wenigstens im Begriff steht, zu den ernsten Fragestellungen der Metaphysik wieder zurückzukehren. Die Analysen Heideggers über die „Geworfenheit"[115] des menschlichen Daseins bedeuten zum mindesten das erschütternde Bekenntnis des heutigen Menschen, daß er den stolzen Autonomieglauben der Aufklärung als eine grandiose Selbsttäuschung erkannt hat. Heidegger charakterisiert den Menschen als ein Wesen der äußersten und tiefsten „Insecuritas"-Not. Und noch erschütternder wirken in dieser Hinsicht die Analysen, in denen Karl Jaspers den Menschen in seinen großen und tragischen Grenzsituationen[116] dargestellt hat.

Aber der Wagnisbegriff in der heutigen Existenzphilosophie weist doch in eine prinzipiell andere Richtung als der Wagnisbegriff Kierkegaards. Das wird sofort erkennbar, wenn man etwa in Betracht zieht, daß Jaspers sowohl Nietzsche als auch Kierkegaard in ihrem letzten Wollen für das eigentliche Wesen der Philosophie mitbestimmend sein läßt.[117] Beide nämlich gehen von der Existenz her bis an die letzten Grenzen des Denkens. Aber beide gehen bis zu diesen letzten Grenzen in genau entgegengesetzter Richtung. Nietzsches Denken bewegt sich in der Richtung des absoluten Nihilismus. Kierkegaards Denken aber bewegt sich in der Richtung auf den „Deus absconditus“ der christlichen Offenbarung, vor dem alles natürliche Denken, als vor dem „absoluten Paradox“, zuschanden wird. So haben also beide die Vernunft bis zum Äußersten in Frage gestellt. Jaspers betont ausdrücklich, daß gerade die Unerschrockenheit dieser beiden Denker in ihrem radikalen Zuendedenken eine „neue Atmosphäre“[118] für das Denken unserer Zeit geschaffen habe.

Der ungeheure geistige Raum aber, der zwischen diesen beiden Denkern liegt, ist der Raum eines furchtbaren Entweder-Oder zwischen den extremsten Möglichkeiten von absoluter Leere und absoluter Fülle, zwischen „nihil absolutum“ und „ens absolutum“, zwischen extremster Seinsverneinung durch die spekulative Vernunft und extremster Gottesbejahung durch die im Glauben an die Offenbarung sich blindlings unterwerfende Vernunft.

Nun ist es interessant, wie Jaspers von diesem absoluten Entweder-Oder aus, das für ihn in den diametral einander entgegengesetzten Haltungen dieser beiden Denker gegeben ist, zu einer noch darüber hinausliegenden Synthese vorstoßen will, in der er die einzig erlaubte und wirklich redliche Geisteshaltung des wahren Philosophen erblicken möchte. Die Redlichkeit des Philosophen verlangt es nämlich nach Jaspers, daß er sich dauernd diese beiden möglichen Wege des absoluten Nihilismus wie des absoluten Glaubenspositivismus offen hält. Würde er sich in dieser Alternative für die eine oder für die andere Möglichkeit endgültig entscheiden, dann würde er die Existenz an eine falsche „Vernunft“ verraten, sei es nun an die „Vernunft“ des Nihilismus oder an die „Vernunft“ des Glaubensabsolutismus. „Der Philosophierende“, so sagt Jaspers, „kann nicht wissen, ob er nicht eines Tages seinen Weg verrät und betend in die Knie sinkt, oder ob er eines Tages sich der Welt preisgibt in der Gottlosigkeit des: nichts ist wahr, alles ist erlaubt –; wenn er auch beides als etwas ansehen muß, das wie der Selbstmord seines transzendent gebundenen Wesens wäre.“ (Jaspers, Vernunft und Existenz, Seite 104.)[119] Und er fügt erläuternd hinzu: „Philosophie *bleibt* ständig im Angesicht dieser beiden anderen Glaubensweisen, in die sie sich nicht verwandeln kann, ohne den eigenen Ursprung aufzugeben, die sie aber ebensowenig als gleichgültig und unwahr ignorieren kann, ohne ihr eigenes

Leben zu verlieren, das zugleich in der Infragestellung bleiben muß, um auf echte Weise seiner gewiß zu werden.“ (A.a.O., Seite 104.)[120]

Gegenüber diesem seltsamen Sowohl-als-auch, das hier Jaspers als die höchste Aufgabe der Philosophie postuliert, ist nun aber doch wohl die Frage am Platz, ob damit nicht das Halbdunkel der menschlichen „Insecuritas“-Situation in die völlige Nacht einer *absoluten Ungewißheit* verwandelt wird. Wenn dem aber so ist – und es ist kaum denkbar, daß es nach der Darstellung der menschlichen Situation bei Jaspers anders sein könnte –, dann ist auch die in dieser Situation der absoluten Ungewißheit geforderte Entscheidung als ein absolut *blindes Wagnis* aufzufassen, als ein Griff der Existenz ins absolute Ungefähr der dunklen Schicksalsurne des Seins. Das menschliche Leben ist dann aber nichts anderes mehr als ein einziges großes Vabanquespiel, das Abenteuer eines Wesens, das in diesem Falle weit hinter dem Tier zurückstände, da das Tier wenigstens durch seine Instinktsicherheit in das Sein hineingeborgen ist.

Jaspers wehrt sich freilich selbst dagegen, daß seine Deutung der menschlichen „Insecuritas“-Situation in diesem Sinne eines absoluten Abenteurertums aufgefaßt werde. „Eine Verkehrung der Erfahrung des Seins“, so sagt er, „aus Wagnis und Vernichtung ist überall dort, wo Erscheinung nicht nur vergänglich, sondern gleichgültig wird, wo ich daher, um eigentlich zu sein, kein Weltdasein aufbaue, sondern mich dem *Abenteuer* ergebe: ich verabsolutiere das Wagen, Zerstören, Untergehen, auch wenn es um nichts geht, ja gerade dann, um mit diesem Bewußtsein ins Sein zu treten, über das jedes Ernstnehmen der Welt, alle Dauer wie alle Zeitlosigkeit täusche. Der Abenteurer verachtet alle Lebensordnungen wie alles Bestehende. Das Extravagante, alle Bindungen Lösende, das übermütig Spielende, das Überraschende und Unerwartete ist ihm, der sein Untergehen jubelnd ergreift oder lächelnd erduldet, das Wahre.“ (Jaspers, Philosophie, III, Seite 224.)[121]

Jaspers ist freilich völlig im Recht, wenn er diesen jubelnden und lächelnden Nihilismus des absoluten Abenteurertums für seine Einstellung gegenüber der menschlichen „Insecuritas“-Not ablehnt. Denn dieser Nihilismus *wagt* wenigstens die Entscheidung für das absolute Nichts und für das absolute Chaos. Seine Devise ist das verwegene „Tout m’est égal“. Das Wagnis in der Existenzphilosophie von Karl Jaspers ist tatsächlich mit diesem verwegenen Wagnis nicht zu vergleichen. Denn sein Wagnis ist das Wagnis der *absoluten Wagnislosigkeit*. Die von ihm geforderte Entscheidung ist die *unendliche Vorsicht der Nichtentscheidung*, die absolute „ἐποχή“ aus dem

Totalitätsgrunde der Existenz heraus, der Vernunft sowohl wie des Willens. Im Alltag lebt diese Existenz das alltägliche Dasein. Und im übrigen läßt sie das, was in den gewaltigen Hintergründen des Daseins spielt, in grandioser Skepsis letzten Endes auf sich beruhen. Es ist das vernunftblinde Wagnis auf die Möglichkeit der absoluten Paradoxie des Seins. Zum mindesten wird mit der Möglichkeit einer solchen absoluten Paradoxie des Seins geliebäugelt. Und das Sonderbarste ist, daß bei diesem „Amor fati" noch der Schein einer Seelenruhe und Gelassenheit entstehen will, der von ferne an die heroische Selbstverleugnung der ganz großen Mystiker erinnert. In Wirklichkeit aber handelt es sich um die Friedhofstille des Todes. Von einem Wagnis der Weisheit kann keine Rede sein.

Es ist denn auch kein Wunder, wenn in diesem absoluten Entscheidungsquietismus – denn um einen solchen handelt es sich hier – die Korrelation von Vernunft und Existenz die Synthese des „absurdum absolutum" bedeutet. Der absolute Widerspruch wird in die Vernunft selbst mit hineingenommen; der ewige Logos wird mit dem an sich Alogischen geradezu vermählt. Und dabei wird dann betont, es sei das eigentlich Neue und Entscheidende der heutigen geistigen Situation, daß zum ersten Male in der Geistesgeschichte der Mensch, von Nietzsche und Kierkegaard zu einem so großen Schritt vorbereitet, das Wagnis auf sich zu nehmen entschlossen sei, selbst vor dem in sich Unmöglichen nicht mehr ängstlich zurückzubeben. Die früheren Jahrhunderte sind in dieser Hinsicht, wie Jaspers meint, noch allzusehr Vertreter der endgültigen Sekurität des Denkens gewesen. „Es ist", so sagt er wörtlich, „als ob im Grunde des Denkens dieser Zeiten noch in aller Unruhe die Ruhe der nie im ganzen und radikal in Frage gestellten Vernunft liege. Alles Seinsbewußtsein gründete sich zuletzt doch in der Vernunft oder in Gott. Alle Infragestellungen sind noch umfangen von der fraglosen Selbstverständlichkeit; oder sie sind ganz individuelle, geschichtlich wirkungslose Durchbrüche, die ihr eigenes Selbstverständnis nicht erreichten. Alle Gegenwirkungen gegen die Vernünftigkeit sind nur wie ein ferner Donner, der Gewitter ankündigt, die sich entladen können, aber es noch nicht tun." (Jaspers, Vernunft und Existenz, Seite 4.)[122] Diese Worte sprechen es ganz unverblümt aus, daß es sich bei diesem Wagnis des „Amor fati" um eine regelrechte Götterdämmerung der Vernunft an sich handeln soll. Das Problem der „Insecuritas humana" hat hier auf dem Wege über die „Insecuritas huius saeculi" die geradezu groteske Gestalt einer „Insecuritas entis ipsius" gewonnen.

Von wesentlich anderem Charakter ist nun aber der Entscheidungsirrationalismus, der uns in der Dialektischen Theologie entgegentritt. Für die Dialektische Theologie bedeutet das Problem der menschlichen „Insecuritas“-Not eine ernste religiöse Erscheinung, die nur vom positiv-christlichen Offenbarungsglauben her in ihrer letzten Tiefe verstanden werden kann. Für sie handelt es sich bei diesem Problem um eine Ungewißheit, die nur auf der Seite des Menschen liegt und die nicht im geringsten etwas mit der Alternative „Gott oder das Nichts“ zu tun hat. Die göttliche Realität ist hier überhaupt nicht in Frage gestellt. Vielmehr steht diese Realität in der Offenbarung durch das Ewige Wort mit so souveräner Selbstverständlichkeit da, daß dem Menschen nichts anderes übrig bleibt als die Entscheidung zum Ja der Unterwerfung oder zum Nein der Gehorsamsverweigerung. Die Dialektische Theologie hat damit das Erbe Kierkegaards übernommen.

Es ist verständlich, daß unter diesen Umständen das Problem der menschlichen „Insecuritas“-Not in der Dialektischen Theologie mit einer ganz anderen Wucht in die heutige Zeit hineinwirkt als in der säkularisierten Darstellung, die es in der Existenzphilosophie gewonnen hat. Die Dialektische Theologie ist deshalb auch das ernsteste Gericht, das nicht bloß über den oberflächlichen Naturalismus, sondern auch über das in vielem Betracht verharmloste Christentum unserer Zeit ergangen ist. In erster Linie bedeutet sie den wuchtigsten Gegenschlag, den seit langer Zeit die liberalistische Theologie erfahren hat.

Die Dialektische Theologie wendet sich vor allem gegen jene subjektivistische Glaubensauffassung, die seit Schleiermacher[123] fast das ganze 19. Jahrhundert beeinflußt hat. Diesem Subjektivismus haben Karl Barth (wenigstens der Karl Barth des Römerbriefes)[124] und Emil Brunner mit absoluter Unerbittlichkeit den Glauben in seiner objektiven Realität entgegengestellt. Dieser Glaube kennt kein Paktieren mit dem Natürlichen, weder mit dem Subjekt noch mit seiner Kultur. Er ist eine Realität „sui generis“. Er ist das den Menschen völlig vernichtende „Ganz Andere“[125], vor dem seine eigene Realität mitsamt seiner irdischen Kultur sich in Schein und Nichtigkeit verwandelt.

Es ist nicht zu leugnen, daß eine solche, bislang völlig ungewohnte Art der Verkündigung des Ewigen Wortes für die vom Liberalismus und Naturalismus vollkommen entnervte Zeit wie eine diktatorische Stimme aus der Ewigkeit selbst erklingen mußte. Und man wird anerkennen müssen, daß nur eine so unerbittliche Sprache Eindruck machen konnte auf eine Zeit, die kaum mehr ein Organ hatte, um der christlichen Botschaft noch zu lauschen.

Aber an diesem Punkte setzen auch die Schwierigkeiten ein, die für immer mit der Dialektischen Theologie verbunden bleiben werden. Diese Theologie gleicht fast einem gewaltsamen Überrumpelungsversuch auf die im rein Natürlichen eingeschlafene moderne Vernunft. Wie ein Trompetenstoß des Jüngsten Gerichts soll die christliche Glaubensbotschaft dieser modernen Vernunft plötzlich in die Ohren gellen. Aber gerade in dieser Form des Anrufs an den heutigen Menschen tritt der fideistische Irrationalismus dieser Theologie hervor, die in dieser Gestalt vielleicht als eine zeitbedingte Notwendigkeit verstanden werden mag, obwohl sie in ihrem Wesen bei all ihrem tiefreligiösen Ernst sich an der Würde des Menschen vergreift.

Die menschliche „Insecuritas"-Not ist für die Dialektische Theologie in erster Linie die katastrophale Folge der Urschuld des Menschen. Durch den Fall Adams ist das Band zwischen Gott und dem Menschen radikal zerrissen worden. Die menschliche Natur ist durch die Urschuld bis in ihr eigentliches Wesen hinein nicht bloß verunstaltet, sondern vernichtet worden. Und dadurch ist eine *absolute* Kluft zwischen Gott und Mensch entstanden. Aber dabei bleibt diese Theologie nicht einmal stehen. Indem sie sich der qualitativen Dialektik Kierkegaards, ihres geistigen Ahnherrn, bedient, betont sie den unendlichen Abstand zwischen Zeit und Ewigkeit, Gott und Mensch, Schuld und Gnade in einer Weise, daß nicht nur der schuldig gewordene Mensch in der absoluten Krisis seiner „Insecuritas"-Not dasteht, sondern der Mensch als Mensch überhaupt, der Mensch als Kreatur an sich. So erfährt also auch das natürliche „humanum" bereits vor dem Übernatürlichen seine restlose Vernichtung. Bei der menschlichen „Insecuritas"-Situation handelt es sich nicht nur um eine moralische Katastrophe, sondern geradezu um eine *Seinskatastrophe*. Damit ist man aber von dem Seinsirrationalismus der Existenzphilosophie nicht mehr allzuweit entfernt. Denn wenn auch in der Objektivität des Glaubens die Realität Gottes als das absolut und sogar einzig Gewisse dasteht, so ist doch der Mensch selbst in eine solche absolute Dunkelheit hineingestellt, daß nur noch ein blindes Wagnis des Glaubens übrigbleibt, das „Wagnis aller Wagnisse", wie die Dialektische Theologie es ausdrückt. Die souveräne Objektivität des Glaubens ist zwar gerettet und der Subjektivismus der liberalistischen Theologie des 19. Jahrhunderts ins Herz getroffen. Aber mit dem Subjektivismus ist hier auch das *Subjekt selbst* radikal vernichtet, und das Heilsdrama verliert damit eigentlich seinen Sinn. Vom Subjekt her betrachtet, kann der Glaube nicht einmal mehr ein Verzweiflungsakt sein, da ja, wie Kierkegaard es in seiner Schrift „Die Krankheit zum Tode" dargelegt hat, auch die Verzweiflung noch das Gottesverhältnis im Menschen zur Voraussetzung hat.

Es ist nicht zu verkennen, daß der Ernst, mit dem die Dialektische Theologie das Problem der „Insecuritas humana" mitten in unsere Zeit hineingestellt hat, von einer erschütternden Wirkung ist. Aber dieser Ernst kann am Ende sogar dazu beitragen, die Seinsverzweiflung ins Unendliche zu steigern, die ohnedem, wie es aus der Existenzphilosophie sichtbar wird, die große Gefahr unseres Zeitalters ist. Mit einem absolut blinden Wagnis ist nun einmal dem Menschen in seiner „Insecuritas"-Not nicht zu helfen. Aber diese Not ist auch in Wirklichkeit kein absolutes Dunkel und keine absolute Ungewißheit. Sie ist ein Zwischenzustand zwischen Licht und Finsternis, ein *Halbdunkel*, aus dem sich der Mensch durch das *Wagnis der Weisheit* zum vollen Licht durchkämpfen soll.

FÜNFZEHNTES KAPITEL

Die „Insecuritas humana" und das Wagnis der Weisheit

Den einfachsten Beweis dafür, daß der Mensch mit seiner Vernunft weder im absoluten Dunkel der völligen Ungewißheit, noch im absoluten Licht der völligen Gewißheit steht, sondern in einer Art Halbdunkel zwischen Ungewißheit und Gewißheit, liefert uns die Tatsache, daß in der menschlichen Geistesgeschichte dauernd die beiden Parteien der Vernunftoptimisten und der Vernunftpessimisten einander gegenüberstehen und sich im Kampf um die Wahrheit die Waage halten. Es sind jene beiden Parteien, die Pascal in seinen „Pensées" als die Dogmatisten und die Pyrrhonianer[126] bezeichnet hat und von denen er sagt: „Wer löst diese Verwirrung? Die Natur verwirrt die Pyrrhonianer, die Vernunft die Dogmatisten. Was soll aus dir werden, o Mensch, mit Deiner natürlichen Vernunft? Du kannst weder eine dieser Schulen umgehen, noch in einer von ihnen bleiben. – Das ist das Bild des Menschen gegenüber der Wahrheit."[127]

Pascal hat damit die dialektische Situation der menschlichen Vernunft gegenüber der Wahrheit mit äußerster Prägnanz gekennzeichnet. Der extreme Vernunftoptimismus der Dogmatisten findet seinen notwendigen Widerpart in dem extremen Vernunftpessimismus der Pyrrhonianer. Aber auch dieser radikale Vernunftpessimismus findet seine Widerlegung in dem Vernunftoptimismus der Dogmatisten. Und so deuten beide Parteien, ohne es selbst zu wollen, auf jenen Zwischenzustand hin, in dem der Mensch tatsächlich existiert, auf jenes beständige *Unterwegssein* von der Finsternis zum Licht, das ihn als den Wanderer auf dem Wege zur Wahrheit, als den „viator" charakterisiert.[128]

Die Dogmatisten sind gegenüber den Pyrrhonianern mit ihrem Vernunftoptimismus im Recht, und die Pyrrhonianer sind ihrerseits gegenüber den Dogmatisten auch wieder im Recht mit ihrem Vernunftpessimismus. Aber beide Parteien sind auch wieder insofern im Unrecht, als sie, jede in ihrer Weise, die Teilwahrheit, die sie erfaßt haben, verabsolutieren und so zu Häretikern werden. Die Dogmatisten werden häretisch durch ihren allzu leichtfertigen Vernunftoptimismus und die Pyrrhonianer werden häretisch durch ihren verzweifelten Vernunftpessimismus. Aber beide Parteien sind eigentlich Egoisten einer falschen Vernunftsekurität. Denn beide wollen gegenüber der unendlichen Beunruhigung, die sie von der Wahrheit her erfahren, ihre endgültige Gesichertheit erlangen. Beide wollen sich von dem Zustand des Unterwegsseins befreien, der nun einmal zum Wesen der Menschennatur gehört. Die Dogmatisten möchten sich allzu eilig in endlichen Wahrheitsgehäusen ansiedeln, um gegen jene Unendlichkeit der Wahrheit geschützt zu sein, die sie in ihrer Denkträgheit als etwas Störendes und Unbequemes empfinden. Die Pyrrhonianer aber möchten lieber wie Nomaden auf freiem Felde wohnen, weil sie die stets drohenden Erdbeben fürchten, die von Zeit zu Zeit alle menschlichen Wahrheitsgehäuse wieder zerstören. Die Dogmatisten huldigen dem falschen Sekuritätsideal einer endgültigen Seßhaftigkeit, und die Pyrrhonianer lassen sich verlocken von dem trügerischen Ideal einer absoluten Ungebundenheit und Freizügigkeit.

Dogmatismus und Pyrrhonismus deuten demnach auf die beiden Abgründe hin, die den Menschen auf seinem Wege zur Wahrheit dauernd bedrohen. Die Dogmatisten geraten in den Abgrund eines falschen Vertrauens, die Pyrrhonianer in den Abgrund eines falschen Mißtrauens. Sie gleichen beide in eigenartiger Weise jenem ungleichen Brüderpaar in der Parabel vom verlorenen Sohn, von dem wir in unserer Untersuchung ausgegangen sind. Der Dogmatist gleicht dem älteren Bruder: er liebt allzusehr den schützenden Kreis einer definiten Rationalität, in deren Formalismus er schließlich erstarrt und damit die Aufgeschlossenheit für die Unendlichkeit des Lebens verliert. Der Pyrrhonianer aber gleicht dem jüngeren Bruder: er wehrt sich verzweifelt gegen jede rationale Definitheit und sucht sein Heil auf jenem Wege, der aus dem schützenden Kreis hinausführt in die ewige und unendliche Fremde, in die absolute Heimatlosigkeit. Auf diese Weise gerät er dann in die Chaotik einer prinzipiellen Form- und Bindungslosigkeit. Er liebt das absolute Vagantentum des Geistes, weil er die unerbittliche Determination der Wahrheit als unerträglich empfindet.

So fehlt beiden etwas Wesentliches in ihrem letzten Verhältnis zur Wahrheit, zum Leben, zur Wirklichkeit, zum Sein. Sie scheiden sich voneinander wie die beiden Pole des Eleatismus und des Heraklitismus.[129] Der Dogmatist verwechselt als einseitiger Eleatist die tote Form seiner subjektiven Wahrheit mit der lebendigen Form der objektiven Wahrheit, die keine endliche Erstarrung zulassen kann, sondern immer über sich hinausweist ins Unendliche. Der Pyrrhonianer aber, als einseitiger Herakliteer, verwechselt seine schlechte Unendlichkeit einer absoluten Chaotik mit jener wahrhaften Unendlichkeit, in der Form und Fülle, Gestalt und Leben zu einer wunderbaren Einheit vermählt sind.

Was demnach beiden als das Wesentliche fehlt, das ist das *Wagnis der Weisheit*, ohne das der Mensch die eigentliche Wahrheit des Lebens niemals erreichen kann. Dieses Wagnis der Weisheit aber verlangt, wie aus dem Bisherigen leicht ersichtlich ist, ein Doppeltes. Es verlangt statt der Einseitigkeit, die sich auf beiden Seiten bemerkbar macht, die Synthese der auseinandergerissenen Wahrheitsmomente. Es verlangt die Synthese von Form und Fülle, von Gestalt und Leben. Und das bedeutet für die subjektive Haltung des Geistes gegenüber der Totalität der objektiven Wahrheit die weisheitsvolle Vereinigung von geistiger Festigkeit und geistiger Beweglichkeit, von Bindung und Freiheit.

Von hier aus wird denn auch das Positive erst faßbar, das sich in jener Synthese verbirgt, die Karl Jaspers für die redliche Haltung der Vernunft gegenüber dem Sein gefordert hat. An sich mutet die von Karl Jaspers geforderte Synthese der spekulativen Vernunft zwischen dem Nihilismus Friedrich Nietzsches und dem Glaubensabsolutismus Sören Kierkegaards an wie der objektive Widerspruch des viereckigen Kreises. Bei näherem Zusehen aber bemerkt man, wie hinter dieser an sich unmöglichen Forderung sich dennoch eine tiefe Einsicht ankündigt. Denn es ist im Grunde die Synthese der positiven Wahrheitsmomente von Dogmatismus und Pyrrhonismus, die Karl Jaspers vorschweben dürfte, während er in Wirklichkeit die negativen Momente dieser beiden Geistesrichtungen miteinander verbunden hat.

Das hier geforderte Wagnis der Weisheit aber, das dem Halbdunkel der menschlichen „Insecuritas"-Situation als die einzige Möglichkeit für die dem Menschen gestellte Lebensaufgabe entspricht, ist das höchste Ideal der Vernunft überhaupt. Von einem *Wagnis* der Weisheit aber muß in der spezifischen Daseinssituation des Menschen deshalb gesprochen werden, weil es sich bei ihm nicht um die Weisheit an sich handeln kann, sondern nur um jene endliche Gestalt der Weisheit, die noch auf dem Wege ist zur Weisheit selbst. Diese menschliche Weisheit ist deshalb auch von Sokrates mit Recht als die *Liebe* zur Weisheit bezeichnet worden. Ihr eigentliches Wesen liegt also gerade in dem bloßen „in-via"-Sein[130] und in der ehrfurchtvollen Bejahung dieses beständigen Unterwegsseinmüssens. Die absolute Weisheit, die uns als das ewige Ideal vorschwebt, an dem wir uns ohne Unterlaß orientieren müssen, ist jene vollkommene Seinserfüllung, für die es kein Wagnis mehr geben kann. Sie ist jene „Securitas aeterna", die keinen drohenden „Insecuritas"-Abgrund mehr unter sich hat. Die endliche Weisheit aber bedarf gerade dieses „Insecuritas"-Abgrundes, da sie sonst nicht mehr „unterwegs“ sein könnte, um in Kampf und Mühsal von Stufe zu Stufe höher hinanzusteigen, ihrem absoluten Vollendungsziele entgegen.

Worin aber besteht nun das Wesen dieser endlichen Weisheit? Und was soll es eigentlich bedeuten, wenn wir von einem Wagnis der Weisheit sprechen? Diesen beiden Fragen müssen wir zunächst nachgehen.

In erster Linie ist hier gleich der Irrtum abzuweisen, der so leicht durch den sprachlichen Zusammenhang von Wissen und Weisheit entsteht. Nicht wenige neigen zu der Ansicht, daß das Wesen der Weisheit im Wissen schlechthin zu suchen sei. Sie verwechseln die Weisheit mit bloßer Gelehrsamkeit oder sprechen wenigstens in der Hauptsache den Gelehrten und am meisten den Philosophen die Weisheit zu. Obwohl nun aber die Weisheit tatsächlich mit dem Wissen zusammenhängt, so ist doch noch lange nicht jede Form des Wissens als Weisheit anzusprechen. Im Gegenteil, gerade in der Form jenes Wissens, das wir als Gelehrsamkeit bezeichnen, lauert am meisten die Gefahr der Unweisheit. Und erst recht ist die Weisheit nicht eine ausschließliche Prärogative der Philosophen, obwohl die Philosophie ihrem Wesen nach Liebe zur Weisheit ist. So manche Philosophen entsprechen nämlich in ihrem Verhältnis zur Wahrheit und zur Wirklichkeit gar nicht dem Ideal der Philosophie. Überhaupt aber ist die Weisheit in erster Linie ein Ideal der Lebensvollendung und erst in zweiter Linie ein Ideal der spezifischen Wissensvollendung. Deshalb ist denn auch ein jeder Mensch zur Weisheit berufen, namentlich, wenn man den Begriff der Weisheit in dem weiteren Sinne faßt, der ihm als einem praktischen Ideal des Lebens zukommt.

Freilich setzt die Weisheit, auch in diesem weiteren Sinne, immer ein Wissen voraus. Aber es ist kein Wissen von quantitativer, sondern von qualitativer Natur. Es zielt nicht in die Breite, sondern in die Tiefe. Weise ist derjenige, der seinen Blick offen hält für die Wesenstiefen des Lebens. Das Wissen dieser Weisheit des Lebens ist also dadurch charakterisiert, daß der Wissende die spezifischen Gefahren überwunden hat oder wenigstens zu überwinden bestrebt ist, die von Natur allem endlichen Wissen einwohnen. Es sind im wesentlichen zwei Gefahren, um die es sich dabei handelt. Die erste Gefahr ist die Wissenssattheit. Der Wissenssatte ist derjenige, der, aufgebläht durch seinen vermeintlichen Wissensbesitz, die Ehrfurcht vor der Unendlichkeit der Wahrheit verloren hat. Denn alles erreichte Wissen weist über sich hinaus in die Unendlichkeit. Wer der Wahrheit nachgehen will, darf nie jene Sehnsucht in sich ertöten, die ihn in die Tiefe der Wahrheit hinabweist. Die zweite Gefahr des Wissens aber liegt in der unbeherrschten und unfrommen Wissensgier, die den menschlichen Geist entweder mehr in die Breite als in die Tiefe drängt oder die ihn vor den letzten Geheimnissen der Wahrheit nicht in Ehrfurcht haltmachen läßt. Damit aber kommen wir wieder auf Pascals Unterscheidung der beiden Schulen des Dogmatismus und des Pyrrhonismus zurück. Die Dogmatisten verfallen der Gefahr der Wissenssattheit. Und eben damit geraten sie in den erstarrten Wissensformalismus. Die Pyrrhonianer aber scheitern an der unbeherrschten Wissensgier, die allem endlichen Wissen so leicht droht. Und diese unbeherrschte Wissensgier treibt sie über die dem menschlichen Geist gesetzten Schranken hinaus, wobei sie, da sie ihr falsches Ziel doch nicht erreichen können, schließlich zu dem stolzen oder auch feigen Verzicht auf alles Wissen überhaupt kommen.

Das Wissen der wahren Lebensweisheit aber vermeidet diese beiden Gefahren des Zuwenig und des Zuviel. Es beachtet das Maß, das allem Menschlichen seine Hoheit und seine Schönheit gibt. Es vermeidet die falsche Ruhe wie die falsche Unruhe. Deshalb führt denn auch dieses Wissen den Menschen mehr und mehr zu jener edlen Gelassenheit, in der Ruhe und Tätigkeit sich zu einer harmonischen Einheit verbinden.

Außerdem aber ist das Wissen, das der Lebensweisheit zugrundeliegt, ein existentielles Wissen. Es gehört der Person nicht bloß äußerlich zu, als eine Art Akzidenz, sondern es gehört zu ihrer Substanz. Wie es aus der substantialen Tiefe der Person hervorgeht, so wirkt es auch wieder in diese Tiefe zurück. Es formt, es gestaltet, es bildet den Menschen in seiner Totalität. Und es prägt seinem ganzen Leben den Stempel der seelischen Vornehmheit auf. Der Weise sieht nicht nur klar die tieferen Sinnzusammenhänge des Lebens und erkennt nicht nur die Forderungen, die dieser Sinn des Lebens an ihn stellt. Er unterwirft sich auch diesen Forderungen, und er ordnet sich ein in die Sinnzusammenhänge des Lebens, und zwar nicht etwa grollend oder mißmutig oder resigniert, sondern ehrfurchtsvoll, dankbar, heiter, mit jener kindlichen und souveränen Sicherheit, die nur die große Liebe geben kann.

Vom *Wagnis* der Weisheit aber dürfen wir in einem doppelten Sinne sprechen. Es handelt sich nämlich nicht um ein blindes Wagnis, sondern um ein Wagnis, das seine Grundlage in der Sehfähigkeit der Vernunft hat. Das Sein ist ja doch nun einmal so geordnet, daß unsere Vernunft durch alle seine Erscheinungen von der Oberfläche her in seine geheimnisvollen Wesenstiefen hinabgelenkt wird. Es ist von einer wunderbaren Analogie durchwaltet, und an dem Zauberfaden dieser Analogie[131] können wir uns in etwa durch die labyrinthische Mannigfaltigkeit seiner Erscheinungen bis in seine zentrale Einheit hineingleiten lassen. Der Lebensweise hat ein offenes Auge für den feinen Gleichnischarakter aller Erscheinungen.

Trotzdem aber bleibt dieses in etwa vernunftfundierte Wagnis der Lebensweisheit doch noch ein Wagnis im echten Sinne des Wortes. Denn einerseits ist die Sehfähigkeit der menschlichen Vernunft doch nur sehr schwach im Verhältnis zur Tiefe und Dunkelheit des Seins. Unsere Vernunft hat gleichsam nur die minimale Leuchtkraft einer winzigen Kerze. Auf der anderen Seite überwiegt bei aller Analogie des Seins doch so sehr das scheinbar Labyrinthische, Irrationale, Unstimmige und Unberechenbare, daß ein oberflächlicher Rationalismus immer in der Gefahr ist, die Wirklichkeit entweder begrifflich zu vergewaltigen oder an dem Schein ihrer Irrationalität zu verzweifeln. Und hier setzt das eigentliche *Wagnis* der Weisheit ein. Die wahre Lebensweisheit wagt auf das *Minimum* der *menschlichen Sehfähigkeit* das *Maximum des Glaubens* an die universale Ordnung. Und das bedeutet ein Maximum der Ehrfurcht, ein Maximum der Demut, ein Maximum der Liebe.

Aber dieses Wagnis der Weisheit ist, und das ist gerade das Bedeutsamste, nicht nur oder wenigstens nicht in erster Linie eine Frucht der menschlichen Aktivität. Dieses hohe Wagnis der Weisheit inmitten aller Dunkelheit des Lebens hat einen ganz eigenen Charakter des Charismas. Wohl ist es Tat, aber eine Tat, die ganz und gar von einer höheren Kraft getragen ist und sich willig von ihr tragen läßt. Von daher stammt jene unbegreifliche Paradoxie des Lebens, daß die wahre Weisheit, die Weisheit der hohen Liebe und der kindlichen Gelassenheit, sich am wenigsten bei denjenigen findet, die durch ihre Verstandeskultur aus der Menge hervorragen. Gerade die Wissenden und in erster Linie die Philosophen unter den Wissenden müssen sehr oft die weitesten Umwege machen, um das hohe Lebensideal der Weisheit zu erreichen, während die Unwissenden und die sogenannten Unmündigen vielfach ohne alle Umwege ans Ziel gelangen.

Dieses Wagnis der Weisheit steigert sich nun aber in seiner Intensität in dem Maße, wie wir von der untersten bis zur obersten Ebene des menschlichen „Insecuritas“-Raumes emporsteigen. Je tiefer die Dunkelheiten der verschiedenartigen Daseinssituationen von der Fortunaebene über die Wissensnot bis zur Heilsnot werden, um so schwieriger und gefahrvoller wird dieses Wagnis. Aber mit dieser wachsenden Gefahr wächst auch der Heroismus der großen Liebe, von der es allemal getragen ist. Und immer schließt es die gleiche Besonnenheit in sich ein, die den Menschen zurückhält von den Abgründen des Zuwenig und des Zuviel, von den Abgründen der Verzweiflung und der Vermessenheit, der Verzagtheit und der Verstiegenheit. Das Wagnis der Weisheit zielt auf die klassische Mitte des Lebens, ohne damit der Mittelmäßigkeit Raum zu geben.

Auf der Ebene der Fortunanot bedeutet das Wagnis der Lebensweisheit jene Gelassenheit, die den Menschen ebenso vorsichtig macht gegenüber dem Wohlwollen der Glücksgöttin wie vor ihren unerwarteten und zuweilen tückischen Nackenschlägen. Die Fortuna ist immer eine verführerische Macht, sei es nun dadurch, daß sie den Menschen zeitweilig verblendet durch ein falsches Glück, sei es dadurch, daß sie ihn mit ihrer Launenhaftigkeit zuweilen mit dem Schein der absoluten Alogizität in die düstersten Abgründe der Verzweiflung verlockt. Das Wagnis der Weisheit widersteht diesen beiden Gefahren eines trügerischen Lebensoptimismus und eines völlig verzagenden Schicksalspessimismus. Der Lebensweise bewahrt im Glück wie im Unglück auf der Fortunaebene den Glauben an eine weise Weltregierung, die auch das launenhafte Spiel der Glücksgöttin noch in ihre großen Gesamtpläne einzuordnen weiß.

In der abgründigen letzten Wissensnot bedeutet das Wagnis der Weisheit jene besonnene Verbindung von Vernunftoptimismus und Vernunftpessimismus, wie sie dem naturhaften Ethos der Objektivität unserer Naturanlage entspricht. Wir haben an einer früheren Stelle eingehend erörtert, wie dieses naturhafte Ethos der Objektivität am schärfsten auf die Probe gestellt wird gegenüber dem Prinzip der universalen Seinsintelligibilität, das uns nur dann in seiner apriorischen, erfahrungsunabhängigen Gültigkeit evident wird, wenn wir uns in Gelassenheit in seine letzten Bedeutungstiefen versenken. Das Sein wird nur durchsichtig für denjenigen Geist, der ihm mit dem unbefangenen Blick des Kindes naht. Die letzte Lebensweisheit ist gerade in den schwierigsten Fragen der Erkenntnis nichts anderes als eine Rückkehr zu jenem unschuldigen und reinen Gestaltblick für das Sein, der das kindliche Gemüt auszeichnet. „Wer das Tiefste gedacht, liebt das Lebendigste", so lautet ein Wort Hölderlins[132], das auf diese Seinsunmittelbarkeit aller tieferen Erkenntnis hindeutet.

Auf der obersten Ebene des menschlichen „Insecuritas"-Raumes aber verwandelt sich das Wagnis der Weisheit aus seiner natürlichen Gestalt in die *übernatürliche Gestalt* der *Glaubensweisheit* im vollendeten Sinne des Wortes Glauben. Der übernatürliche Glaube erst ist „das Wagnis aller Wagnisse". Aber gerade er ist kein blindes Wagnis, sondern das weisheitsvollste Wagnis überhaupt. Dieser übernatürliche Glaube ist zwar ein *Gehorchen* und damit ein Akt des Willens. Aber er ist auch ein *Horchen* und damit auch ein Akt des Intellekts. Er ist ein vernünftiges Gehorchen, ein „rationabile obsequium“. Aber diese Vernünftigkeit des übernatürlichen Wagnisses der Glaubensweisheit bedeutet keinerlei oberflächlichen Rationalismus. Die vom Licht des Glaubens erleuchtete Vernunft ist eine durch die Wunderkraft der Gnade über den gewöhnlichen Weltverstand hinaus erhöhte Vernunft.[133]

Die übernatürliche Weisheit des positiven Glaubens ist deshalb auch das ewige Ärgernis für die Welt und ihre niederen Gestalten der Weisheit. So weit, wie sich die natürliche Weisheit erhebt über die alltägliche Gestalt des unweisen Wissens, so weit und unendlich weiter erhebt sich die übernatürliche Weisheit des Glaubens wieder über die natürlichen Gestalten der bloßen Weisheit dieser Welt. Denn das übernatürliche Weisheitswagnis des Glaubens ist die höchste Gestalt der Liebe. Es ist jene Liebe, die den platonischen „Eros“ weit hinter sich läßt. Denn diese übernatürliche Liebe, die das Wesensgesetz des Glaubens ist, begegnet uns erst in jener Gnadenkraft der „Charitas“, in der die Vernunft nicht vom Niederen zum Höheren emporsteigt, sondern vom Höheren her aus ihrer natürlichen Tiefe *emporgezogen wird.*[134] Die einzige Aktivität des Menschen aber besteht bei dieser höheren Gestalt der Liebe darin, daß er ihrer wunderbaren Attraktionskraft nicht widersteht.

Immer aber wird dieses höchste Liebeswagnis der Glaubensweisheit wie ein unbegreifliches Wunder und wie ein erstaunliches Geheimnis inmitten der natürlichen „Welt“ stehen. Die gesamte natürliche Logik wird an dem Geheimnis dieser übernatürlichen Weisheit zuschanden. Zwar wird die „Welt“ diejenigen, die sich in dieses höchste Wagnis hineinlassen, ganz selbstverständlich immer wieder mit ihrem Spott überschütten und sie wie Trunkene betrachten, die den Verstand verloren haben. So sagte man ja auch von den Aposteln, die am ersten Pfingsttag vor aller Welt Zeugnis ablegten für den Glauben an das Übernatürliche: „Sie sind voll süßen Weines.“[135]

Trotzdem wird dann aber auch der gleiche Weltverstand zuweilen mit höchster Verwunderung vor jener *weltüberlegenen Sicherheit* zurücktreten, mit der dieses Wagnis der übernatürlichen Weisheit sich in das tiefste Dunkel der Erdennot hineinbegibt, wie wenn dabei überhaupt nichts gewagt zu werden brauchte. In der Tat hat denn auch dieses höchste und edelste aller Wagnisse eine Erleuchtung der Vernunft zur Folge, die kein Wissen dieser Erde zu bewirken vermag. Der niedere Verstand der „Welt“ kann sich zwar diese gnadenhafte Erleuchtung der Vernunft beim Wagnis des Glaubens nicht deuten. Aber er ahnt zuweilen doch, daß es sich bei diesem übernatürlichen Heroismus des Glaubens um etwas mehr handeln muß als um einen bloßen Sprung der Willkür in eine absolut dunkle Seinsregion.

In der Tat ist denn auch das größte Wunder beim übernatürlichen Wagnis der Glaubensweisheit, daß es die ganze natürliche „Insecuritas"-Not des Menschen mit einem Schlag verwandelt in eine völlig neue Situation, nämlich in die übernatürliche Situation einer „Securitas insecuritatis". Dieses „Wagnis aller Wagnisse" zerstreut plötzlich alle Nebel dieser Welt und läßt alle Dinge in der Klarheit ihrer ewigen Konturen hervortreten. Und so wird denn die ganze Erscheinung der „Insecuritas humana", sobald wir sie bis zu jenem Höhepunkt verfolgt haben, an dem aus ihr das höchste Wagnis der Weisheit entspringt, in ganz rätselhafter Weise dialektisch. Denn was bisher sich als äußerste Ungewißheit darstellte, enthüllt sich jetzt auf einmal als höchste Gesichertheit. Im Liebesblick des Glaubenswagnisses entschleiert sich die Welt. Und mit Staunen entdeckt nun der Mensch, der bisher einsam seinen gefährlichen Weg dahingeschritten ist, daß er gerade dann immer am meisten behütet gewesen war, wenn er sich am meisten der Gefahr des tödlichen Absturzes ausgeliefert zu sein gefürchtet hatte.

SECHZEHNTES KAPITEL

Die Geborgenheit des Menschen in seiner Ungeborgenheit

Schon beim Eintritt in unsere Untersuchung konnten wir in der Parabel vom verlorenen Sohn erkennen, daß die Begriffe Gesichertheit und Ungesichertheit, Geborgenheit und Ungeborgenheit in ihrer Anwendung auf das menschliche Dasein eine gewisse Doppeldeutigkeit verraten. So verwandelt sich z.B. die Geborgenheit des älteren Sohnes, der im Vaterhause geblieben ist, bei der Heimkehr des jüngeren Sohnes in ihr Gegenteil.

Am Ende unserer Untersuchung über die Erscheinung der „Insecuritas humana" werden wir nun noch einmal zu dieser Dialektik der in Frage kommenden Begriffe zurückgeführt. Jetzt aber ist es die Ungesichertheit und Ungeborgenheit des menschlichen Daseins, die uns ihre dialektische Kehrseite zeigt, so daß wir geradezu von einer *Geborgenheit des Menschen in seiner Ungeborgenheit* sprechen dürfen.

Es wäre allerdings falsch, wenn wir angesichts dieses dialektischen Umschlages der Problemsituation die menschliche „Insecuritas" nachträglich nur noch als eine subjektive Täuschung betrachten wollten. Die Tatsache der objektiven Ungesichertheit und Gefährdetheit des Menschen, der als ein Sucherwesen zwischen Ungewißheit und Wagnis gestellt ist, bleibt in ihrem vollen Ernst bestehen. Und vielleicht dürfen wir sogar sagen, daß sie sich uns jetzt noch ernster darstellt, als es anfänglich scheinen mochte, nachdem wir erkannt haben, daß die eigentliche „Insecuritas"-Not des Menschen in erster Linie seine metaphysische und nicht seine vitale Existenz betrifft. In der Fortunanot, in der Wissensnot und in der Heilsnot handelt es sich ja in der Hauptsache, wie wir gesehen haben, um die metaphysische Gefahr der *geistigen* Selbstvernichtung des Menschen. Es ist das furchtbare Risiko seiner *geistigen* Existenz, was seinem Wagnis im Lebenskampf den tiefdunklen Hintergrund möglicher und wirklicher Tragik verleiht.

Nichtsdestoweniger ist die seinspessimistische Deutung der menschlichen „Insecuritas"-Not, wie sie in der heutigen Existenzphilosophie und zum Teil auch in der Dialektischen Theologie erfolgt ist, als verfehlt zu bezeichnen. Die „Insecuritas"-Situation des Menschen, die zweifellos besteht, kann nicht als ein Index für eine prinzipielle Brüchigkeit des Seins selbst oder gar des letzten Seinsgrundes in Anspruch genommen werden. Je tiefer wir nämlich in das Wesen dieser „Insecuritas“-Not eingedrungen sind, um so mehr hat sie sich uns enthüllt als eine Folge jener wunderbaren Weisheit, die das ganze Sein durchwaltet. Für den im Daseinskampf stehenden Menschen mag es zwar von vornherein so scheinen, als sei er im Verhältnis zum Tier von der Natur gleichsam stiefmütterlich behandelt worden. Aber dieser ursprüngliche Aspekt stellt sich als eine Täuschung heraus, sobald man auf den tieferen Sinn der Wesensindefinitheit und der mit ihr zusammenhängenden Gefährdetheit des Menschen aufmerksam geworden ist. Was anfangs sinnlos erscheinen will, das stellt sich bei näherem Zusehen als planvoll heraus, als die weise Absicht einer allwaltenden Vorsehung. Und zwar ist es nicht etwa nur die Weisheit jener allgemeinen Vorsehung (Providentia generalis), die in der Schöpfung und Erhaltung der Welt überhaupt hervortritt, was sich hier offenbart. Es ist vielmehr die ganz tiefe Weisheit einer besonderen Fürsorge (Providentia specialis), was wir in der Erscheinung der menschlichen „Insecuritas“ überall am Werke sehen. Es ist die besondere Fürsorge für die geistige Kreatur, die wir in dieser spezifischen Daseinssituation des Menschen erfahren.

Wenn wir aber die Schicksalswege der einzelnen Menschen noch genauer in ihrem Detail betrachten, dann dürfen wir sogar den streng theologischen Begriff der „Providentia specialissima“ hier zur Anwendung bringen. Denn das Auge der Vorsehung ist so ausschließlich auf den Lebensweg eines jeden einzelnen Menschen gerichtet, daß jede Seele in einem ganz einzigartigen Verhältnis zum Schöpfer und Erhalter ihres Seins steht. Jeder irrende, suchende, heimverlangende Mensch ist in absolut einmaliger Weise geborgen auf dem gefahrvollen Wege zu seinem letzten Ziel. Das Maß der fürsorgenden Liebe ist zwar bei den einzelnen Menschen verschieden. Aber kein Mensch ist von dieser Fürsorge prinzipiell ausgeschlossen.

Wenn es nun aber dem Menschen meistens so schwer fällt, diese Geborgenheit seiner ganzen Existenz in der Weisheit der Vorsehung zu erkennen, dann liegt das daran, daß er sein Glück so oft mißversteht. Als Glück betrachtet er in der Regel nur das, was in die Pläne seines Eigenwillens hineinpaßt. Jede Durchkreuzung dieser seiner eigenen Lebenspläne erscheint ihm als ein Unglück. Jene Macht aber, die sich ihm auf seinem Lebenswege so oft entgegenstellt, deutet er meistens als ein Wesen der Laune, der Willkür, der Grausamkeit. Er bemerkt gar nicht, wie gerade in dieser scheinbaren Sinnwidrigkeit des Lebensschicksals Methode steckt, und zwar die Methode einer Liebe, die ihre Weisheit und ihr Wohlwollen hinter der Härte ihrer Zuchtmittel verbirgt.

So bedarf es denn oft sehr vieler Umwege, bis der Mensch einsehen lernt, daß das Mißlingen aller Pläne seines Eigenwillens einen ganz tiefen Erziehungssinn hat und daß widrige Lebensschicksale nur Gnaden der Vorsehung sind. Die Vorsehung muß zunächst durch immer neue Rückschläge seinen Eigenwillen so lange zermürben, bis gleichsam ein leerer Raum im Innern der Seele entstanden ist, in den die übernatürliche Kraft der Gnade einströmen kann.

Was aber so für die Schicksale des Einzelmenschen im Kleinen gilt, das gilt genau so für die Völker- und Menschheitsschicksale im Großen. Deshalb kann man denn auch das Wort Montesquieus, das wir an einer früheren Stelle angezogen haben, im Grunde als den Ausdruck eines oberflächlichen Sekuritätsoptimismus betrachten. Es ist zwar in einem gewissen Sinne richtig, daß, wie Montesquieu meint, die Zeitalter glücklich zu nennen seien, deren Geschichte langweilig ist. Man darf jedoch dabei nicht vergessen, daß der Begriff „Glück" im menschlichen Leben relativ zu nehmen ist. Wenn das Glück des Menschen nur in seiner bürgerlichen Existenzsicherheit gesucht wird, dann sind freilich alle jene Zeitalter glücklich zu nennen, die von dem Sturmwind der großen Geschichte verschont bleiben. Wenn man aber das Glück des Menschen in seiner Seinsverwesentlichung sieht, die nur unter dem harten Druck des Schicksals zustandekommt, dann sind gerade die Zeitalter der „Insecuritas historiae" als die außergewöhnlichen Epochen der Gnade zu betrachten. Denn der Mensch erfährt das, was er seinem tieferen Wesen nach ist, erst in dem beängstigenden Schicksalssturm der außergewöhnlichen historischen Dynamik.

Selbst die Zeitalter des Irrtums und des Unglaubens haben, von einer höheren Warte aus betrachtet, im ganzen der weltgeschichtlichen Bewegung mehr eine positive als eine negative Bedeutung. Die Weltgeschichte mit ihrem ewigen Rhythmus in der Periodizität von Gottesnähe und Gottesferne ist gleichsam der *mystische Kreuzweg der Menschheit* zu ihrem letzten Ziel der Vollendung. Von Origenes stammt der tiefe Gedanke, daß die Menschheit die dauernde Gottesnähe nicht ertragen könne und daß sie zuweilen der Gottesferne bedürfe, um in den Epochen einer säkularisierten Kultur wieder erkennen zu lernen, wie arm sie ohne Gott sei. Gerade in der Anwendung auf die Weltgeschichte erhält also die Parabel vom verlorenen Sohn ihren allertiefsten Sinn. Die eigentliche Tragik der Geschichte liegt ja nicht darin, daß die so mühsam aufgebauten Kulturwerke des Menschen stets wieder in Ruinen verwandelt werden. Die tiefer liegende Tragik der Geschichte ist vielmehr darin zu suchen, daß die Menschheit aus dem Licht der klarsten Erkenntnisse stets wieder in das Dunkel des Irrtums und der Unwahrheit zurückgeworfen wird. Aber all diese Tragik des irrenden Geistes erhält einen positiven Sinn, wenn wir bedenken, daß nur auf diesem Wege der Mensch vor jener Vermessenheit behütet werden kann, in die ihn die unangefochtene Erkenntnissicherheit so leicht hineingeraten läßt.

Die in der Welt so viel beklagte Diskrepanz zwischen Menschenwille und Schicksalslauf ist also letzten Endes von einer ganz tiefen Sinnhaftigkeit. Es ist die unendliche Diskrepanz zwischen irdischer Kalkulationslogik und überirdischer Vorsehungslogik. Es ist jener „hiatus irrationalis", den die göttliche Vorsehung selbst als notwendig gekennzeichnet hat durch das Wort: „Meine Gedanken sind nicht eure Gedanken, und meine Wege sind nicht eure Wege."[136] In dieser Diskrepanz aber findet nur der unfromme Intellekt einen Grund zum absoluten Ärgernis. Das Wagnis der Weisheit jedoch überbrückt diese Kluft, und dann stellt sich als letzte Geborgenheit heraus, was anfänglich wie völlige Ungeborgenheit erscheinen wollte.

Dieses Wagnis der Weisheit ist jedoch nur möglich für denjenigen Menschen, der die seelische Unrast seines Eigenwillens und seiner Selbstsucht aufgibt und sich durchringt zu der tiefen inneren Stille des Herzens, in der die Stimme der Liebe vernehmbar wird. Diese heilige Stille und Gleichgültigkeit des Herzens hat der Mystiker Franz von Sales charakterisiert als das „Ni désirer, ni refuser"[137] des Eigenwillens. Der Mensch darf weder das verlangen, was seinem Eigenwillen gefällt, noch das zurückweisen, was seinem Eigenwillen mißfällt. Das Wagnis der Weisheit ist nur möglich, wenn das höchste menschliche Ethos erreicht ist, das Ethos der kindlichen Gelassenheit. Es ist die feine Resignation der Weisheit, die freilich nicht verwechselt werden darf mit der Resignation der dumpfen und stumpfen Verzweiflung. Das Wagnis der Weisheit bricht aus der großen Stille jener Seelen hervor, die nichts mehr für sich selbst wollen, sondern alles der majestätischen Macht des Objektiven anheimzustellen bereit sind. Die Unruhe der Selbstsucht stürzt den Menschen immer nur in eine noch größere Unruhe hinein, und sie läßt ihn gerade das nicht erreichen, was er um jeden Preis erringen möchte. In der großen Stille der kindlichen Gelassenheit aber fällt dem Menschen gleichsam alles von selbst zu. Und in ihr erkennt er dann auch immer klarer, wie alle irdische Ungeborgenheit letzten Endes sich einordnet in das Umgreifende einer überirdischen Geborgenheit. In den tiefsten Gründen des Seins gibt es keine Unruhe mehr. Dort ist alles ewig-heitere Stille. Und so gilt in aller menschlichen „Insecuritas"-Not als letzte Lebenswahrheit das von einer tiefen Erfahrung zeugende Wort Goethes: „Wenn du stille wirst, wird dir geholfen.“[138]

ANHANG

Anmerkungen

[1] Der Begriff der „Ungesichertheit“, der *insecuritas*, der für diese Schrift von zentraler Bedeutung ist, begegnet auch schon bei Josef Pieper. Vgl. ders., Über die Hoffnung, Leipzig 1935, S. 75.

[2] „Theodizee“ ist ein 1697 von Gottfried Wilhelm Leibniz (1646-1716) geprägter Begriff, der die Rechtfertigung Gottes angesichts der Übel in der von ihm abhängigen Welt meint, wobei man im Anschluß an Leibniz von einem *malum physicum* (Leiden, Tod), einem *malum morale* (Sünde) und einem *malum metaphysicum* (die Unvollkommenheit der Geschöpfe, die diese schon im Zustand der reinen Möglichkeit im Verstande Gottes haben) spricht. Vgl. G. W. Leibniz, Essais de Théodicée (1710), I, §§ 20 u. 21, in: Ders., Die philosophischen Schriften, hrsg. von C. I. Gerhardt, Bd. 6, Berlin 1885 (Nachdruck Hildesheim 1978), S. 1-365, hier: S. 114 f.

[3] Die 1. Auflage von 1937 bringt hier „Entscheidungsrationalismus“ (S. 23), was aber offensichtlich ein Fehler ist. Alle späteren Auflagen folgen hier der 1. Auflage, ausgenommen Bd. IV der „Gesammelten Werke“.

[4] Vgl. H. Plessner, Die Stufen des Organischen und der Mensch (1928), in: Ders., Gesammelte Werke, hrsg. von G. Dux u.a., Bd. 4, Frankfurt/M. 1981, S. 396 ff.: „II. Das Gesetz der vermittelten Unmittelbarkeit.“

[5] Vgl. zur Umweltgebundenheit des Tieres und zur Weltoffenheit des Menschen: M. Scheler, Die Stellung des Menschen im Kosmos (1928), Bonn 12. Aufl. 1991, bes. S. 38 ff.

[6] Vgl. Aristoteles (384-322 v.Chr.), Peri zoon morion (griech.; lat.: *De partibus animalium*; *Über die Teile der Tiere*), IV 10; 687 a 7 ff.

[7] Vgl. I. Kant (1724-1804), Anthropologie in pragmatischer Hinsicht (1798), in: Ders., Gesammelte Schriften (Akademie-Ausgabe), hrsg. von der (Königlich-)Preußischen Akademie der Wissenschaften u.a., Bd. 7, Berlin 1917, S. 323, Z. 14-20: „Die Charakterisierung des Menschen als eines vernünftigen Thieres liegt schon in der Gestalt und Organisation seiner *Hand*, seiner *Finger* und *Fingerspitzen*, deren theils Bau, theils zartem Gefühl, dadurch die Natur ihn nicht für Eine Art der Handhabung der Sachen, sondern unbestimmt für alle, mithin für den Gebrauch der Vernunft geschickt gemacht und dadurch die technische oder Geschicklichkeitsanalyse seiner Gattung als eines *vernünftigen* Thieres bezeichnet hat.“

[8] Vgl. L. Klages, Der Geist als Widersacher der Seele, 3 Bde., Leipzig 1929-1932.

[9] Vgl. das gleichnamige Werk von Dante Alighieri (1265-1321): „La vita nuova“ (ital.; *Das neue Leben*), entst. 1283-1293/95.

[10] Vgl. zu „clair-obscur“ (frz.; *klar-dunkel*): G. W. Leibniz, Meditationes de cognitione, veritate et ideis (1684) (frz.; *Meditationen über die Erkenntnis, die Wahrheit und die Ideen*), in: Ders., Die philosophischen Schriften, hrsg. von C. I. Gerhardt, Bd. 4, Berlin 1880 (Nachdruck Hildesheim 1978), S. 422-426.

[11] Vgl. Platon (ca. 427-347 v.Chr.), Symposion, 203 b ff.
[12] Vgl. Augustinus (354-430), Epistola (lat.; *Brief*) 130, 15, 28.
[13] Nikolaus von Kues (1401-1464) hat diesem Thema ein eigenes Werk gewidmet: „De docta ignorantia" (1440) (lat.; *Über das belehrte Nichtwissen*), in: Ders., Opera omnia, hrsg. von E. Hoffmann/R. Klibansky, Bd. 1, Leipzig 1932.
[14] Zwischen der „Größe" und dem „Elend des Menschen". Vgl. B. Pascal (1623-1662), Pensées/Über die Religion, übers. u. hrsg. von E. Wasmuth, Heidelberg 8. Aufl. 1978, Nrn. 400-423, S. 182-188.
[15] Wust wird mit diesem Urteil weder Martin Heidegger noch Karl Jaspers gerecht. Vgl. K. Jaspers, Philosophie, Bd. I: Philosophische Weltorientierung (1932), Berlin 4. Aufl. 1973, S. XXV.
[16] Wust scheint hier weniger ein „Unbewußtes" oder „Es" im Sinne Sigmund Freuds im Blick zu haben, sondern ein „noetisches" Es im Sinne einer „unbewußten Geistigkeit" (Viktor E. Frankl).
[17] Das „credo ut intelligam" („ich glaube, um zu erkennen") geht auf Anselm von Canterbury (1033-1109) zurück. Vgl. ders., Proslogion, Prooemium und c. 1.
[18] Mit dem Begriff „Ethos der Objektivität" wendet sich Wust implizit gegen die sog. Transzendentalphilosophie der Neuzeit, vornehmlich gegen Kants „kritische Philosophie".
[19] Vgl. B. Rosenmöller, Religionsphilosophie, Münster 1932, S. 20 ff., S. 40 ff., S. 153 ff.; ders., Religiöse Erkenntnis nach Bonaventura (= Beiträge zur Geschichte der Philosophie des Mittelalters, Bd. XXV, Heft 3 u. 4), Münster/W. 1925, S. 134 ff. – Der Begriff der *rectitudo* steht in engem Zusammenhang mit dem Begriff der *veritas ontologica*, der ontologischen Wahrheit. Besteht die sog. *veritas logica*, die logische Wahrheit, darin, daß unsere Urteile inhaltlich mit dem Sachverhalt übereinstimmen, den sie wiedergeben wollen, so versteht man unter der ontologischen Wahrheit eine Eigenschaft des Seienden. Ein Seiendes ist dann (ontologisch) wahr, wenn es so ist, wie es sein soll. Grundgelegt ist dieser Begriff der ontologischen Wahrheit im Denken Platons.
[20] „Meine Schwere ist meine Liebe." Vgl. Augustinus, Confessiones (lat.; *Bekenntnisse*), XIII, 9, 10.
[21] Vgl. B. Rosenmöller, Religionsphilosophie, Münster 1932, S. 15 ff., S. 21 f.
[22] Vgl. Joh 3, 8.
[23] Vgl. den Brief Johann Wolfgang von Goethes an den Komponisten Philipp Christoph Kayser vom 15. August 1776, in: Goethes Werke, hrsg. im Auftrage der Großherzogin Sophie von Sachsen, IV. Abt., 3. Bd.: Goethes Briefe. Weimar 1775-1778, Weimar 1888, Nr. 498, S. 97: „Wir gehen nach Italien. Dieß zu deiner Beruhigung. Ich trag dich immer im Herzen. Schick mir oft was. Bleib ruhig in Zürich! So ihr stille wäret, würde euch geholfen..."

[24] Vgl. B. Pascal, Pensées/Über die Religion, übers. u. hrsg. von E. Wasmuth, Heidelberg 8. Aufl. 1978, Nr. 277, S. 141: „Das Herz hat seine Gründe, die die Vernunft nicht kennt..."
[25] Vgl. Heraklit (ca. 544-483 v.Chr.), Fragment 52, in: Die Fragmente der Vorsokratiker, griech. u. dt. von H. Diels, hrsg. von W. Kranz, Bd. 1, Dublin 16. Aufl. 1972, S. 162: „Die Lebenszeit ist ein Knabe, der spielt, hin und her die Brettsteine setzt: Knabenregiment!"
[26] Vgl. M. Heidegger, Sein und Zeit, Halle 1927, § 38 ff.
[27] Die Schrift „De imitatione Christi" (lat.; *Über die Nachfolge Christi*) des Thomas von Kempen (1379-1471) ist vor 1420 entstanden und erschien erstmals 1470 in Augsburg.
[28] Vgl. M. E. de Montaigne (1533-1592), Essais (entst. 1572-1592), Buch I, Kap. 1, in: Œuvres complètes, hrsg. von A. Thibaudet u. M. Rat, Paris 1962, S. 13: „Certes, c`est un subject merveilleusement vain, divers et ondoyant, que l`homme." („Wahrhaftig, der Mensch ist ein wunderbar eiteler, veränderlicher und unbeständiger Gegenstand.")
[29] Das Dreistadiengesetz („loi des trois états") wurde von Auguste Comte (1798-1857), dem Begründer und Hauptvertreter des französischen Positivismus, erstmals 1822 formuliert. Hiernach durchläuft sowohl jedes Individuum als auch die Menschheit insgesamt in ihrer geistigen Entwicklung nacheinander drei Stadien: das theologisch-fiktive, das metaphysisch-abstrakte und das positiv-reale.
[30] „Sehen [= wahrnehmen] um vorherzusehen." Vgl. A. Comte, Discours sur l`esprit positif (1844) (frz.; *Rede über den Geist des Positivismus*), hrsg. von P. Arbousse-Bastide, Paris 1963, S. 81 f.
[31] Der Mystiker und Theologe Joachim von Fiore (ca. 1130/35-1202) entwickelt in seinem „Liber de Concordia Novi ac Veteris Testamenti" (lat.; *Buch der Übereinstimmung zwischen dem Neuen und dem Alten Testament*), ersch. 1519, eine Geschichtsphilosophie, die sich an der Trinität orientiert: Einer Zeit des Vaters folgt eine Zeit des Sohnes und schließlich eine Zeit des Hl. Geistes als der Zeit der überreichen Gnade. Die Geschichte bekommt so einen ausgesprochen progressiven Charakter.
[32] „Alles, was ich geschrieben habe, erscheint mir wie Spreu." Vgl. Processus canonizationis Neapoli, n. 79, in: S. Thomae Aquinatis Vitae Fontes Praecipuae, hrsg. von A. Ferrua O. P. Alba, Ed. Domenicane 1968, S. 377. Vgl. dazu J. A. Weisheipl, Thomas von Aquin. Sein Leben und seine Theologie, Graz 1980, S. 294.
[33] Hier sind an erster Stelle die sog. Rationalisten René Descartes (1596-1650), Benedictus de Spinoza (1632-1677) und Gottfried Wilhelm Leibniz (1646-1716) zu nennen.
[34] In seiner Schrift „Il Principe" (ital.; *Der Fürst*), die 1513 entstanden und postum 1532 in Rom erschienen ist, geht es Niccolò Machiavelli (1469-1527) u.a. um eine Klassifizierung politischer Herrschaft sowie um eine Diskussion der moralischen

Eigenschaften des Regenten. Vgl. ders., Il Principe/Der Fürst. Ital./dt., hrsg. u. übers. von P. Rippel, Stuttgart 1986.
[35] Vgl. N. Machiavelli, Il Principe/Der Fürst. Ital./dt., hrsg. u. übers. von P. Rippel, Stuttgart 1986, Kap. 25, S. 191: „Quantum fortuna in rebus humanis possit, et quomodo illi sit occurrendum." – Wust hat hier fälschlich übersetzt: „Wieviel Fortuna in den menschlichen Dingen vermag und wie man *ihnen* entgegenwirken kann." (Vgl. die 1. Auflage von 1937, S. 92; ab der 4. Auflage von 1946 wurde dieser Fehler korrigiert.)
[36] Vgl. N. Machiavelli, Il Principe/Der Fürst. Ital./dt., hrsg. u. übers. von P. Rippel, Stuttgart 1986, Kap. 25, S. 199.
[37] Vgl. G. Simmel, Das Problem des Schicksals (1913), in: Ders., Das Individuum und die Freiheit, Berlin 1984, S. 12-18.
[38] Vgl. K. Jaspers, Philosophie, Bd. III: Metaphysik (1932), Berlin 4. Aufl. 1973, S. 102-116: „Das Gesetz des Tages und die Leidenschaft der Nacht".
[39] Diogenes von Sinope (4. Jh. v. Chr.), genannt der „Hund" (griech.: *kyon*), gilt als Prototyp des sog. Kynismus. Neben Sokrates und Antisthenes ist er das reale Muster des Weisen.
[40] Vgl. K. Jaspers, Philosophie, Bd. III: Metaphysik (1932), Berlin 4. Aufl. 1973, S. 71-83: „Trotz und Hingabe".
[41] „Wehe dem Einsamen!" – Pierre Maine de Biran (1766-1824) stellt in seinem Denken die christliche Metaphysik der All-Liebe dem ich-gefangenen Stoiker gegenüber.
[42] Vgl. F. Nietzsche, Morgenröte, 3. Buch, Nr. 195, in: Ders., Werke in drei Bänden, hrsg. von K. Schlechta, Darmstadt 1997, Bd. I, S. 1142: „Schicksal, ich *folge* dir! Und wollt ich nicht, ich *müßt`* es doch und unter Seufzen tun!"
[43] Vgl. Lk 22, 42.
[44] Vgl. I. Kant, Untersuchung über die Deutlichkeit der Grundsätze der natürlichen Theologie und Moral (1764), in: Ders., Gesammelte Schriften (Akademie-Ausgabe), hrsg. von der (Königlich-)Preußischen Akademie der Wissenschaften u.a., Bd. 2, Berlin 1912, S. 283, Z. 2-4.
[45] „Alles, was erkannt wird, wird auf die Art und Weise des Erkennenden erkannt." Vgl. Thomas von Aquin (1224/25-1274), Summa theologiae (lat.; *Summe der Theologie*) I, qu. 12, art. 4, resp.: „Cognitio enim contingit secundum quod cognitum est in cognoscente. Cognitum autem est in cognoscente secundum modum cognoscentis." („Die Erkenntnis tritt nämlich demnach ein, daß das Erkannte im Erkennenden ist. Das Erkannte ist aber im Erkennenden nach der Art und Weise des Erkennenden.") Vgl. ders., Summa theologiae II-II, qu. 1, art. 2, resp.; Quaestiones disputatae de veritate (lat.; *Erörterungen der Fragen nach der Wahrheit*), qu. 1, art. 2, solutio.
[46] Wenn sich Bernhard von Clairvaux (1091-1153) gegen die „windige Geschwätzigkeit der Philosophen" wendet (vgl. Patrologia Latina, hrsg. von J.-P. Migne, Bd.

183, Paris 1854, Sp. 1059 B), so will er nicht das Wissen verachten, sondern dieses auf eine andere Grundlage stellen. Der Anfang aller Wahrheitserkenntnis liegt ihm zufolge nicht im Intellekt, sondern in der Demut. In diesem Sinne sind Glaube und Hingabe wichtiger als alle Dialektik.

47 Vulgata: Gen 3, 5: „Ihr werdet sein wie Gott."

48 Vgl. R. Descartes, Meditationes de Prima Philosophia/Meditationen über die Erste Philosophie (1641), übers. u. hrsg. von G. Schmidt, Stuttgart 1994.

49 „Ein böser Geist, sehr mächtig und sehr listig." Vgl. R. Descartes, Meditationes de Prima Philosophia/Meditationen über die Erste Philosophie, übers. u. hrsg. von G. Schmidt, Stuttgart 1994, Med. I 12, S. 72/73 u. Med. II 3, S. 78/79.

50 Vgl. G. W. F. Hegel (1770-1831), Phänomenologie des Geistes (1807), in: Ders., Werke in 20 Bänden, hrsg. von E. Moldenhauer u. K. M. Michel, Bd. 3, Frankfurt/M. 1970, S. 392: „Wie hier die *Religion* – denn es erhellt, daß von ihr die Rede ist – als der Glaube der Welt der Bildung auftritt, tritt sie noch nicht auf, wie sie *an und für sich* ist. – Sie ist uns schon in anderen Bestimmtheiten erschienen, als *unglückliches Bewußtsein* nämlich, als Gestalt der substanzlosen Bewegung des Bewußtseins selbst."

51 Vgl. E. Husserl, Méditations Cartésiennes. Introduction à la phénomenologie (frz.; *Cartesianische Meditationen. Einleitung in die Phänomenologie*), Paris 1931.

52 Dem Nominalismus zufolge sind die Allgemeinbegriffe (*universalia*) keine metaphysischen Entitäten, sondern nur Namen der Dinge (*nomina rerum*).

53 Thomas von Aquin, Quaestiones disputatae de veritate, qu. 14, art. 4, resp.: „Wenn nämlich jemand nicht zur Betrachtung der Wahrheit angeregt würde, würde der Genuß niemals in der Tätigkeit der spekulativen Vernunft bestehen."

54 „Jedes Seiende als Seiendes ist intelligibel [= einsehbar, vernünftig]." – Dem *Wortlaut nach* ist dieser Satz neuscholastisch. Vgl. B. Rosenmöller, Religionsphilosophie, Münster 1932, S. 17: „Die metaphysische Erkenntniskritik könnte freilich bezweifeln, daß es uns gelingt, das Seiende als perlucidum zu *erweisen*, aber nicht das Faktum, daß das Seiende als Seiendes in der schlichten Hinnahme unseres metaphysischen Denkens den Anspruch erhebt, perlucidum zu sein..." Vgl. ibid., S. 21: „Die Intelligibilität besagt also eine perluciditas, die in der Wesenheit des Seienden beschlossen liegt..." – Dem *Sinngehalt nach* ist dieser Satz dem mittelalterlichen Denken nicht unbekannt, insofern das *intelligibile* im transzendentalen Begriff des *verum* (siehe dazu unten Anm. 57) und im Begriff der „ontologischen Wahrheit" (siehe dazu oben Anm. 19) implizit immer schon mitenthalten ist. Vgl. Heinrich von Gent (1217-1293), Summa quaestionum ordinarium (lat.; *Summe der Disputationsfragen*) (entst. zw. 1276 u. 1292), 1, 2: „Ratio veri est ratio intelligibilitatis." („Der Grundsatz des Wahren ist der Grundsatz der Intelligibilität.")

55 G. W. F. Hegel spricht immer wieder vom „Mut der Wahrheit". Vgl. ders., Enzyklopädie der philosophischen Wissenschaften im Grundrisse, III (3. Aufl. 1830), in: Ders., Werke in 20 Bänden, hrsg. von E. Moldenhauer u. K. M. Michel, Bd. 10,

Frankfurt/M. 1970, S. 404: „Der *Mut der Wahrheit, Glauben an die Macht des Geistes* ist die erste Bedingung *des philosophischen Studiums...*" Vgl. ibid., Bd. 8, Frankfurt/M. 1970, S. 14; Bd. 16, Frankfurt/M. 1969, S. 38.

56 Vgl. B. Rosenmöller, Religionsphilosophie, Münster 1932, S. 146 ff. – Siehe dazu oben Anm. 19.

57 Die Transzendentalität des Seins besagt, daß man das Sein nicht definieren, sondern höchstens umschreiben kann. Begründet ist dies darin, daß der Seinsbegriff über die Kategorien hinausgeht, er diese somit transzendiert. Die sog. Transzendentalien oder transzendentalen Begriffe sind Weisen des Seins, die jedem Seienden als solchem zukommen. Auch sie übersteigen, wie der Seinsbegriff, jede Gliederung des Seins. Aus diesem Grunde sind sie mit dem Seinsbegriff konvertibel, d.h. austauschbar. Die wichtigsten transzendentalen Begriffe sind die des Einen (*unum*), Wahren (*verum*) und Guten (*bonum*). Mit der Lehre von der *analogia entis* (siehe dazu unten Anm. 131) gehört die Transzendentalienlehre zum Kernbestand der klassischen Metaphysik. Der Begriff „transzendental" ist hier nicht im Sinne Kants zu verstehen, sondern er ist gleichbedeutend mit „transzendent". Vgl. zur Transzendentalienlehre: Thomas von Aquin, Quaestiones disputatae de veritate, qu. 1, art. 1.

58 „Gott kann gewiß erkannt werden." Vgl. H. Denzinger, Kompendium der Glaubensbekenntnisse und kirchlichen Lehrentscheidungen, hrsg. von P. Hünermann, Freiburg/Br. 37. Aufl. 1991, Nr. 3004, S. 813 (1. Vatikanisches Konzil: Dogmatische Konstitution „Dei Filius" über den katholischen Glauben [1870]): „Eadem sancta mater Ecclesia tenet et docet, Deum, rerum omnium principium et finem, naturali humanae rationis lumine e rebus creatis certo cognosci posse; ‚invisibilia enim ipsius, a creatura mundi, per ea quae facta sunt, intellecta, conspiciuntur' [*Rm 1, 20*]." („Dieselbe heilige Mutter Kiche hält fest und lehrt, daß Gott, der Ursprung und das Ziel aller Dinge, mit dem natürlichen Licht der menschlichen Vernunft aus den geschaffenen Dingen gewiß erkannt werden kann; ‚das Unsichtbare an ihm wird nämlich seit der Erschaffung der Welt durch das, was gemacht ist, mit der Vernunft geschaut' [*Röm 1, 20*].")

59 Vgl. Anselm von Canterbury, Proslogion, c. 2.

60 Vgl. Augustinus, De libero arbitrio (lat.; *Über den freien Willen*) II, 3-15; De vera religione (lat.; *Über die wahre Religion*), c. 30-32.

61 „Aseität" (gebildet von lat. „aseitas" = „esse a se") meint das „Durch-sich-Sein" oder das „Von-sich-her-Sein" Gottes, der im Gegensatz zu allem Verursachten von nichts anderem mehr abhängig ist.

62 Vgl. I. Kant, Kritik der reinen Vernunft, B 641, in: Ders., Gesammelte Schriften (Akademie-Ausgabe), hrsg. von der (Königlich-)Preußischen Akademie der Wissenschaften u.a., Bd. 3, Berlin 1911, S. 409, Z. 20-22: „Die unbedingte Nothwendigkeit, die wir als den letzten Träger aller Dinge so unentbehrlich bedürfen, ist der wahre Abgrund für die menschliche Vernunft."

[63] Vgl. I. Kant, Kritik der reinen Vernunft, B 611 ff., in: Ders., Gesammelte Schriften (Akademie-Ausgabe), hrsg. von der (Königlich-)Preußischen Akademie der Wissenschaften u.a., Bd. 3, Berlin 1911, S. 392 ff.
[64] „Wir sagen Dir Dank ob Deiner großen Herrlichkeit." (Gloria der Hl. Messe)
[65] Vgl. I. Kant, Kritik der praktischen Vernunft, A 265, in: Ders., Gesammelte Schriften (Akademie-Ausgabe), hrsg. von der (Königlich-)Preußischen Akademie der Wissenschaften u.a., Bd. 5, Berlin 1913, S. 147, Z. 8-10: „...würden *Gott* und *Ewigkeit* mit ihrer *furchtbaren Majestät* uns unablässig *vor Augen* liegen..." Vgl. ibid., Z. 22-26: „Das Verhalten der Menschen, so lange ihre Natur, wie sie jetzt ist, bliebe, würde also in einen bloßen Mechanismus verwandelt werden, wo wie im Marionettenspiel alles gut *gesticuliren*, aber in den Figuren doch *kein Leben* anzutreffen sein würde."
[66] Vgl. I. Kant, Kritik der reinen Vernunft, B XXX, in: Ders., Gesammelte Schriften (Akademie-Ausgabe), hrsg. von der (Königlich-)Preußischen Akademie der Wissenschaften u.a., Bd. 3, Berlin 1911, S. 19, Z. 5 f.
[67] Vgl. I. Kant, Kritik der praktischen Vernunft, A 266, in: Ders., Gesammelte Schriften (Akademie-Ausgabe), hrsg. von der (Königlich-)Preußischen Akademie der Wissenschaften u.a., Bd. 5, Berlin 1913, S. 148, Z. 1-5.
[68] Vgl. zum Tod als „Grenzsituation": K. Jaspers, Philosophie II: Existenzerhellung (1932), Berlin 4. Aufl. 1973, S. 220 ff.
[69] Vgl. Joh 1, 11.
[70] Unter dem „absoluten Paradox" versteht Sören Kierkegaard (1813-1855) den Sachverhalt, daß das Höchste, wenn es an den Maßstäben der Welt gemessen wird, als töricht erscheint. In der Existenz des menschgewordenen Gottes, in Jesus Christus, ist dieses absolute Paradox gegeben.
[71] Die sog. „Dialektische Theologie" (Karl Barth, Friedrich Gogarten u.a.) wird der Bedeutung der Philosophie für die Theologie nicht gerecht. Da der Mensch aber nach Wust von Natur aus ein philosophisches Wesen ist (*homo naturaliter philosophus*), muß er dieser Richtung ablehnend gegenüberstehen.
[72] Bei dem Roman „Der sinnreiche Junker Don Quijote von der Mancha" (entst. 1605-1615) handelt es sich um das Hauptwerk des spanischen Dichters Miguel de Cervantes Saavedra (1547-1616).
[73] Die 1. Auflage von 1937 bringt hier „Heilsreligion" (S. 188), was aber offensichtlich ein Fehler ist. Ab der 4. Auflage von 1946 wurde dieser Fehler korrigiert.
[74] Vgl. Mt 19, 30; 20, 16; Lk 13, 30.
[75] Vgl. Lk 6, 20; Mt 5, 3.
[76] Vgl. M. Scheler, Vom Ewigen im Menschen, Leipzig 1921.
[77] Vgl. zum „kategorischen Imperativ": I. Kant, Grundlegung zur Metaphysik der Sitten, in: Ders., Gesammelte Schriften (Akademie-Ausgabe), hrsg. von der (Königlich-)Preußischen Akademie der Wissenschaften u.a., Bd. 4, Berlin 1911, S. 421,

Z. 7-8: „Handle nur nach derjenigen Maxime, durch die du zugleich wollen kannst, daß sie ein allgemeines Gesetz werde."

[78] Vgl. Augustinus, Confessiones III, 6, 11: „Tu autem eras interior intimo meo et superior summo meo." („Du aber warst noch innerer als mein Innerstes und höher noch als mein Höchstes.")

[79] „Nimm, lies!" Vgl. Augustinus, Confessiones VIII 12, 29. – Diese Stelle bezieht sich auf das Bekehrungserlebnis im Sommer 386. Auf die Aufforderung einer Stimme hin hat Augustinus, wie er hier berichtet, die paulinischen Briefe aufgeschlagen, um die nächsterreichbare Stelle als göttliche Wegweisung zu lesen. Dabei stieß er auf Röm 13, 13 f.: „Laßt uns ehrenhaft leben wie am Tag, ohne maßloses Essen und Trinken, ohne Unzucht und Ausschweifung, ohne Streit und Eifersucht. Legt (als neues Gewand) den Herrn Jesus Christus an, und sorgt nicht so für euren Leib, daß die Begierden erwachen." (Einheitsübersetzung)

[80] „Das Blut der Märtyrer ist der Same der Christen." Vgl. Tertullian (ca. 155-220), Apolologeticum (lat.; *Apologie*), 50, 13, in: Corpus Christianorum. Series Latina (= CCL), Bd. 1, Turnhout 1954, S. 171: „Semen est sanguis Christianorum." („Der Same ist das Blut der Christen.")

[81] „In Geduld werdet ihr die Seelen bewahren." Vgl. Vulgata: Lk 21, 19: „In patientia vestra possidebitis animas vestras." Die „Einheitsübersetzung" lautet: „Wenn ihr standhaft bleibt, werdet ihr das Leben gewinnen."

[82] Vgl. B. Pascal, Pensées/Über die Religion, übers. u. hrsg. von E. Wasmuth, Heidelberg 8. Aufl. 1978, Nr. 581, S. 264.

[83] Ex 3, 14 lautet nach der „Einheitsübersetzung": „Da antwortete Gott dem Mose: Ich bin der ‚Ich-bin-da'. Und er fuhr fort: So sollst du zu den Israeliten sagen: Der ‚Ich-bin-da' hat mich zu euch gesandt." – Das „Ich bin der ‚Ich-bin-da'" (bzw. das „Ich bin, der Ich bin") mit Hilfe der antiken Philosophie auszulegen, trifft den Sinn dieser Stelle nicht.

[84] In Buch XII der sog. „Metaphysik" des Aristoteles geht es um die Lehre vom höchsten Seienden, den „Unbewegten Beweger", also Gott.

[85] Vgl. Mk 14, 62; Lk 22, 70.

[86] Vgl. Mk 6, 3.

[87] Vgl. Mt 27, 46; Mk 15, 34.

[88] Vgl. Apg 26, 14.

[89] Vgl. das Hauptwerk von Dante Alighieri (1265-1321): „Divina Commedia" (ital.; *Göttliche Kommödie*), vollendet 1321.

[90] Vgl. F. Nietzsche, Also sprach Zarathustra, Dritter Teil: „Das andere Tanzlied", Nr. 3, in: Ders., Werke in drei Bänden, hrsg. von K. Schlechta, Darmstadt 1997, Bd. II, S. 473.

[91] Von „Unendlichem" und „Nichts". Vgl. B. Pascal, Pensées/Über die Religion, übers. u. hrsg. von E. Wasmuth, Heidelberg 8. Aufl. 1978, Nr. 233, S. 120-126.

[92] Vgl. J. A. Möhler (1796-1838), Symbolik oder Darstellung der dogmatischen Gegensätze der Katholiken und Protestanten nach ihren öffentlichen Bekenntnißschriften, 5. Aufl. Mainz 1838, S. 199. – Es konnte nicht geklärt werden, nach welcher Ausgabe Wust hier zitiert.

[93] Wust hat hier fälschlich zitiert: „ohne allen Haß". (Vgl. die 1. Auflage von 1937, S. 240; alle späteren Auflagen übernehmen diesen Fehler der 1. Auflage.)

[94] Vgl. die Schrift von Luis de Molina (1535-1699), Liberi arbitrii cum gratiae donis ... concordia (lat.; *Vereinbarkeit der Willensfreiheit mit den Gnadengaben*), Lissabon 1588. Hier wird eine Position vertreten, die ein Höchstmaß menschlicher Freiheit mit der göttlichen Gnade koinzidieren läßt.

[95] Der sog. Pelagianismus, begründet von dem Mönch Pelagius (Anfang des 5. Jh.), betont die völlige Autonomie der menschlichen Freiheit und leugnet so die Notwendigkeit der göttlichen Gnade.

[96] Unter dem Begriff „Pseudo-Augustinismus" scheint Wust jene Haltung zu verstehen, die alles auf die göttliche Gnade setzt und die sittliche Anstrengung des Menschen als belanglos einstuft.

[97] Vgl. S. Kierkegaard, Die Krankheit zum Tode (1849), hrsg. von L. Richter, Reinbek 1962.

[98] Vgl. R. Otto, Das Heilige. Über das Irrationale in der Idee des Göttlichen und sein Verhältnis zum Rationalen (1917), München (Sonderausgabe) 1971. – Otto bestimmt hier das Heilige, das „Numinose", als *mysterium tremendum et fascinosum.* D.h. es zeigt sich als das Erschreckende und gleichzeitig auch als das Anziehende.

[99] „Das verschleierte Bild zu Saïs" (1795): Gedicht von Friedrich von Schiller. Vgl. ders., Sämtliche Werke in vier Bänden, Augsburg 1998, Bd. 1, S. 195-197.

[100] „O glückliche Schuld, welch großen Erlöser hast du gefunden!" (Exsultet der Osternacht)

[101] Wust hat hier fälschlich als Quelle angegeben: Confessiones VIII, 17.

[102] Vgl. Teresa von Avila (1515-1582), Weg der Vollkommenheit, in: Sämtliche Schriften der hl. Theresia von Jesu, übers. u. bearb. von A. Alkofer, Bd. 6, München 4. Aufl. 1983, S. 86: „In diesem Spiele ist es die Königin, die dem König am meisten zusetzen kann; alle übrigen Figuren unterstützen sie. Den himmlischen König aber kann keine Königin derart nötigen, sich zu ergeben, wie die Demut."

[103] Vgl. E. Underhill, Mysticism. A study in the nature and development of man`s spiritual consciousness, London 1911; in dt. Übers. erschienen unter dem Titel: Mystik. Eine Studie über die Natur und Entwicklung des religiösen Bewußtseins des Menschen, übers. von H. Meyer-Franck u. H. Meyer-Benfey, Bietigheim 1928.

[104] Der spanische Karmelit, Kirchenlehrer und Mystiker Johannes vom Kreuz (Juan de la Cruz) (1542-1591) verfaßte u.a. „Noche obscura" (span.; *Die dunkle Nacht*), entst. 1582-1585, in: Ders., Sämtliche Werke, Bd. 2, übers. von I. Behn, Einsiedeln 1961.

105 „Und daher steht meine Sünde mir immer gegenüber." Vgl. Vulgata: Ps 50, 5 (51, 5). Die „Einheitsübersetzung" lautet: „Meine Sünde steht mir immer vor Augen."

106 Der Begriff der „Langeweile" (frz.: *ennui*) zählt nach B. Pascal zur *condition humaine*. Vgl. ders., Pensées/Über die Religion, übers. u. hrsg. von E. Wasmuth, Heidelberg 8. Aufl. 1978, Nrn. 131 u. 164, S. 75 u. 92.

107 Vgl. K. Jaspers, Die geistige Situation der Zeit, Berlin 1931, S. 12; Berlin 1979 (8. Abdruck der 5. Aufl. 1932), S. 15.

108 Vgl. K. Jaspers, Die geistige Situation der Zeit, Berlin 1931, S. 6; Berlin 1979 (8. Abdruck der 5. Aufl. 1932), S. 7.

109 Vgl. K. Jaspers, Vernunft und Existenz. Fünf Vorlesungen (1935), München 4. Aufl. 1987.

110 Auf der Subjektseite unterscheidet Karl Jaspers vier verschiedene Weisen des „Umgreifenden": Dasein, Bewußtsein überhaupt, Geist und Existenz, wobei das „Bewußtsein überhaupt" (oder der Verstand) das Medium der Wissenschaft, die „Existenz" das Medium der Philosophie darstellt. Vgl. K. Jaspers, Vernunft und Existenz. Fünf Vorlesungen (1935), München 4. Aufl. 1987, bes. S. 35-57: „Zweite Vorlesung: Das Umgreifende".

111 „Ich denke, also bin ich." Wobei dieser Satz nicht im Sinne eines Schlusses, sondern im Sinne einer Intuition zu begreifen ist: „Ich denke, ich bin." Vgl. R. Descartes, Meditationes de Prima Philosophia/Meditationen über die Erste Philosophie, übers. u. hrsg. von G. Schmidt, Stuttgart 1994, Med. II, S. 76/77 ff.

112 „Ich werde gedacht, also bin ich." Franz von Baader (1765-1841) will damit zum Ausdruck bringen, daß das Selbstbewußtsein nicht als selbsthervorbringend anzusehen ist, sondern sich anderem verdankt, nämlich Gott. Vgl. ders., Sämtliche Werke, hrsg. von F. Hoffmann u.a., Bd. 12, Leipzig 1860 (Nachdruck Aalen 1963), S. 41 ff., S. 238, S. 324 ff.

113 Vgl. S. Kierkegaard, Philosophische Bissen [sic!] (1844), übers. u. hrsg. von H. Rochol, Hamburg 1989, Kap. III: „Das absolute Paradox (Eine metaphysische Grille)", S. 36.

114 Vgl. K. Jaspers, Die geistige Situation der Zeit (1931), Berlin 1979 (8. Abdruck der 5. Aufl. 1932), S. 134 ff.

115 Vgl. M. Heidegger, Sein und Zeit, Halle 1927, § 38.

116 Vgl. K. Jaspers, Philosophie II: Existenzerhellung (1932), Berlin 4. Aufl. 1973, S. 201 ff.

117 Vgl. K. Jaspers, Vernunft und Existenz. Fünf Vorlesungen (1935), München 4. Aufl. 1987, S. 7-34: „Erste Vorlesung: Herkunft der gegenwärtigen philosophischen Situation (Die geschichtliche Bedeutung Kierkegaards und Nietzsches)".

118 Vgl. K. Jaspers, Vernunft und Existenz. Fünf Vorlesungen (1935), München 4. Aufl. 1987, S. 12.

[119] Vgl. K. Jaspers, Vernunft und Existenz. Fünf Vorlesungen, Groningen 1935, S. 104; München 4. Aufl. 1987, S. 113.
[120] Vgl. K. Jaspers, Vernunft und Existenz. Fünf Vorlesungen, Groningen 1935, S. 104; München 4. Aufl. 1987, S. 114.
[121] Vgl. K. Jaspers, Philosophie III: Metaphysik (1932), Berlin 4. Aufl. 1973, S. 224.
[122] Vgl. K. Jaspers, Vernunft und Existenz. Fünf Vorlesungen, Groningen 1935, S. 4; München 4. Aufl. 1987, S. 10.
[123] Friedrich Daniel Ernst Schleiermacher (1768-1834) sucht der Religion eine eigene Provinz im menschlichen Geistesleben zuzugestehen und bestimmt ihr Wesen darum als Anschauung und Gefühl. Vgl. ders., Über die Religion. Reden an die Gebildeten unter ihren Verächtern (1799), hrsg. von H.-J. Rothert, Hamburg 1958 (Nachdruck Hamburg 1970), S. 22-74: „II. Rede: Über das Wesen der Religion". – „Gefühl" ist aber bei Schleiermacher nicht gleichzusetzen mit „Emotion", sondern es meint eine vernunftmäßige Erkenntnisweise, die von der begrifflichen Erkenntnis zu unterscheiden ist. Aus diesem Grunde wird Wust Schleiermacher in dieser Frage nicht gerecht.
[124] Vgl. K. Barth, Der Römerbrief, München 2. Aufl. 1922.
[125] Gott als der „ganz Andere", wie ihn Karl Barth in seinem „Römerbrief" bestimmt, ist dem Wissen und Erkennen des Menschen unzugänglich und vollkommen jenseitig.
[126] Dieser Begriff geht auf den griechischen Philosophen Pyrrhon aus Elis (ca. 365-275 v.Chr.) zurück, der eine skeptische Schule begründet hat.
[127] Vgl. B. Pascal, Pensées/Über die Religion, übers. u. hrsg. von E. Wasmuth, Heidelberg 8. Aufl. 1978, Nr. 434, S. 202.
[128] Vgl. J. Pieper, Über die Hoffnung, Leipzig 1935, S. 74, wo der Mensch als *homo viator* bezeichnet wird.
[129] Der Eleatismus (Schule von Elea) hat wesentlich durch Parmenides (ca. 515-445 v.Chr.) sein Gepräge erhalten. Für Parmenides gibt es lediglich das mit sich selbst gleiche Sein, geleugnet wird jedes Werden. Damit steht diese Position derjenigen von Heraklit (ca. 544-483 v.Chr.) diametral gegenüber, für den es im Sein keine Beständigkeit gibt und das Werden das eigentlich Reale ist.
[130] „Auf-dem-Wege-Sein". Vgl. J. Pieper, Über die Hoffnung, Leipzig 1935, S. 74.
[131] Die Lehre von der *analogia entis*, der Analogie des Seins, gilt als das Herzstück der klassischen Metaphysik. Als Mittelweg zwischen der Univokation (Eindeutigkeit) und der Äquivokation (Mehrdeutigkeit) ermöglicht sie philosophische Aussagen über Gott, ohne ihn damit zu verendlichen. Dabei ist es aber weniger die Analogie der Proportionalität, sondern vielmehr die Proportions- oder Attributionsanalogie, der diese entscheidende Bedeutung für die Metaphysik zukommt. Mit der Lehre von der *analogia entis* steht und fällt auch die sog. Natürliche Theologie. Karl Barth hat sich entschieden gegen die Analogie des Seins gewandt, sie aber auch mißverstanden, wenn er meint, Gott würde auf diese Weise dem Seinsbegriff

untergeordnet. Vgl. zur Analogielehre: Thomas von Aquin, Summa theologiae I, qu. 13, art. 5.
132 Vgl. Friedrich Hölderlins Gedicht „Sokrates und Alcibiades“, in: Ders., Sämtliche Werke und Briefe, 3 Bde., hrsg. von M. Knaupp, Bd. 1, München 1992, S. 196: „Warum huldigest du, heiliger Sokrates, / Diesem Jünglinge stets? kennest du Größers nicht? / Warum siehet mit Liebe, / Wie auf Götter, dein Aug` auf ihn? / Wer das Tiefste gedacht, liebt das Lebendigste, / Hohe Jugend versteht, wer in die Welt geblikt / Und es neigen die Weisen / Oft am Ende zu Schönem sich.“
133 Dieser Gedanke, daß die Vernunft durch das Licht des Glaubens erleuchtet wird, wird besonders von Bonaventura (1221-1274) vertreten. Es ist zu vermuten, daß Wust Bonaventura vornehmlich durch die Arbeiten von Bernhard Rosenmöller kennengelernt hat. Vgl. B. Rosenmöller, Religiöse Erkenntnis nach Bonaventura (= Beiträge zur Geschichte der Philosophie des Mittelalters, Bd. XXV, Heft 3 u. 4), Münster/W. 1925, S. 114.
134 „Charitas“ bzw. „caritas“ (griech.: *agape*) wird in der Theologie zumeist als Bezeichnung der übernatürlichen Gottes- und Nächstenliebe gebraucht. Gegenüber dem platonischen „Eros“ ist diese dadurch gekennzeichnet, daß Gott „die Liebe“ im Sinne der „Agape“ ist, wohingegen „Eros“ Bedürftigkeit meint und somit nicht mit Gott identifiziert werden kann. Während Eros der Weg des Menschen zu Gott ist, ist Agape der Weg Gottes zum Menschen. Erst in zweiter Linie ist Agape die Liebe des Menschen zu Gott und zum Nächsten – als Antwort auf die zuvorkommende Liebe Gottes.
135 Vgl. Apg 2, 13.
136 Vgl. Jes 55, 8.
137 „Weder etwas wünschen, noch etwas zurückweisen.“ D.h. es geht um ein absolutes Sich-Lassen in Gott. Vgl. Franz von Sales (1567-1622), Dernier entretien (1622), in: Ders., Œuvres, hrsg. von A. Ravier, Paris, 1969, S. 1304-1319, hier: S. 1308: „C`est le meilleur de ne rien désirer et ne rien refuser.“ („Das ist das beste: nichts wünschen und nichts zurückweisen.“) Vgl. ibid., S. 1311 u. 1319.
138 Siehe dazu oben Anm. 23.

Werner Schüßler

Übersetzung lateinischer Begriffe

absurdum absolutum = das absolut Sinnwidrige
a se = von sich (selbst) (her)
amor fati = die Liebe zum Schicksal
animal brutum = das vernunftlose Lebewesen
animal insecurum = das ungesicherte Lebewesen
animal rationale = das vernünftige Lebewesen
animal securum = das gesicherte Lebewesen

beata necessitas = die glückliche Notwendigkeit
beata necessitas gloriae = die glückliche Notwendigkeit der Herrlichkeit
bonitas absoluta = die absolute Güte
bonum = das Gute

causa sui = die Ursache seiner selbst
certitudo fidei = die Gewißheit des Glaubens
certitudo mathematica = die mathematische Gewißheit
certitudo philosophica = die philosophische Gewißheit
certitudo super omnia = die höchste Gewißheit
charitas = die (christliche) (Nächsten-) Liebe
concordia liberi arbitrii cum gratiae donis = die Vereinbarkeit der Willensfreiheit mit den Gnadengaben
conditio sine qua non = die unabdingbare bzw. notwendige Bedingung
confirmatio in bono = die Bestärkung im Guten
corpus mysticum = der mystische Leib
crux philosophorum = das Kreuz der Philosophen
curiositas = die Neugier

debitum = das Geschuldete
debitum naturae = die (Bring-) Schuld der Natur
Deus absconditus = der verborgene Gott
Deus revelatus = der geoffenbarte Gott
devotio = die Gottergebenheit
dira necessitas = die unheilvolle Notwendigkeit
dira necessitas naturae = die unheilvolle Notwendigkeit der Natur
docta ignorantia = das belehrte Nichtwissen

ecclesia depopulata = die entvölkerte Kirche
ens = das Seiende
ens absolute necessarium = das absolut notwendig Seiende
ens absolutum = das absolut Seiende
ens perfectissimum = das vollkommenste Seiende
esse perlucidum = das durchsichtige bzw. klare Sein

felix culpa = die glückliche Schuld

genius malignus = der böse Geist

hiatus = die Kluft
hiatus irrationalis = die irrationale Kluft
hic et nunc = hier und jetzt
homo faber = der Mensch als Handwerker
homo naturaliter religiosus = der Mensch ist von Natur aus religiös
homo philosophus = der Mensch als Philosoph
homo religiosus = der religiöse Mensch
humanum = das (eigentlich) Menschliche
humilitas = die Demut

in statu insecuritatis = im Zustand der Ungesichertheit
indebitum = das Ungeschuldete
insecuritas = die Ungesichertheit
insecuritas entis ipsius = die Ungesichertheit des Seienden selbst
insecuritas historiae = die Ungesichertheit der Geschichte
insecuritas huius saeculi = die Ungesichertheit dieses Jahrhunderts
insecuritas humana = die menschliche Ungesichertheit
insecuritas mundi = die Ungesichertheit der Welt
insecurus in securitate = ungesichert in der Gesichertheit
intelligibile = das (durch den Geist) Erkennbare bzw. Einsehbare
intimum mentis = das Innerste des Geistes
intuitus = die Schau

libertas a malo = die Freiheit vom Bösen
liberum arbitrium = der freie Wille
ludus amoris = das Spiel der Liebe

mysterium profundum = das tiefgründige Geheimnis

nihil absolutum = das absolute Nichts
non ab alio = nicht von einem anderen (her)
non posse peccare = das Nicht-sündigen-Können
non posse perturbari = das Nicht-verwirrt-werden-Können

ordo = die Ordnung
ordo amoris = die Ordnung der Liebe

potentia oboedientialis = das Gehorsamsvermögen
principia per se nota = Prinzipien, die aus sich selbst bekannt sind
principium intelligibilitatis universalis = das Prinzip der universalen Intelligibilität [= Einsehbarkeit, Vernünftigkeit]
proprium = das Merkmal
providentia generalis = die allgemeine Vorsehung
providentia specialis = die besondere Vorsehung
providentia specialissima = die ganz besondere Vorsehung

quia est = „daß“ es ist [im Sinne der Daß-Frage]
quid est = „was“ es ist [im Sinne der Was-Frage]

ratio = der Verstand bzw. die Vernunft
ratio sui = der Grund seiner selbst
rationabile obsequium = der vernünftige Gehorsam
rationalitas = die Vernünftigkeit
rectitudo = die Richtigkeit bzw. Rechtheit
reflexio = die Umwendung bzw. Zurückwendung
regina scientiarum = die Königin der Wissenschaften
regressus in infinitum = das Zurückschreiten ins Unendliche
religiositas = die Religiosität

sacra ignorantia = das heilige Nichtwissen
sacra securitas = die heilige Gesichertheit
sacrificium intellectus = das Opfer des Verstandes
sacrum imperium Christi = das heilige Reich Christi
sapientia = die Weisheit
sapientia cordis = die Weisheit des Herzens
scientia humana = die menschliche Wissenschaft
scientia humanissima = die menschlichste Wissenschaft
securitas = Gesichertheit
securitas aeterna = die ewige Gesichertheit
securitas divina = die göttliche Gesichertheit
securitas dubii = die Gesichertheit des Zweifels
securitas insecura = die ungesicherte Gesichertheit
securitas insecuritatis = die Gesichertheit der Ungesichertheit
securus in insecuritate = gesichert in der Ungesichertheit
sine insecuritate = ohne Ungesichertheit
sobria ebrietas = die klare Trunkenheit
sopor mysticus = der mystische Schlaf
status naturae lapsae = der Zustand der gefallenen Natur
status perfectionis = der Zustand bzw. Stand der Vollkommenheit
summum bonum = das höchste Gut
superbia = der Hochmut bzw. Stolz

terminus ad quem = der Zielpunkt
terminus a quo = der Ausgangspunkt
theologia crucis = die Kreuzestheologie
theologia gloriae = die Theologie der Herrlichkeit
tremendum = das Erschreckende

una sancta ecclesia = die eine heilige Kirche
unum = das Eine

veritas absoluta = die absolute Wahrheit
veritas ontologica = die ontologische Wahrheit
verum = das Wahre
via illuminativa = der Weg der Erleuchtung
via purgativa = der Weg der Reinigung
via unitiva = der Weg der Einigung
viator = der Wanderer [im Sinne von: der Mensch auf dem Weg]

Literaturhinweise

A. Werke Peter Wusts

1. Gesammelte Werke

Peter Wust, Gesammelte Werke, hrsg. von W. Vernekohl, 10 Bde., Münster 1963ff.

Bd. I: Die Auferstehung der Metaphysik [Erstpubl. 1920], Münster 1963.

Bd. II: Naivität und Pietät [Erstpubl. 1925], Münster 1964.

Bd. III/1 u. 2: Die Dialektik des Geistes [Erstpubl. 1928], Münster 1964.

Bd. IV: Ungewißheit und Wagnis [Erstpubl. 1937]. Der Mensch und die Philosophie [Erstpubl. 1942/43], Münster 1965.

Bd. V: Gestalten und Gedanken [Erstpubl. 1940]. Die Rückkehr aus dem Exil [Erstpubl. 1926], Münster 1965.

Bd. VI: Weisheit und Heiligkeit. Vorträge und Aufsätze [Erstpubl. 1922-1934], Münster 1966.

Bd. VII: Aufsätze [Erstpubl. 1922-1940] und Briefe [Erstpubl. 1949-1965], Münster 1966.

Bd. VIII: Peter Wust – Leben und Werk. Biographische Notizen – Die Philosophie – Bibliographie, Münster 1967.

Bd. IX: Briefe von und nach Frankreich, hrsg. von J. Bendiek und H. A. Huning, Münster 1967.

Bd. X: Vorlesungen und Briefe, hrsg. von A. Huning. Gesamtregister zu den „Gesammelten Werken" I-X, bearb. von O. Höfling, Münster 1969.

2. Neuedition von Werken Peter Wusts in der Reihe: „Edition Peter Wust. Schriftenreihe der Peter-Wust-Gesellschaft", hrsg. von H. Hoffmann u. W. Schüßler, Berlin/Münster/Wien/Zürich/London: LIT Verlag

Peter Wust, Ein Abschiedswort. Mit einem Nachwort zu Leben und Werk des Philosophen. Im Auftrag der Peter-Wust-Gesellschaft neu hrsg. von Herbert Hoffmann und Werner Schüßler. Nachwort von Werner Schüßler (= Edition Peter Wust. Abt. Beihefte, Bd. 1), Berlin 2007, 2. Aufl. Berlin 2008, 3. Aufl. Berlin 2010.

Philosophenbriefe von und an Peter Wust, hrsg. von E. Blattmann (= Edition Peter Wust, Bd. 4), Berlin 2013.

Peter Wust, Der Mensch und die Philosophie. Einführung in die Hauptfragen der Existenzphilosophie. Neu hrsg. u. mit einer Einleitung und Anmerkungen vers. von W. Schüßler (= Edition Peter Wust, Bd. 6), Berlin 2014.

3. Weitere wichtige Werke außerhalb der „Gesammelten Werke“

John Stuart Mills Grundlegung der Geisteswissenschaften, Diss. Bonn 1914.

Die Oberrealschule und der moderne Geist, Leipzig 1917.

Briefe und Aufsätze, hrsg. von W. Vernekohl, Münster 2. Aufl. 1959.

Wege einer Freundschaft. Briefwechsel Peter Wust – Marianne Weber 1927-1939, hrsg. von W. T. Cleve, Heidelberg 1951.

Pfleger, K., Dialog mit Peter Wust. Briefe und Aufsätze, Heidelberg 1949.

B. Bibliographien

Langenfeld, L., Peter-Wust-Bibliographie, in: Peter Wust, Gesammelte Werke, hrsg. von W. Vernekohl, Bd. VIII, Münster 1967, S. 461-517.

Schüßler, W., Artikel „Wust, Peter“, in: Biographisch-bibliographisches Kirchenlexikon, hrsg. von F. W. Bautz, fortgef. von T. Bautz, Bd. 14, Herzberg 1998, S. 193-200, hier: S. 194-200.

C. Sekundärliteratur in Auswahl

1. Zur Einführung

Schüßler, W., „Geborgen in der Ungeborgenheit.“ Einführung in Leben und Werk des Philosophen Peter Wust (1884-1940) (= Edition Peter Wust. Schriftenreihe der Peter-Wust-Gesellschaft. Abt. Beihefte, hrsg. von H. Hoffmann u. W. Schüßler, Bd. 2), Berlin 2008.

Schüßler, W. / Röbel, M. / Meiers, W., Der Mensch als Ausgangspunkt der Philosophie. Einführung in die Hauptwerke Peter Wusts (= Edition Peter Wust. Schriftenreihe der Peter-Wust-Gesellschaft. Abt. Beihefte, hrsg. von H. Hoffmann u. W. Schüßler, Bd. 3), Berlin 2015.

Veauthier, F. W., Peter Wust, in: P. Neumann (Hrsg.), Saarländische Lebensbilder, Bd. II, Saarbrücken 1984, S. 271-305.

Vernekohl, W., Peter Wust. Biographische Notizen, in: Peter Wust, Gesammelte Werke, hrsg. von W. Vernekohl, Bd. VIII, Münster 1967, S. 5-148.

Westhoff, H., Peter Wust (1884-1940), in: E. Coreth u.a. (Hrsg.), Christliche Philosophie im katholischen Denken des 19. und 20. Jahrhunderts, Bd. III, Graz 1990, S. 112-128.

Westhoff, H., Peter Wust: Christliches Existenzbewußtsein, in: J. Speck (Hrsg.), Grundprobleme der großen Philosophen. Philosophie der Gegenwart V: Jaspers - Heidegger - Sartre - Camus - Wust - Marcel, Göttingen 1982, S. 178-212.

2. Sammelbände

Blattmann (Hrsg.), Peter Wust. Aspekte seines Denkens. F. Werner Veauthier zum Gedächtnis (= Edition Peter Wust. Schriftenreihe der Peter-Wust-Gesellschaft, hrsg. von H. Hoffmann u. W. Schüßler, Bd. 2), Münster 2004.

Rest, W. (Hrsg.), Peter Wust. Reflexionen und Vorträge zum 50. Todestag des Philosophen, Münster 1991.

Schüßler, W. / Röbel, M. (Hrsg.), „Die Unruhe des Menschenherzens." Einblicke in das Werk Peter Wust (= Edition Peter Wust. Schriftenreihe der Peter-Wust-Gesellschaft, hrsg. von H. Hoffmann u. W. Schüßler, Bd. 5), Berlin

Vernekohl, W. (Hrsg.), „Ich befinde mich in absoluter Sicherheit". Gedenkbuch der Freunde für Peter Wust, Münster 1950.

Begegnung mit Peter Wust. 36 Autoren im Dialog mit dem christlichen Existenzphilosophen aus dem Saarland, hrsg. von der Christlichen Erwachsenenbildung im Kreis Merzig-Wadern, zusammengestellt von P. C. Keller, Saarbrücken 1984.

Ungewißheit und Wagnis. In memoriam Peter Wust (1884-1940), hrsg. von der Kath. Akademie Schwerte, Schwerte 1985.

3. Monographien, Dissertationen

Blattmann, E., Peter Wust als Denker und Leser des Bösen, Frankfurt/M. 1994.

Cleve, W. T., Denken und Erkennen. Ein Weg in die Philosophie nach Peter Wust, Emsdetten 1952.

Cleve, W. T., Peter Wust. Ein christlicher Existenzphilosoph unserer Tage, Speyer 1950.

Delahaye, K., Christliche Anthropologie. Eine Einführung in das Denken Peter Wusts, Münster 1967. – Auch erschienen unter dem Titel: Die Philosophie Peter Wusts als christliche Anthropologie, in: Peter Wust, Gesammelte Werke, hrsg. von W. Vernekohl, Bd. VIII, Münster 1967, S. 151-410.

Huning, A., Edith Stein und Peter Wust. Von der Philosophie zum Glaubenszeugnis, Münster 1969.

Kettner, O., Die Gestalt der existentiellen Unsicherheit (insecuritas humana) bei Peter Wust und Martin Heidegger, Diss. Wien 1974.

Leenhouwers, A., Ungesichertheit und Wagnis. Die christliche Weisheitslehre Peter Wusts in ihrer philosophischen und existentiellen Deutung, Essen 1964.

Lenz, R. F., Die dialogische Struktur der Ungeborgenheit. Eine metaphysisch-existentielle Betrachtung über die Situation des Menschen im Ausgang von Peter Wust, Bamberg 1972.

Lohner, A., Gewißheit im Wagnis des Denkens. Die Frage nach der Möglichkeit von christlicher Philosophie und Metaphysik im Werk und Denken des Philosophen Peter Wusts. Eine Gesamtdarstellung seiner Philosophie, Frankfurt/M.

1990. – Die 2. Aufl. erschien unter dem Titel: Peter Wust: Gewißheit und Wagnis. Eine Gesamtdarstellung seiner Philosophie, Paderborn 1995.

Lutzenberger, H., Das Glaubensproblem in der Religionsphilosophie der Gegenwart in der Sicht von Karl Jaspers und Peter Wust, Diss. München 1962.

Meiers, W., Zwischen klassischer Metaphysik und Existenzdenken. Eine werkgeschichtliche Analyse der philosophischen Gotteslehre Peter Wusts (= Edition Peter Wust. Schriftenreihe der Peter-Wust-Gesellschaft, hrsg. von H. Hoffmann u. W. Schüßler, Bd. 7), Berlin 2015.

Röbel, M., Staunen und Ehrfurcht. Eine werkgeschichtliche Untersuchung zum philosophischen Denken Peter Wusts (= Edition Peter Wust. Schriftenreihe der Peter-Wust-Gesellschaft, hrsg. von H. Hoffmann u. W. Schüßler, Bd. 3), Berlin 2009.

Scherer, B., Ein moderner Mystiker. Begegnung mit Peter Wust, Würzburg 1973.

Shioji, K., Das Sein des Selbst. Eine Untersuchung im Anschluß an Peter Wust und Gabriel Marcel, Diss. Mainz 1983.

Veauthier, F. W., Kulturkritik als Aufgabe der Kulturphilosophie. Peter Wusts Bedeutung als Kultur- und Zivilisationskritiker, Heidelberg 1998.

Vernekohl, W., Der Philosoph von Münster. Peter Wust – ein Lebensbild, Münster 1950.

Wirth, G., Peter Wust – Weisheit und Heiligkeit. Über die metaphysischen Prämissen und Grundrichtungen seines ethischen Denkens, Diss. Saarbrücken 1976.

4. Aufsätze, Beiträge

Baden, H. J., Peter Wust, der Philosoph unter dem Kreuz, in: Neue Zeitschrift für systematische Theologie, Jg. 2, 1960, S. 160-173.

Beck, H., Existenz in Freiheit. Geborgenheit als Ungeborgenheit, in: Wissenschaft und Weltbild, Jg. 23, 1970, S. 304-313.

Biser, E., Das Wagnis der Freiheit, in: Wegbereiter des Glaubens. Peter-Wust-Preis-Verleihung 2001 an Prof. DDr. Eugen Biser, hrsg. von der Katholische Akademie Trier und der Christlichen Erwachsenenbildung Merzig e.V., o. O. 2001, S. 26-35.

Delahaye, K., Offenbare und geoffenbarte Wahrheit. Über den Zusammenhang von Erkennen und Glauben, in: Wissenschaft und Weisheit, Jg. 13, 1950, S. 34-47.

Feiereis, K., Voraussetzungen natürlicher Theologie. Eine Rückbesinnung auf Peter Wust, in: Dienst an der Vermittlung. Festschrift zum 25jährigen Bestehen des Philosophisch-theologischen Studiums im Priesterseminar Erfurt, hrsg. von W. Ernst u.a., Leipzig 1977, S. 375-393.

Kuckartz, W., Die Idee einer metaphysischen Grundlegung der Pädagogik, in: Peter Wust, Gesammelte Werke, hrsg. von W. Vernekohl, Bd. VIII, Münster 1967, S. 411-460.

Langenfeld, L., Leben und Werk des Philosophen Peter Wust, in: Bücherei und Bildung, Jg. 9, 1957, S. 107-116.

Leenhouwers, A., Die „Ungewißheits"-Lehre Peter Wusts, in: Laurentianum, Jg. 3, 1962, S. 71-93.

Leenhouwers, A., Peter Wust, ein christlicher Existenzphilosoph, in: Wissenschaft und Weisheit, Jg. 28, 1965, S. 165-183.

Marcel, G., Die Pietät nach Peter Wust, in: Ders., Sein und Haben, Paderborn 1954, S. 233-258. – Auch erschienen in: Ders., Werkauswahl, hrsg. von P. Grotzer u. S. Foelz, Bd. III: Unterwegssein, Paderborn 1992, S. 149-166.

Pfleger, K., Peter Wust, in: Ders., Kundschafter der Existenztiefe, Frankfurt/M. 1959, S. 88-114.

Röbel, M., „Überall habe ich Fiasko erlebt." Hiob als Schlüsselfigur zur Biographie und Philosophie Peter Wusts, in: W. Schüßler / M. Röbel (Hrsg.), HIOB – transdisziplinär. Seine Bedeutung in Theologie und Philosophie, Kunst und Literatur, Lebenspraxis und Spiritualität (= Herausforderung Theodizee, hrsg. von W. Schüßler u. H.-G. Janssen, Bd. 1), Berlin 2013, S. 277-300.

Röbel, M., „Ungesicherte" Katholizität? Zum Kirchenbild des Philosophen Peter Wust, in: Trierer Theologische Zeitschrift, Jg. 122, 2013, S. 203-223.

Schollmeyer, C., Peter Wusts Rückkehr zum Glauben, in: Sein und Sendung, Jg. 25, 1960, S. 167-173.

Schüßler, W., „Die Philosophie schließt nur eine Nebenpforte auf zum Zentrum des Lebens." Peter Wust zum Problem „Glaube und Vernunft", in: Wissenschaft und Weiheit. Franziskanische Studien zu Theologie, Philosophie und Geschichte, Jg. 70, 2007, S. 120-132.

Schüßler, W., „Insecuritas humana" und religiöser Glaube. Der christliche Existenzphilosoph Peter Wust, in: H.-R. Schwab (Hrsg.), Eigensinn und Bindung. Katholische deutsche Intellektuelle im 20. Jahrhundert. 39 Porträts, Kevelaer 2009, S. 175-192 u. S. 743f.

Splett, J., Selbstdenken und Pietät, in: Wegbereiter Europas. Peter-Wust-Preisverleihung 1997 an Pierre Werner, hrsg. von der Katholischen Akademie Trier und der Christlichen Erwachsenenbildung Merzig e.V., o. O. 1997, S. 7-13.

Veauthier, F. W., Peter Wust: Die Krise des europäischen Menschen und ihre Überwindung, in: Die Krise des europäischen Menschen und ihre Überwindung, in: Katholische Akademie Trier. Schriftenreihe Bd. 1, hrsg. von der Katholischen Akademie Trier, o. O. 1993, S. 9-19.

Vernekohl, W., Peter Wust, der Philosoph von Münster, in: Ders., Begegnungen. Kleine Porträts, Münster 1959, S. 5-39.

Vernekohl, W., Peter Wust. Biographische Notizen, in: Peter Wust, Gesammelte Werke, hrsg. von W. Vernekohl, Bd. VIII, Münster 1967, S. 7-148.

Vorholt, F., Peter Wust, in: Wissenschaft und Weisheit, Jg. 7, 1940, S. 113-129.

Westhoff, H., Christliches Existenzbewußtsein, in: Philosophisches Jahrbuch, Jg. 92, 1985, S. 324-334.

Personenregister

Abraham 140
Adam 135, 175
Alexander der Große 79
Anaxagoras 43
Aristoteles 43, 109, 140
Augustinus 44, 49, 58, 109, 113, 130, 145, 148, 159, 160, 169

Baader, Franz von 169
Barth, Karl 122, 128, 174
Bernhard von Clairvaux 94
Brunner, Emil 174
Buddha 140, 141, 149

Cervantes, Miguel de 122, 123
Christus 121, 127, 137, 138, 139, 140, 141, 142, 143, 144, 145, 146, 147
Comte, Auguste 66
Cromwell, Oliver 156
Cusanus, Nicolaus 49, 113

Dante 145
Descartes, René 98, 99, 100, 169
Diogenes von Sinope 79
Don Quichote 122, 123, 124
Dulcinea von Toboso 123
Dürer, Albrecht 166

Franz von Sales 189

Goethe, Johann Wolfgang von 48, 62, 81, 190

Hegel, Georg Wilhelm Friedrich 100, 103
Heidegger, Martin 55, 170
Heraklit 63
Herodot 65
Hieronymus 166
Hiob 32, 86
Hölderlin, Friedrich 183
Homer 65
Husserl, Edmund 100

Jaspers, Karl 29, 55, 80, 100, 168, 170, 171, 172, 173, 179
Joachim von Fiore 66
Johannes der Evangelist 140
Johannes vom Kreuz 160

Kaiphas 140
Kant, Immanuel 43, 89, 111, 114, 116, 117, 135
Kierkegaard, Sören 121, 154, 168, 169, 170, 171, 173, 174, 175, 176, 179
Klages, Ludwig 44

Laotse 140

Machiavelli, Niccolò 74, 79, 85
Maine de Biran, Pierre 83
Möhler, Johann Adam 151
Montaigne, Michel de 65
Montesquieu, Charles de 64, 188
Moses 140

Nietzsche, Friedrich 84, 148, 168, 171, 173, 179

Origenes 188

Parmenides 140
Pascal, Blaise 35, 50, 62, 66, 99, 136, 150, 177, 181

Paulus 130, 139, 144, 145, 147
Penia 48
Petrus 144, 163
Pieper, Josef 29
Platon 48, 67, 109, 140
Poros 48

Rosenmöller, Bernhard 29

Sancho Pansa 122, 123, 124, 126
Scheler, Max 128
Schleiermacher, Friedrich Ernst Daniel 174
Scipio (minor) 65
Simmel, Georg 75
Sokrates 141, 179
Stifter, Adalbert 81

Talleyrand, Charles Maurice de 64
Tauler, Johannes 135
Theresia von Avila 159
Thomas a Kempis 65, 66
Thomas von Aquin 67, 102, 109

Underhill, Evelyn 159

Vorholt, Ferdinand 29

Sachregister

Abgrund, dunkler 115; ethischer 115; logischer 115; metaphysischer 88; der Menschennatur 126; der Vernunft 115
Absolutes, Realexistenz des 108
Absurdes 124
Agnostizismus 135
Alogik, religiöse 127
Alogisches 77, 78, 79, 83, 85, 106, 112, 173
Alogizität 81, 82, 84, 183
Altes Testament 138, 139, 140
Analogie des Seins 181, 182
Animal brutum 43, 48; insecurum 40, 41; rationale 45; securum 40, 41, 44
Anlage, religiöse 121
Antidialektik 94
Anthropologie, metaphysische 46, 169; naturalistische 170; philosophische 66; theologische 46, 66
Antike 65
Apologetik, christliche 109
Arithmetik 89
Aseität, göttliche 111, 112, 113
Aufklärung 65, 145, 146, 168, 170
Axiome 89, 90

Bewußtsein, ewiges 169
Bewußtsein überhaupt 169
Bewußtseinsidealismus, neuzeitlicher 169
Bibelkritik, liberale 141
Bios und Logos 46, 47, 50, 53
Blut und Geist 45, 46
Bolschewismus 146
Bonitas absoluta 115

Causa sui 111, 112
Certitudo fidei 151, 154, 155; mathematica 90, 91, 95, 96, 107, 108, 116; philosophica 89, 90, 91, 95, 116; super omnia 151. Vgl. Gewißheit
Chaos und Kosmos 54, 56
Charitas 184
Christentum 174

Dämonisches 85
Deus absconditus 132, 135, 141, 154, 171; revelatus 132, 135, 141. Vgl. Gott
Dialektik 31, 38, 45, 46, 47, 48, 50, 95, 125, 131, 132, 134, 141, 144, 147, 159, 160, 168, 177, 186; Existenzdialektik 50; Leibgeistdialektik 48
Dialektische Theologie 122, 128, 168, 174, 175, 176, 186
Docta ignorantia 49, 113, 156
Dogmatismus 49, 61, 97, 177, 178, 179, 181
Dreistadiengesetz 66
Du, ewiges 129; göttliches 121
Dunkle Nacht 160, 162, 163, 165, 166
Dysteleologie 77, 78

Eigenwille 160, 161, 165, 187, 188, 189
Einigung vgl. Via unitiva
Eleatismus 178
Ens 103, 104; absolute necessarium 114; perfectissimum 114
Entscheidung 172; existentielle 169

Entscheidungsirrationalismus 36, 55, 58, 62, 99, 100, 117, 167-176
Entscheidungsquietismus 173
Epoché 172
Erkennen, reines 42
Erkenntnis, apriorische 35. Vgl. Liebe
Erkenntnisakt, philosophischer 95, 102
Erkenntnissituation, philosophische 93, 94, 96, 97, 101, 105
Erkenntnisungewißheit, natürliche 68
Erleuchtung vgl. Via illuminativa
Eros 48, 184; metaphysischer 106
Erstgewißheiten 91
Erstprinzipien, philosophische 90, 98, 100, 101, 103, 104, 105
Eschatologische Weltangst 168
Es-Region 59
Esse perlucidum 61
Ethos der Objektivität 58, 59, 86, 94, 101, 102, 103, 105, 183
Eudämonie 150
Evidenz 49, 56, 58, 59, 60, 61, 91, 98, 105, 106, 107, 110, 116; apriorische 107; mathematische 92; metaphysische 71; objektive 56, 57, 69, 70; rationale 50, 71; reflexive 100; vorreflexive 101
Evidenzgewißheit 69
Ewiges Wort 138, 139, 141, 147, 174
Ewigkeitsglaube 47
Existentialismus 55
Existentiellwerden 93
Existenz 171, 172, 173; geistige 68, 86, 120, 186; göttliche 91; metaphysisch-religiöse 71, 85, 186; übernatürliche 68; vitale 68, 120, 186. Vgl. Vernunft
Existenzphilosophie 55, 168, 170, 174, 175, 176, 186

Fatalismus 55, 57
Fatum 82, 83, 84
Fideismus 36; fideistische Irrationalität 175
Fortschritt 36, 66, 81; Fortschrittsgesetzlichkeit 134, 158
Fortuna 33, 68, 69, 72, 74, 75, 79, 84, 85, 183; Fortuna-Raum 68, 83
Französische Revolution 66
Freiheit 52, 152, 158; absolute 53; lautere 52; selige 54; Wahlfreiheit 52

Geborgenheit 31, 186
Gefühlssubjektivismus 62
Geist 44; leibfreier 48, 53; reiner 47, 50, 52, 154. Vgl. Blut und Geist
Geisteswissenschaften 34, 35, 36, 86
Gelassenheit 127, 149, 156, 159, 160, 173, 181, 183, 189; hoffende 155; kindliche 182
Genius malignus 99
Geschichte 66; Irrationalität der 64; Tragik der 188
Gesichertheit 30, 33, 37, 38, 54, 69, 91, 186
Gewissen 60, 129
Gewißheit 33, 34, 50, 51, 69, 70, 152, 177; absolute 34, 151, 153, 155; mathematische 34, 89; philosophische 36, 37, 89, 90, 92; rationale 70, 88, 89, 90, 91, 92, 95; Wahrscheinlichkeits-Gewißheit 151. Vgl. Certitudo
Geworfenheit 170
Glauben 83, 116, 124, 127, 133, 134, 141, 153, 171, 174, 176, 184; übernatürlicher 58, 60, 183; Fanatismus des 134; Mut des 124; Wagnis des 123, 124, 125, 184, 185; und Unglaube 71, 82, 85, 147, 150; und Wissen 58

Glaubensgewißheit, übernatürliche 51
Glaubenskrise 66
Glaubenspositivismus 171
Glaubensweisheit 183, 184
Glück 31, 65, 72, 73, 149, 187, 188
Gnade 121, 127, 137, 149, 151, 152, 153, 158, 184, 188
Gnadengratuität 153, 155
Gnadenwahl 154. Vgl. Prädestination
Gott 75, 82, 111, 114, 116, 130, 131, 138, 147, 151, 161, 164, 165, 166, 169, 173, 174, 175; geoffenbarter 134; lebendiger 129, 130, 133, 136; verborgener 134; der Philosophen 129; der reinen Ethik 129; des Glaubens 129, 130; Existenz 110; Schweigen 71, 132, 163; Verborgenheit 132; Willkürgott 84, 154. Vgl. Deus
Gottesbeweis(e) 109, 110, 111, 117; ontologischer 110; ideologischer 110
Gottesbewußtsein 128, 132
Gottesferne 131, 132, 135, 159, 161, 188
Gottesfrage, philosophische 116, 117, 118, 135, 136, 156
Gottesgewißheit 37, 71, 127, 136; philosophische 128, 129; religiöse 128, 129, 130, 131, 132, 133, 134, 135, 136, 137, 138, 139, 141, 150, 158
Gottesnähe 130, 131, 132, 135, 158, 188
Gottesverhältnis, religiöses 131
Gottheit 82, 83, 84; dreieinige 139; schicksallose 75
Grenzsituation 80, 115, 120, 127, 155, 170
Grundgewißheit, philosophische 97
Hamletismus, reflexionsmüder 55
Heil 39, 60, 68, 121, 127, 150, 151
Heiliger Geist 139
Heilsdrama, 128, 130, 131, 132, 133, 134, 169, 175
Heilsgewißheit 148, 149, 150, 151, 154, 158; persönliche 37, 69, 71, 127, 151, 152, 153, 154
Heilsnot 72, 121
Heilsungewißheit 68
Heilsstreben 33; religiöses 36, 37
Heraklitismus 178
Herz 60, 136, 138, 163, 189
Hiobsproblem 82
Historiker 87
Hochscholastik 98, 100
Hoffnung 152
Homo faber 119; philosophus 119, 128; religiosus 119, 120, 121, 122, 123, 124, 128, 130, 135, 137, 138, 141, 148, 149, 156, 158, 160, 162
Homo naturaliter philosophus 148
Humanum 41, 49, 122, 128, 135
Hypostatische Einheit 142

Ich-Region 59
Ideal 67, 123
Idealfaktoren 74
Idealismus 56, 59, 106, 122
Idee 106
Insecuritas *passim*
Insecuritas humana *passim*
Inspiration 139
Instinkt 47, 52, 76
Intellekt 155, 189
Intellekthybris 156
Intellektualismus 56, 57, 58
Intelligibile 103, 104
Irrationalismus 36, 50; absoluter 35
Irrationalität 31, 77, 78, 115, 154, 182
Irreligiosität 121

Kategorischer Imperativ 129
Kausalfaktoren 64
Kausalität 75
Kausalprinzip 98, 101
Kind 41, 42
Kirche 139, 144, 145, 146, 147
Klar und dunkel 48, 132, 133
Kontingenzbewußtsein 67
Kontingenznot 78, 119, 161
Kritizismus 100, 101
Kultur 79, 81, 174; säkularisierte 188

Langeweile 47, 164
Leben 31, 33, 44, 55, 72, 74, 86, 149; Dialektik des 38; Fortunacharakter des 33; Feindseligkeit des 34; Irrationalität des 31, 32, 38, 77, 78, 155; Paradoxie des 182; Totalität des 74; Ungesichertheit des 30f.; Lebenstragik 123
Lebensweisheit 39, 62, 181, 182, 183
Liberalismus 174
Liebe 57, 84, 95, 113, 115, 127, 136, 137, 155, 159, 166, 182, 184, 187, 189; göttliche 154; übernatürliche 184; Ludus amoris 159; Ordo amoris 153; und Erkenntnis 57; Liebesimpuls 58, 59, 60
Logik, kalkulatorische 63, 125, 144, 153; natürliche 143, 184; rationale 46
Logos 47, 77, 83; alogischer 63; ewiger 173. Vgl. Bios und Logos

Macht 74, 85, 96
Magie, gnostische 155
Maßlosigkeit 76
Mathematik 34, 35, 36, 70, 71, 86, 88, 89, 90, 92, 95
Mensch 40, 41, 79, 119, 175, 178; metaphysische Natur des 148; religiöser 125, 126, 127, 130; als Grenzwesen 49; als ewiger Glückssucher 49; als metaphysisches Sucherwesen 49; als Leibgeistwesen 45; als religiöses Wesen 121; als Sinnsubjekt 75; als Vernunftwesen 32, 43, 60, 83; als Wesen des Schicksals 75; als Zwischenwesen 52, 62, 116, 122; innere Unendlichkeit des 43; unendliche Bestimmbarkeit des 43, 53; Daseinssituation des 40; Heimatlosigkeit des 45, 46; Indefinitheit des 42, 46, 47, 48, 53, 76, 187; Rationalität des 45; Seinsoffenheit des 42, 43; Seinsungesichertheit des 41; Seinsverwesentlichung des 92, 95, 105, 116, 120, 150, 188; Unendlichkeitsunruhe des 45; Weltgeöffnetheit des 42, 43; Geborgenheit in der Ungeborgenheit des 186-190. Vgl. Animal
Menschenwürde 80
Metanoia 160
Metaphysik 34, 50, 54, 69, 70, 71, 72, 75, 89, 92, 95, 96, 98, 99, 100, 103, 108, 117, 118, 119, 128, 129, 156, 170; irrationalistische 55; des Geistes 89; Mathematisierung der 71, 95, 109; metaphysisches Denken 83
Methodenideal, mathematisches 99
Mittelalter 65
Moralität 53
Mystik 37, 48, 145, 156, 158-166; Mystiker 71, 153; mystischer Schlaf 166

Natur 121, 122
Naturalismus 174; pelagianischer 153
Naturforscher 101

Naturgesetzlichkeit 77
Naturkausalität 79, 80
Naturnotwendigkeit 120
Naturordnung 76, 77, 78
Necessitas beata 53, 54, 115; dira 52, 53, 54, 115. Vgl. Notwendigkeit
Nemesis 65, 76, 114
Neues Testament 138, 139, 140
Neuscholastik 100
Neuzeit 65
Nichts 47, 64, 85, 86, 174; absolutes 172
Nichtsein, Ruhe im 149
Nihilismus 47, 149, 171, 172, 179
Nirwana 149
Nominalismus 101
Notwendigkeit, blinde/harte 52, 54, 75, 76; höchste 53; selige 53. Vgl. Necessitas

Objektives 75, 78, 79, 94, 104, 106, 107, 161
Objektivität 58, 108; blinde 78; wissenschaftliche 36; wahre 43; der Dinge 76, 77, 80; des Seins 81. Vgl. Ethos der Objektivität
Offenbarung 138, 140, 141, 142, 146, 171; christliche 138, 171; natürliche 138; prophetische 138; übernatürliche 121, 138, 139; unmittelbare 138; Einzeloffenbarung 138; Gesamtoffenbarung 138, 139, 147
Offenbarungsgewißheit 37, 71, 127, 137, 139, 146, 147, 149, 158
Offenbarungsglaube 170, 174
Okkultismus 155

Parabel von den Arbeitern im Weinberg 125
Parabel vom verlorenen Sohn 30f., 38f., 131, 178, 186, 188
Paradox, absolutes 122, 153, 170, 171; des Seins 173
Parusie 142
Person 60; substantiale Tiefe der 181; Tiefgrund der 57; Totalität der 60, 62; Persongrund 108; Persontiefe 58, 60
Philosophie 36, 46, 50, 66, 70, 89, 92, 93, 94, 95, 97, 99, 107, 117, 180; existentielle Funktion der 92, 93; höchste Aufgabe der 172; katholische 100; kritische Funktion der 97; logischer Ursprung der 98; neuzeitliche 98; szientifische Funktion der 92, 93, 94, 98; als Grundwissenschaft 87, 88, 97; als Wissenschaft 92; Voraussetzungslosigkeit der 97; Wesen der 94, 171; und Theologie 50
Philosophiegeschichte 96
Physis 48
Potentia oboedientialis 121
Prädestination 165. Vgl. Gnadenwahl
Principia per se nota 91, 98, 100
Prinzip der universalen (Seins-)Intelligibilität 56, 57, 103, 104, 105, 107, 112, 113, 183
Prinzipienfragen 87, 88
Prinzipienkrise 87, 90
Prinzip vom zureichenden Grund 98
Pseudo-Augustinismus 153
Pyrrhonismus 177, 178, 179, 181

Quietismus 81, 84; Heilsquietismus 153

Ratio 43, 49, 50, 51, 53, 54, 56, 57 60, 61, 62, 63, 64, 65, 66, 67, 69, 79, 80, 82, 83, 84, 86, 88, 90, 95, 96, 98, 99, 105, 106, 107, 110, 112,

113, 116, 117, 119, 120, 136; oberste 112
Ratio sui 111, 112, 113, 115
Rationalismus 50, 89; oberflächlicher 182, 184
Rationalität 48, 120, 178
Raum, leerer 53, 54, 64, 70, 114
Realfaktoren 74
Realismus 106, 122, 124; kritischer 100; natürlicher 100
Reflexion 60, 106, 151
Reinigung vgl. Via purgativa
Religion 36, 69, 120, 128, 129
Renaissance 65

Sacrificium intellectus 50
Säkularisierung 128
Sancho-Pansa-Logik 123, 127
Scheitern 39, 113, 114
Schicksal 33, 67, 68, 69, 74, 75, 76, 78, 80, 81, 82, 85, 86, 119; Irrationalität des 78, 80, 95; Schicksalsidee 77, 80
Scholastik 145
Securitas 35, 40, 51; aeterna 114; divina 53; insecura 54; sacra 125
Seele, 43, 44, 169
Seelengrund 105, 106, 115, 149, 156, 161, 163
Sein 58, 60, 77, 94, 95, 104, 106, 108, 181, 182, 183; objektives 76; als Sein 56, 86, 103, 104; Erkenntnis des 92; Liebe zum 105; Sinncharakter des 59; und Vernunft 103, 105, 107, 112
Sein selbst 94
Seinsalogizität 86
Seinsbewußtsein 173
Seinsfrömmigkeit 81, 114
Seinsintelligibilität 36
Seinsirrationalität 175
Seinsnihilismus 56
Seinsnotwendigkeit 111, 114, 115
Seinsrechtheit 58, 76, 78, 80
Seinssinnfrage 102, 108
Seinsunmittelbarkeit 98, 104, 105, 106
Seinsverzweiflung 176
Seinsvollkommenheit 114, 115
Selbst 58, 59, 160, 161; metaphysisches 169; Tiefengesinnung des 57
Selbstsucht 59, 60, 61, 62, 70, 78, 95, 96, 103, 105, 106, 107, 113, 115, 124, 127, 155, 166, 189
Selbsttranszendierung 42
Sinn 59, 68; Ur-/Absolut-Sinn 82
Sinnlichkeit 45
Sinnlosigkeit 77; Ursinnlosigkeit 82
Sittengesetz 53
Skepsis 36, 56, 61, 99, 105, 173; radikale 33, 35, 59
Skeptizismus 49, 97
Spiritualismus 48
Sprache 40, 43
Status naturae lapsae 136
Stoiker 83
Subjekt 104, 105, 106, 107, 108, 174, 175, 176; erkennendes 94, 97; philosophisches 102, 103; reflektierendes 95
Subjektivismus 174, 175
Subjektivität 79, 99, 161
Summum bonum 115
Superstition 155

Tatsachenwahrheiten 112
Theologia crucis 134f., 147
Theologia gloriae 147
Theologie 94; liberalistische 122, 174, 175. Vgl. Philosophie
Theodizeeproblem 32
Tier 40, 41, 42, 43, 45, 48, 79, 80, 81, 120, 169, 187; reines 47;

schicksalloses 75; Daseinssituation des 40; Definitheit des 47; Fixiertheit des 76; Gesichertheit des 154; Instinktgesichertheit des 53, 172; Naturbehütetheit des 44; Naturunmittelbarkeit des 41, 42, 47, 130; Naturverbundenheit des 44; Securitas des 44; Seinsgesichertheit des 41; Seinsunmittelbarkeit des 41; Umweltgebundenheit des 42, 43; Weltverschlossenheit des 43; Wesensdefinitheit des 44, 52. Vgl. Animal
Tod 120, 149
Transzendentalien 103, 104, 105
Transzendentalität 103
Tremendum 154, 161
Trotz und Hingabe 80, 81, 82, 83, 84, 126

Übel 32
Übernatürliches, 123, 124, 125, 126, 128, 132, 155, 159, 162, 163, 170, 184
Übernatur 121, 122
Unbewußtes 105, 106, 136
Unbewußtheit, kindliche 41
Ungeborgenheit 31, 37, 39
Ungesichertheit 30, 33, 34, 37, 38, 40
Ungewißheit 40, 48, 50, 51, 54, 80, 160, 167, 174, 177, 185, 186; absolute 35, 57, 152, 153, 172, 176; des Geistes 35; in der Gewißheit 49
Unglauben 83, 124, 133, 134, 141, 155. Vgl. Glauben

Vaticanum I 109
Veritas absoluta 115
Vermessenheit 152, 183, 189
Vernunft 32, 34, 36, 44, 45, 49, 50, 69, 77, 78, 79, 82, 86, 87, 88, 90, 94, 95, 99, 104, 108, 109, 110, 111, 112, 113, 115, 116, 118, 135, 153, 171, 173, 177, 179, 181, 182, 184; endliche 154; ewige 169; kalkulatorische 32; kritische 113; moderne 175; natürliche 50, 122, 134, 140, 144, 170; objektive 61, 104; sittliche 60; spekulative 128; Dunkelheit der 167; Erleuchtung der 184; Urvernunft 83; und Existenz 169, 173. Vgl. Sein
Vernunftevidenz 35
Vernunftgewißheit 50
Vernunftgläubigkeit 98
Vernunftgültigkeit 90, 91, 98, 105
Vernunftmißtrauen 49
Vernunftoptimismus 177, 183
Vernunftpessimismus 177, 183
Vernunftsekurität 87, 88, 96
Vernunftwahrheiten, apriorische 112
Verstandesreflexion 83
Verzweiflung 147, 149, 152, 154, 165, 176, 183
Via illuminativa (Weg der Erleuchtung) 159, 161, 162, 165
Via purgativa (Weg der Reinigung) 159, 161, 162, 165
Via unitiva (Weg der Einigung) 159, 160, 162, 165, 166
Virtù 74, 75, 79, 85
Vitalismus 47
Vitalwerte 69, 73
Vorsehung 57, 68, 84, 187, 188; göttliche, 65, 167, 189

Wagnis 54, 60, 80, 85, 106, 167, 172, 186; blindes 57, 172, 173, 176, 181, 183; frommes/unfrommes 68; idealistisches 56; des Glaubens

184, 185; des Lebens 62, 167; der Wagnisse 175, 176, 183, 185; der Weisheit 57, 167, 173, 177-185, 189; Wagnisbegriff 55, 57, 167, 170
Wahrheit 61, 62, 72, 87, 177, 178; objektive 178, 179; ontologische 103; subjektive 178; Unendlichkeit der 180; Wahrheitssuche 33
Weisheit 49, 51, 63, 80, 84, 107, 117, 127, 134, 137, 155, 156, 166, 180, 182; absolute 179; endliche 180; Liebe zur 179; der Welt 147
Welt 121, 122, 123, 124, 125, 126, 127, 129, 133, 134, 137, 139, 140, 141, 143, 145, 146, 147, 162, 184
Weltanschauung 167, 168
Weltgeschichte 64, 85, 96, 131, 142, 188
Welt-Logik 137
Weltvernunft 78, 141
Werk 151
Werkgerechtigkeit, pharisäische 135, 153
Wertoptimismus 56
Wertordnung 77
Wette, Argument der 150
Widerlogisches 77
Widerrationales 76
Widerspruchsprinzip 90, 91, 98, 103
Widervernunft 36, 78
Wille 160; freier 69
Willkür, reine 52, 67, 78
Wissen 48, 116, 180, 181, 184; des Wissens 88; Wissensgewißheit 36, 69; Wissensungewißheit 37. Vgl. Glauben
Wissenschaft 36, 87, 90, 94, 107; exakte 87; Grundlagen der 66; Einzelwissenschaft 86, 87, 88, 92, 97, 107

Zufall 52, 68, 78; Urzufall 82, 83, 85
Zivilisation 79, 81
Zweifel 56, 127, 133

Edition Peter Wust
Schriftenreihe der Peter Wust-Gesellschaft
Herbert Hoffmann und Werner Schüßler

Die „Edition Peter Wust", eine Schriftenreihe der Peter-Wust-Gesellschaft, will eine Plattform bieten für die wissenschaftliche Auseinandersetzung mit dem Werk des christlichen Existenzphilosophen Peter Wust (1884-1940). Dabei sind sowohl die Edition von Quellentexten als auch Sekundärtitel in Form von Monographien, Aufsatzsammlungen oder Symposions-Beiträgen willkommen. Kleinere Beiträge können in einer eigens hierfür eingerichteten „Abteilung Beihefte" Aufnahme finden.

Wolfgang Meiers
Zwischen klassischer Metaphysik und Existenzdenken
Eine werkgeschichtliche Analyse der philosophischen Gotteslehre Peter Wusts
Die Untersuchung thematisiert unter einem werkgeschichtlichen Aspekt die philosophische Gotteslehre Peter Wusts (1884 – 1940). Vom Neukantianismus herkommend, entwickelt Wust in Anlehnung an Max Scheler einen personalistischen Gottesbegriff, der dann im Spätwerk durch existenzphilosophische Motive, die die grundsätzliche „Insecuritas"-Situation des Menschen thematisieren, angereichert wird. Dass Wust daneben auch auf Theoreme der klassischen Metaphysik zurückgreift, macht sowohl die innovative Kraft als auch die Grenze seines Denkens deutlich.
Bd. 7, 2015, 280 S., 34,90 €, br., ISBN 978-3-643-13048-8

Peter Wust
Der Mensch und die Philosophie
Einführung in die Hauptfragen der Existenzphilosophie. Neu herausgegeben und mit einer Einleitung und Anmerkungen versehen von Werner Schüßler
Der christliche Existenzphilosoph Peter Wust (1884 – 1940), bekannt geworden durch sein Hauptwerk „Ungewißheit und Wagnis" von 1937, hat im Wintersemester 1938/39 an der Universität Münster eine Vorlesung gehalten mit dem Titel „Einführung in die Hauptfragen der Existenzphilosophie"; danach musste er seine Lehrtätigkeit aufgrund einer schweren Erkrankung aufgeben. In dieser Vorlesung geht es Wust wesentlich darum, die „Insecuritas" im Sinne eines Existentials menschlichen Seins mit dem Selbstverständnis der Philosophie zu verbinden. Die vorliegende Neuedition mit einer Einleitung und Anmerkungen des Herausgeber macht diesen inzwischen vergriffenen wichtigen letzten Text Wusts wieder zugänglich und gewährt so einen differenzierten Blick auf die Existenzphilosophie im 20. Jahrhundert.
Bd. 6, 2014, 152 S., 19,90 €, br., ISBN 978-3-643-12212-4

Werner Schüßler; Marc Röbel (Hg.)
„Die Unruhe des Menschenherzens"
Einblicke in das Werk Peter Wusts
Bd. 5, 2013, 176 S., 19,90 €, br., ISBN 978-3-643-12063-2

Ekkehard Blattmann (Hg.)
Philosophenbriefe von und an Peter Wust
C. Baeumker, H. Conrad-Martius, A. Dempf, N. Hartmann, M. Heidegger, E. Herrigel, E. Husserl, H. Graf Keyserling, O. Külpe, A. Liebert, E. Przywara, H. Rickert, E. Spranger
Bd. 4, 2013, 528 S., 49,90 €, br., ISBN 978-3-643-11743-4

Marc Röbel
Staunen und Ehrfurcht
Eine werkgeschichtliche Untersuchung zum philosophischen Denken Peter Wusts
Bd. 3, 2009, 504 S., 49,90 €, br., ISBN 978-3-8258-0714-6

Ekkehard Blattmann (Hg.)
Peter Wust – Aspekte seines Denkens
F. Werner Veauthier zum Gedächtnis
Bd. 2, 2004, 304 S., 29,90 €, gb., ISBN 3-8258-7816-3

LIT Verlag Berlin – Münster – Wien – Zürich – London
Auslieferung Deutschland / Österreich / Schweiz: siehe Impressumsseite

Dokumentationen der Josef Pieper Stiftung

Dr. Hermann Fechtrup, William Hoye und Dr. Dr. Thomas Sternberg

Hermann Fechtrup; William Hoye; Thomas Sternberg (Hg.)
Arbeit – Freizeit – Muße
Über eine labil gewordene Balance. Symposium der Josef Pieper Stiftung, Münster Mai 2014
Wer über Muße rede, so formulierte 1989 Josef Pieper, befinde sich von vornherein in der Defensive, in der Verteidigung, denn Arbeit und Anstrengung werde heute besonders hoch gewertet. Was hat es auf sich mit einer Zeit jenseits von Trägheit, die nicht auf ein definiertes Ziel gerichtet ist, sondern ihren Zweck in sich selbst hat?
Aus unterschiedlichen Perspektiven beleuchten im Rahmen des Symposions 2014 ausgewiesene Referenten das Thema Arbeit – Freizeit – Muße: Maike Andresen, Hermann Lübbe, Hans Maier, Klaus Mainzer, Peter Philipp Riedl, Anna Schriefl, Hans-Georg Soeffner und M. Ancilla Röttger OSC.
Das Schlusswort hat Rüdiger Safranski, nach dem kanadischen Philosophen Charles Taylor (2004) und dem französischen Philosophen Remi Brague (2009) dritter Träger des Josef Pieper Preises.
Bd. 8, 2015, 232 S., 29,90 €, br., ISBN 978-3-643-12870-6

Hermann Fechtrup; Friedbert Schulze; Thomas Sternberg (Hg.)
Europa auf der Suche nach sich selbst
Ein Symposion der Josef Pieper Stiftung mit Beiträgen von Remi Brague, Peter Hersche, Gert Melville, Wolfgang Reinhard, u. a.
Bd. 7, 2010, 216 S., 24,90 €, br., ISBN 978-3-643-10306-2

Hermann Fechtrup; Friedbert Schulze; Thomas Sternberg (Hg.)
Wissen und Weisheit
Zwei Symposien zu Ehren von Josef Pieper (1904 – 1997). Mit Beiträgen von Charles Taylor, Hans Joas, Ludwig Siep u. a.
Bd. 6, 2005, 240 S., 24,90 €, br., ISBN 3-8258-8527-5

Hermann Fechtrup; Friedbert Schulze; Thomas Sternberg (Hg.)
Zwischen Anfang und Ende
Nachdenken über Zeit, Hoffnung und Geschichte. Ein Symposium (Münster, Mai 1999) mit Beiträgen von J. T. Fraser, H. Lübbe, H. Maier, J. B. Metz, G. L. Müller, R. Saage
Bd. 5, 2000, 152 S., 17,90 €, br., ISBN 3-8258-4338-6

Schriftenreihe der Josef Pieper Stiftung

Dr. Hermann Fechtrup, William Hoye und Dr. Dr. Thomas Sternberg

Andreas Fritzsche
Die Tugend des Maßes
Temperantia macht schön
In der Tugend des Maßes geht es um das Verhalten des Menschen zu sich selbst – um die Ordnung der Innenwelt. Lust und Genuss sind unsere Energieströme, sie reizen und ziehen uns. Allerdings präsentieren sie uns Wirklichkeit eindimensional, und wenn wir uns ihnen überlassen, verlieren wir unsere Balance. Temperantia kultiviert diese treibenden Leidenschaften, und so ein Mensch kann Früchte tragen: Aufmerksamkeit, unverstellte Wahrnehmung, Freude an den Dingen, Souveränität, Kreativität und Energie. Die Tugend des Maßes befreit und reinigt. Der maßvolle Mensch kann Schönheit wahrnehmen, denn er ist richtig gestimmt und so in seinem inneren Sein selbst schön.
Bd. 5, 2016, 160 S., 19,90 €, br., ISBN 978-3-643-13432-5

LIT Verlag Berlin – Münster – Wien – Zürich – London
Auslieferung Deutschland / Österreich / Schweiz: siehe Impressumsseite

Philosophie: Forschung und Wissenschaft

Veit Thomas
Anatomie der konservativen Destruktivität
Eine leidens- und kulturtheoretische Studie zum Konservativen Charakter
Bd. 52, 2019, 454 S., 39,90 €, br., ISBN 978-3-643-14429-4

Peter Nickl; Assunta Verrone (Hg.)
Schönheit ist Freiheit
Texte zum 5. Festival der Philosophie Hannover 2016
Bd. 49, 2018, 236 S., 24,90 €, br., ISBN 978-3-643-14020-3

Uwe Hinrichs
Die Verwandlung der Sophia
Vom Ausklang der Aufklärung ins performative Zeitalter. Zweiter Teil: Die Erzeugung der Welt. Ein Schritt ins performative Zeitalter
Bd. 48, 2018, 262 S., 29,90 €, br., ISBN 978-3-643-14005-0

Harald Haarmann
Die Verwandlung der Sophia
Vom Ausklang der Aufklärung ins performative Zeitalter. Erster Teil: Auf den Spuren des verlorenen ganzheitlichen Denkens – Das Korrektiv zum llusionspotenzial der Aufklärung mit ihrem Vernunftsmonopol, ihrer Geschichtsmythologie und ihren Zukunftsvisionen
Bd. 47, 2018, 224 S., 29,90 €, br., ISBN 978-3-643-14004-3

Andrzej Przyłebski
Ethics in the Light of Hermeneutical Philosophy
Morality between (Self-)Reflection and Social Obligations
Bd. 46, 2017, 152 S., 29,90 €, br., ISBN 3-643-90897-1

Assunta Verrone; Peter Nickl (Hg.)
Welche Gerechtigkeit?
Texte zum 4. Festival der Philosophie 2014
Bd. 45, 2016, 222 S., 24,90 €, br., ISBN 978-3-643-13315-1

Gaetano Chiurazzi; Davide Sisto; Søren Tinning (Eds.)
Philosophical Paths in the Public Sphere
Bd. 44, 2014, 288 S., 34,90 €, br., ISBN 978-3-643-90596-3

In-Suk Cha
Der Begriff des Gegenstandes in der Phänomenologie Edmund Husserls
Mit einem Geleitwort von Friedrich-Wilhelm von Herrmann
Bd. 43, 2. Aufl. 2014, 152 S., 49,90 €, br., ISBN 978-3-643-12555-2

María Elton Bulnes
Moral Science and Practical Reason in Thomas Aquinas
Bd. 42, 2013, 88 S., 29,90 €, br., ISBN 978-3-643-90417-1

Peter Nickl; Assunta Verrone (Hg.)
Wie viel Vernunft braucht der Mensch?
Texte zum 3. Festival der Philosophie Hannover 2012
Bd. 40, 2015, 180 S., 24,90 €, br., ISBN 978-3-643-12285-8

María Elton Bulnes
Moral Science and Practical Reason in Thomas Aquinas
Bd. 42, 2013, 88 S., 29,90 €, br., ISBN 978-3-643-90417-1

LIT Verlag Berlin – Münster – Wien – Zürich – London
Auslieferung Deutschland / Österreich / Schweiz: siehe Impressumsseite

Hans-Gerd Janßen; Julia D. E. Prinz; Michael J. Rainer (Hg..)

Theologie in gefährdeter Zeit

Stichworte von nahen und fernen Weggefährten für Johann Baptist Metz zum 90. Geburtstag

Johann Baptist Metz (* 5. August 1928) hat seine Theologie im intensiven Austausch mit Philosophie, Geschichte, Rechts-, Politik- und Sozialtheorie, Jüdischem Denken und Welt-Literatur & Kunst gewonnen und entfaltet – und so nicht nur in der theologischen Diskussion prägende Spuren hinterlassen. Seine Gottesrede lässt sich nicht aus den Katastrophen in Geschichte und Gesellschaft herauslösen, sondern bleibt im Kern herausgefordert angesichts der weltweit steigenden Gefährdungen: interkulturell, sozial, politisch, ökonomisch, ökologisch ... !

Dieser Band führt 150 kompakte Stellungnahmen zusammen, die Zeit-Zeichen setzen: die Beiträger_innen loten aus, in wieweit sie der Neuen Politischen Theologie und J.B. Metz als Person prägende Inspirationen und bleibende Impulse für ihre eigene Sicht auf Philosophie, Theologie, Geschichte, Gesellschaft, Recht, Politik, Bildung und Kunst verdanken: eine ungewöhnliche Festschrift voller Überraschungen und weiterführender Anstöße.

Bd. 50, 2. Aufl. 2019, 600 S., 39,90 €, br., ISBN 978-3-643-14106-4

LIT Verlag Berlin – Münster – Wien – Zürich – London

Auslieferung Deutschland / Österreich / Schweiz: siehe Impressumsseite